BUD SPENCER: MEIN LEBEN, MEINE FILME

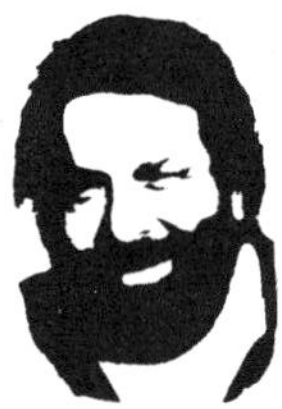

1

BUD SPENCER

MEIN LEBEN, MEINE FILME

DER ERSTE TEIL MEINER AUTOBIOGRAFIE

Mit Lorenzo De Luca und David De Filippi

Aus dem Italienischen übersetzt von Leo Molatore

SCHWARZKOPF & SCHWARZKOPF

INHALT

PROLOG

DAS TREFFEN

Es war der letzte Anruf, den ich an meinem achtzigsten Geburtstag erhielt. Ich war gerade von der Feier im Restaurant zurückgekehrt, wo ich mit meinem »kleinsten« Enkel – 1,90 Meter groß und auf denselben Namen getauft wie ich – noch lange »Schere, Stein, Papier« gespielt hatte.

Dann hatte es mich zu später Stunde unruhig nach Hause gedrängt, als würde ich noch auf etwas warten. Oder auf jemanden.

*

Es war niemand mehr da. Meine Frau hatte sich schon schlafen gelegt, und auch mein Sohn, meine Töchter und Enkel waren alle schon heimgefahren und ins Bett gegangen.

Ich nicht. Das Klingeln des Telefons kam für mich nicht ganz unerwartet. Ich nahm ab: »Hallo?«

Vom anderen Ende der Leitung begrüßte mich eine feste und wohlvertraute Stimme. »Alles Gute zum Geburtstag, Carlo!«

»Herzlichen Dank – heute ich … morgen du![1]«, antwortete ich und war mir sicher, dass der andere die Ironie in meiner Stimme bemerken würde.

»Hast du auf deinem Fest Charleston[2] getanzt?«, fragte die Stimme.

»Das habe ich in meinem Leben erst zwei Mal gemacht: einmal in einem Kinofilm und einmal privat. Aber das weißt du doch.«

»Bist du überrascht, wieder von mir zu hören?«

»Du überschätzt dich: In meinem Alter ist es nicht so einfach, überrascht zu werden. Neugierig bin ich aber schon geblieben.«

---

[1] *Anspielung auf den Western* ***Heute ich … morgen Du!.***

[2] *Anspielung auf den Film* ***Charleston.***

»Du hast doch unser Treffen nicht etwa vergessen, oder?«, fragte der Anrufer spöttisch.

»Im Gegenteil«, wies ich ihn zurecht. »Ich hab mich noch nicht mal ausgezogen. Ich wusste ja, dass wir uns heute noch sehen würden. Wo treffe ich dich?«

»Wenn du willst, komme ich zu dir«, schlug er vor.

»Auf gar keinen Fall! Wenn meine Frau dich zu Gesicht bekäme, könnte sie einen Herzinfarkt erleiden oder sich gleich ins nächste Krankenhaus in die psychiatrische Abteilung cinliefern lassen. Ich komme lieber zu dir.«

Ich nahm einen Stift und schrieb mir die Adresse auf, die mein Gesprächspartner mir diktierte, legte dann den Hörer auf und versuchte, möglichst geräuschlos das Haus zu verlassen, trotz meiner massigen Gestalt. Wenn meine Frau mich um diese Zeit gesehen hätte, wäre sie aber wahrscheinlich nicht sehr erstaunt gewesen: Seitdem mich die ganze Welt als Bud Spencer kennt, wurde ich zu Hause auf den Namen *marziano* (»Marsmensch«) getauft, und zwar wegen meiner Unberechenbarkeit …

*

Das Hallenbad war leer und dunkel, was um diese Zeit völlig normal war. Der Vollmond schien durch die Deckenfenster und spiegelte sich auf der Wasseroberfläche, die wie eine glatte und unbewegliche Schicht aus flüssigem Glas aussah. Ich trat ein, schaute mich um und sog die Luft tief in die Lungenflügel ein, was starke Emotionen in mir auslöste. Der Chlorgeruch ließ eine für mich längst vergangene Zeit wieder aufleben, die ich jedoch nie vergessen hatte, selbst wenn ich nie ein nostalgischer Typ gewesen bin. Plötzlich ging das Licht an und ich sah den groß gewachsenen und dunkelhaarigen Mann Anfang zwanzig in Badehose, der durch eine Tür am anderen Ende der Schwimmhalle hereintrat. Er war von sehr kräftiger, klassischer Statur, und auf seinem Gesicht lag ein gleichzeitig sympathischer und ein wenig frecher Ausdruck. Er tat etwas, was ein Sportler vor einem Wettkampf nie tun darf und was hier ohnehin niemandem gestattet war: Er rauchte.

Mit provozierender Geste zwinkerte er mir kurz zu und schnippte unmittelbar vor seinem Sprung ins Wasser die Zigarettenkippe weg.

Mit wenigen kräftigen Armzügen schwamm er zu mir herüber. Er stieg aus dem Wasser, warf sich den Bademantel über und ging auf mich zu, immer mit diesem herausfordernden Blick.

»Hallo, Bud!«, begrüßte er mich mit einem aufrichtigen Lächeln. Trotz seines angeberischen Gehabes freute er sich wirklich, mich zu sehen. Diese Freude beruhte auf Gegenseitigkeit, und ich antwortete ihm lächelnd: »Ciao, Carlo!«

»Gut siehst du aus!«, sagte er, während er mich musterte. »Auch wenn du dich vielleicht ein wenig verändert hast ... die dicke Wampe, der Bart ... Aber steht dir ganz gut!«, fügte er hinzu und setzte sich zu mir, während er sich mit der Bademantelkapuze die Haare trocken rieb.

»Du dagegen hast dich überhaupt nicht verändert«, entgegnete ich. »Auch wenn schon viele Jahrzehnte vergangen sind, bist du immer noch derselbe Vollidiot geblieben, der raucht, bevor er ins Wasser springt. Ganz so, als ob für dich die Regeln des gesunden Menschenverstands nicht gelten würden.«

Der junge Schwimmer antwortete mit einem Achselzucken. »Du willst mir doch nicht erzählen, dass du ein alter weiser Mann geworden bist? Oder muss ich mich darauf gefasst machen, dass du auch bald so geschwollenes Zeug schreibst wie Sokrates?«

»Du bist nicht nur unverschämt, sondern auch ungebildet. Sokrates hat keine einzige Zeile seiner Gedanken zu Papier gebracht. Er hat sie bloß mündlich weitergegeben.«

»Das weiß ich doch. Ich wollte bloß sehen, ob du drauf hereinfällst. Und vergiss nicht, dass ich die *Anabasis* von Xenophon auswendig kenne. Also nenn mich bloß nicht ungebildet!«

Mit Vergnügen konterte ich seine sympathische Arroganz. »Ja, klar. Du rezitierst die *Anabasis* und verstehst gleichzeitig doch kein Wort davon. Dank deines guten Gedächtnisses konntest du sie den Lehrern in einem Atemzug herunterbeten, und zwar so schnell, dass sie keine Zeit hatten, dich nach der Bedeutung zu fragen. Toller Trick, aber damit kannst du vielleicht andere hinters Licht führen, mich nicht.«

Carlo verschränkte die Hände hinterm Kopf und lächelte: »Tja, da hatte ich doch ganz vergessen, dass ich mit jemandem rede, der mich sehr gut kennt!«

»Ich dagegen weiß sehr wohl, mit wem ich mich unterhalte: mit Carlo Pedersoli, dem Schwimm-Champion, der noch nicht ganz verstanden hat, was er eigentlich draufhat.« Das verschlug ihm die Sprache, wenn auch nur für einen Moment. »Meinst du? Ich weiß schon, was ich draufhabe: Heute erst habe ich den Rekord über 100 Meter Kraul gebrochen, ich bin der erste Italiener, der dies unter einer Minute geschafft hat. So eine Riesenmedaille haben sie mir verliehen! Ich bin italienischer Meister!«

Darauf erwiderte ich sofort sarkastisch: »Na prima! Aber wenn du nicht rauchen würdest, wärst du jetzt vielleicht Weltmeister.« Das hatte ordentlich gesessen, doch versuchte er das durch ein schallendes Lachen zu überdecken. Dieses Lachen kannte ich aber nur zu gut, da es mein eigenes war – daher ließ ich mich auch nicht täuschen und lächelte nur. Gleichwohl verstand er, dass es mir großes Vergnügen bereitete, mir selbst als jungem Mann wiederzubegegnen. Hätte uns in diesem Moment irgendein Psychiater erwischt, hätte er sogleich einem von uns – oder auch uns beiden – Zwangsjacken angelegt, und zwar mit der Diagnose »Persönlichkeitsstörung« oder »manische Depression«. Denn in der realen Welt wäre solch eine Unterhaltung »vis-à-vis« zwischen dem Schauspieler Bud Spencer, vormals Carlo Pedersoli, und dem Schwimm-Champion Carlo Pedersoli, der noch nicht in Berührung mit dem Film gekommen ist, nie möglich gewesen. Wem das bizarr oder schizophren vorkommt, der möge bedenken, dass es auch Menschen gibt, die fest daran glauben, dass Gott tot, aber Elvis noch am Leben sei!

Warum sollte man sich also wundern, dass ich mich darauf eingelassen hatte, mir selbst an meinem achtzigsten Geburtstag zu begegnen? Im Grunde ist all das, was ich in meinem Leben getan habe – so viel oder wenig das auch immer gewesen sein mag –, direkt auf die Lebensphilosophie zurückzuführen, die ich dem Leistungssport verdanke. Während mir der Erfolg im Kino durch die Gunst der Zuschauer geschenkt wird, die sie mir vielleicht von einem Tag auf den anderen entziehen, sobald sie irgendwann die Nase von mir voll haben, so sind doch die Spitzenleistungen eines Schwimmers direkt von der Stoppuhr abhängig, also von einem objektiven Parameter. Auf die Meinung anderer kommt es überhaupt nicht an. Diese Erkenntnis war diesem »Strand-Adonis«, mit dem ich mich hier gerade unterhielt, völlig fremd. Aber ich wollte sein übertriebenes Selbstbewusstsein ja nicht noch weiter steigern, weil ihm das dann vollends zu Kopfe gestiegen wäre.

*

Diese Gedanken beschäftigten mich nur einen kurzen Moment lang. Ich sah gerade noch, wie der junge Carlo nach einer weiteren Zigarette griff, um sie sich zwischen die Lippen zu klemmen, und bewegte mich auf ihn zu. Blitzartig streckte ich den Arm aus, schnappte mir zu seiner Überraschung die Zigarette und zermalmte sie in meiner Hand, noch bevor er sie anzünden konnte.

»Sorgst du dich etwa um meine Gesundheit?«, fragte er verblüfft.

»Nein, aber mir gegenüber brauchst du wirklich nicht den Angeber zu markieren, auch wenn du zwanzig bist und dich für Superman hältst.«

Der Schwimmer ließ sich entspannt auf einem Plastikstuhl am Rande des Schwimmbassins nieder, streckte seine beiden stelzenartigen Beine aus und schlug sie übereinander. Dann fragte er mich: »Erzähl doch mal, Bud – wie fühlt man sich denn so in deinem Alter?«

»Blendend! Nur leider vergisst mein 28-jähriges Gehirn manchmal ganz, dass es in einem achtzigjährigen Körper steckt, und das sorgt für so manches Malheur! Und wie fühlst du dich so?«

»Naja, was soll ich sagen«, antwortete er, »im Gegensatz zu dir bin ich ja jung und stark! Und wenn du mir die Bemerkung erlaubst, sehe ich auch noch um einiges besser aus als du. Du hast dich in all diesen Jahren doch ein wenig gehen lassen.«

Gereizt fuhr ich mir mit der Hand durchs Gesicht – das war eine Geste, die hundertfach aus meinen Filmen bekannt ist, aber in jenem Moment stand sie in keinem Drehbuch. Auch das Jucken in den Fäusten, das ich in den letzten drei Minuten unserer Unterhaltung verspürt hatte, hatte mit Schauspiel nichts zu tun.

Um den Impuls zu unterdrücken, ihn richtig zu verprügeln, verpasste ich ihm lediglich einen freundschaftlichen Klaps auf die Wange, und das auch mit viel weniger Wucht, als mir lieb gewesen wäre. Immerhin zeichnete sich ein Abdruck meiner Hand auf seinem schönen neapolitanischen Gesicht ab.

»Du Frechdachs«, sagte ich mit ernster Miene, bevor ich ihm die rhetorische Frage stellte: »Hast du nie drüber nachgedacht, dass, ganz egal wie jung, kräftig und gut aussehend du heute bist, eines Tages ein jüngerer, kräftigerer und besser aussehender Typ daherkommt und dann kein Hahn mehr nach dir krähen wird?«

Er massierte seine rote Wange und antwortete mir verärgert und mit drohendem Unterton: »Hör mal, ich habe zwar Respekt vor dir, weil du ein alter Mann bist, aber ich warne dich, halte bloß deine Hände im Zaum, sonst könnte ich vergessen, dass du ich bist, und dir einen rechten Haken verpassen, wie du es eigentlich verdient hättest.«

»Ich habe nicht sechs Jahrzehnte gewartet, um mich jetzt mit dir zu prügeln«, antwortete ich mit einem schlagfertigen Lächeln. Ich wollte keinen Streit, aber wenn dieser Jungspund unbedingt darauf bestand, dann sollte er wenigstens sichergehen, mich mit dem ersten Hieb k.o. zu schlagen, denn trotz meines Alters hätte ich ihm nicht die Gelegenheit gegeben, mir einen zweiten zu versetzen.

So frech Carlo auch war – dumm war er nicht, und er schien dies zu ahnen, also setzte er lieber unsere Plauderei fort: »Erinnerst du dich, was *unsere* Mutter immer gesagt hat? ›Gebt Carlo etwas zu tun, damit er nicht ins Nachdenken kommt, sonst stellt er nur Scherereien an.‹ Jedenfalls ist es gar nicht meine Art, auch die andere Wange hinzuhalten.[3] Also Hände weg!«

»Das mache ich nur, wenn du endlich den Rollladen vor deinem Gehirn hochfährst!«, versetzte ich.

Einen Moment lang lieferten wir uns gegenseitig ein Blickduell durch unsere zu Schlitzen verengten Augen, die durch das Chlor der Schwimmbäder der halben Welt ziemlich kurzsichtig geworden waren. Dann grinsten wir uns gegenseitig an, blieben aber doch beide ein wenig voreinander auf der Hut.

---

[3] *Anspielung auf den Filmtitel:* ***Porgi l'altra guancia*** *(»Halte auch die andere Wange hin«); deutscher Titel:* ***Zwei Missionare.***

»Erinnerst du dich noch, wie alles angefangen hat?«, fragte der Schwimmer mit einer wieder besänftigten Stimme.

»Natürlich! Noch viel besser als du.«

»Na gut, ich habe viel weniger Erinnerungen, aber ich werde ja fast alles noch erleben. Aus diesem Grund habe ich dich angerufen, ich bin eben wahnsinnig neugierig darauf zu erfahren, was mich erwartet. Warum machen wir es uns nicht bequem und du erzählst mir alles von Anfang an? Komm schon! Schauen wir mal, ob du mich beeindrucken kannst und ob es sich lohnt, dass ich die kommenden sechzig Jahre lang dein Leben lebe …«

Einen kurzen Moment lang dachte ich nach. Dann willigte ich ein: »Meinetwegen, Amigo.[4] Mach es dir ruhig bequem, denn das wird jetzt eine lange Geschichte.«

»Kein Problem«, sagte er mit seinem frechen Grinsen, »*ich* habe ja alles noch vor mir.« Das Jucken in meinen Fäusten verstärkte sich wieder, als er mit neu erwachter Arroganz das Wort »ich« betonte. Instinktiv hob ich meine Pranke, um ihm die nächste Backpfeife zu verpassen. Aber meine Selbstkontrolle siegte und ließ mich innehalten. Ich versuchte, das Jucken zu lindern, indem ich meine Handflächen massierte. Dann schnaufte ich und schaute gen Himmel: »Warum bloß passiert so was immer ausgerechnet mir?«[5]

Und mit einer Geduld, die ich selbst von mir gar nicht kannte, fing ich an zu erzählen.

---

[4] *Anspielung auf den Filmtitel:* ***Si può fare, amigo!*** *(»Meinetwegen, Amigo«); deutscher Titel:* ***Halleluja … Amigo.***

[5] *Anspielung auf den Filmtitel:* ***Chissà perché … capitano tutte a me*** *(»Warum bloß passiert so was immer ausgerechnet mir?«); deutscher Titel:* ***Buddy haut den Lukas.***

1. KAPITEL

NEAPEL 1929 – 1943: DER KLEINE CARLO

»Cogito ergo sum.«
(»Ich denke, also bin ich.«)
RENÉ DESCARTES

»Mangio ergo sum.«
(»Ich esse, also bin ich.«)
BUD SPENCER

Irgendwer hat mir mal gesagt, dass ich in Neapel am 31. Oktober 1929 um vier Uhr nachmittags (Skorpion, Aszendent Skorpion) geboren wurde. Für jemanden mit dem Sternzeichen Skorpion ist eine starke Körperlichkeit typisch, und wenn man auf der Suche nach einer Lebensmaxime ist, dann muss ich rückblickend und trotz meiner Skepsis gegenüber der Astrologie zugeben, dass dieses Zeichen bereits für den kleinen Bud ein klares Omen war. Ich war klein, aber nicht leicht: Bei der Geburt wog ich üppige sechs Kilogramm – meine arme Mama! Sie war es, die mir all dies erzählte, also denke ich, dass ich ihr glauben kann.

Wenn man mal darüber nachdenkt, ist die Geburt der ursprünglichste und wichtigste Moment in unserem Leben. In dem Augenblick, wo wir auf die Welt kommen, müssen wir anderen Menschen zum ersten Mal vertrauen und sind ihnen völlig ausgeliefert.

Denn der Mensch gehört zu den »Tieren«, die nach der Geburt allein nicht überlebensfähig sind. Zum Glück gibt es dann in den ersten Jahren unseres Lebens jemanden, der sich um einen kümmert, einem hilft heranzuwachsen, einen erzieht. Und ich hatte die besten Eltern, die man sich vorstellen kann. Mein Vater und meine Mutter waren mehr als fünfzig Jahre lang verheiratet und sie haben mir und meiner Schwester Vera die Ruhe weitergegeben, die nur ein Ehepaar mit großem Zusammenhalt vermitteln kann. Sie waren uns ein Leben lang ein großes Vorbild, ganz besonders in schwierigen Momenten.

Unsere Familie lebte in dem Viertel Santa Lucia, einem schicken Stadtteil von Neapel. Unser Lebensstandard in den ersten Jahren war dementsprechend: Zu meinen frühesten Kindheitserinnerungen gehört der amerikanische Straßenkreuzer meines Vaters, mit Chauffeur in Uniform und Gamaschen, der unten vor dem Haus wartete. Auf mich als kleines Kind wirkte das Auto-Cockpit wie das eines Raumschiffs oder eines großen Flugzeugs, und vielleicht stammte mein Wunsch, Pilot zu werden, bereits aus dieser Zeit.

Kurzum, dem kleinen Carlo Pedersoli ging es ziemlich gut, auch wenn er sich dessen natürlich nicht bewusst war. Er hatte keine Ahnung von den Schwierigkeiten in der Welt da draußen, und auch der Hunger war ihm völlig fremd.

Ich hatte eine deutsche Gouvernante, Rosa Polacek, die sich auch um meine Schwester Vera kümmerte, die vier Jahre nach mir geboren wurde, bei ihrer Geburt fünf Kilogramm wog und später als Lehrerin an einer Schule in Rom arbeitete. Mein Vater versuchte zu verstehen, was sein Sohn ihm sagen wollte – doch vergeblich, denn ich wuchs mit der deutschen Sprache auf, ohne Italienisch zu können! Ganz zu schweigen vom neapolitanischen Dialekt. Rosa war eine tüchtige Erzieherin und eine außergewöhnliche Frau, mit der ich bis wenige Jahre vor ihrem Tod in Kontakt geblieben bin. Ich erinnere mich, dass sie später einen Feuerwehrmann aus Torre del Greco bei Neapel heiratete, und dadurch kam zu ihrem Italienisch mit deutschem Einschlag, wie man es in Italien oft in lustigen Kino- oder Zeichentrickfilmen hört, ein neapolitanischer Dialekt dazu, was zu einer sehr amüsanten Sprechweise führte. Rosa Polacek war praktisch neapolitanischer geworden als ihr Ehemann.

Mein Elternhaus war also großbürgerlich und wohlhabend. Muss ich mich dessen schämen? Ich glaube nicht. Denn ich konnte ja nichts dafür. Ich weiß schon, dass in Schauspielerbiografien üblicherweise von der unaussprechlichen Not am Anfang der Karriere die Rede ist (aber wenn sie so »unaussprechlich« ist, wieso erzählen die Autoren dann davon?). Aber da ich mich nicht für einen echten Schauspieler halte, sondern für eine »Charakterfigur«, kann ich mir erlauben, die Dämme solcher »literarisch-narrativer Konventionen« einzureißen – was mir angesichts meines Leibesumfangs auch nie schwergefallen ist. Zudem besaßen wir wenige Jahre später nicht mal mehr eine Lira, da ein Bombardement während des Zweiten Weltkriegs die Fabrik meines Vaters völlig zerstörte.

Mehr als einmal mussten meine Eltern im Laufe ihres Ehelebens wieder ganz von vorn anfangen und sich einem wechselhaften Schicksal fügen. Meine Schwester und ich merkten von alldem nichts: Uns ging es gut, da wir durch unsere kindliche Ahnungslosigkeit und die fürsorgliche Pflege der Eltern beschützt waren. Zweifellos ist meine Familie stets das Fundament meiner Erfolge gewesen. Das mag phrasenhaft anmuten – aber die Wahrheit klingt umso rhetorischer, je wahrer sie ist.

Meine Mutter Rosa stammte gebürtig aus Chiari in der Nähe von Brescia und hieß in Wahrheit Rina, wurde aber von allen Rosa gerufen. Als Ehefrau eines vermögenden neapolitanischen Industriellen war sie gut versorgt – später im Leben aber, gleich nach dem Zweiten Weltkrieg, musste sie notgedrungen in Rom Taschentücher mit dem Motiv des Kolosseums für die Amerikaner besticken.

Papa, Alessandro Pedersoli, war ein Industrieller, der aus einer Familie von Industriellen stammte. Er hatte sein Vermögen geerbt und gab sich Mühe, es auch zu bewahren. Er war Mitglied im »Club Savoia« in Neapel, einem sehr exklusiven Ort, wohin er mich einmal mitnahm, als ich etwa zehn Jahre alt war und der kurz bevorstehende Krieg bereits in der Luft lag. Ich erinnere mich, als wäre es heute, wie er mich einmal in seine Fabrik und in seine Läden mitnahm, noch bevor alles zerstört war. Er war ein sehr ehrlicher Mann, der mich lehrte, unseren Familiennamen voller Stolz zu tragen. Er betonte immer, dass ein Pedersoli noch nicht einmal einen Strafzettel erhalten hätte und dass es keinen materiellen Grund gäbe, für den ein Mann seine eigene Würde aufs Spiel setzen müsste. Heute würde man sagen, dass er aus einer anderen Zeit stammte. Tatsächlich wurde er vor mehr als einem Jahrhundert geboren, aber solche Prinzipien gelten für alle Zeit und waren mir immer eine innere Richtschnur für mein Handeln.

Meine Großmutter mütterlicherseits kam aus Brescia und wurde »Sciùra Ninni« (»Signora Ninni«) gerufen. Wenn wir sie besuchten, öffnete sie, kaum dass sie mich erblickte, die Arme und rief in ihrem Dialekt, der für mich kaum verständlicher als Chinesisch war: »Herrgott, ist das möglich! Komm her, mein *patanflùn*!«

Wer konnte sie eigentlich verstehen?! Dieser Dialekt-Ausdruck »patanflùn«, der etwa so viel wie »Dickerchen« bedeutet, klingt mir heute noch in den Ohren nach. Erst später ging mir auf, dass ich in ihren Augen jedes Mal, wenn wir uns nach langer Zeit wiedersahen, unglaublich gewachsen war. Am Anfang hob sie mich auf den Arm, einige Jahre später vertauschten wir die Rollen.

Diese kuriose Mischung aus verschiedensten Dialekten, Bräuchen und »vermischtem Blut« zwischen Norden und Süden innerhalb meiner Familie (und da sind wir sicher nicht die Einzigen) hat mich von klein auf gelehrt, Italien als geschlossene Einheit anzusehen. Darum finde ich es unsinnig, die einzelnen Landesteile nach starren »regionalistischen« Rastern aufzuteilen.

*

Andererseits stimmt es natürlich auch, dass ein jeder von uns auf seine Herkunft stolz sein und seine eigenen Wurzeln nicht verraten sollte. Die Literatur, das Theater und der Film haben uns zwar mit der Vorstellung vertraut gemacht, dass die neapolitanische Identität ein Vermächtnis der Armut, der tagtäglichen

Konfrontation mit Hunger und Tod sei – was sicherlich auch einen wahren Kern hat, auch wenn es nicht auf mich zutrifft. Doch bin ich Neapel vielleicht stärker verbunden als viele jener Landsleute, die einen plakativen und karikaturistischen »Neapolitanismus« zur Schau stellen. Denn für mich ist Neapel nicht bloß ein geografischer Ort: Neapolitaner zu sein ist aus meiner Sicht ein Geisteszustand.

Ich sage es voller Stolz: Mein Neapel lebt in meinem Inneren und ist weniger nach außen sichtbar, nicht nur, weil ich diesen extremen Hunger als Kind nie erleiden musste, sondern vor allem, weil ich den größten Teil meines Lebens in der Fremde verbracht habe. Aber jedes Mal, wenn ich nach Neapel zurückkehrte, schöpfte ich nach kürzester Zeit mit vollen Händen aus der neapolitanischen Stereotypen-Quelle und fing wieder an, wie Totò[6] zu sprechen. An ihn habe ich eine sehr traurige Erinnerung, weil er damals, als ich die Gelegenheit hatte, ihn kennenzulernen, schon sehr alt und fast blind war. Der Fürst Antonio De Curtis, Künstlername Totò, symbolisiert Neapel nicht – er verkörpert es! Er war gleichzeitig Schauspieler, Komponist, Poet, Wohltäter, Tierrechtler – als es noch nicht in Mode war, einer zu sein –, Edelmann und Hofnarr, ein mitfühlender Mensch, der in der Nacht heimlich Banknoten unter die Türen der ärmsten Häuser der Elendsviertel schob.

Ich repräsentiere nicht das Neapel Totòs, und es würde mich auch nicht reizen, den *pazzariello*[7] zu spielen. Das vielleicht auffälligste Erbe Neapels, das ich in mir trage, wird in meinem Wahlspruch »Futteténne!« (»Scheiß drauf!«) deutlich. Das be-

---

[6] *Totò (1898–1967) war ein Künstler aus Neapel, der als Komödiant internationalen Ruhm erlangte.*

[7] *Eine typisch neapolitanische Figur, ein Ausrufer, der durch die Straßen geht und auf Sonderangebote, Laden-Neueröffnungen etc. hinweist. In »L'oro di Napoli« spielte Totò einen »pazzariello«.*

deutet aber nicht etwa, dass man auf alles und jeden mit fröhlicher Oberflächlichkeit pfeifen sollte. Vielmehr drückt dieser Wahlspruch für mich aus, dass wir all die Probleme, mit denen wir konfrontiert werden, nicht zu schwer nehmen, sondern sie lieber mit Humor lösen sollten, da es uns selten, ja sogar fast nie möglich ist, sie zu vermeiden. Kurz, ich bin ein unverbesserlicher Optimist.

Nun gut, das Neapel von einst, und zwar das der Dreißigerjahre – und hier schwelge ich für einen Augenblick wieder in meinen Erinnerungen –, war zwangsläufig ein ganz anderes nicht nur als das heutige Neapel, sondern auch als das Neapel wenige Jahre später, als der Krieg begann. In meinen Erinnerungen eines Kindes aus reichem Hause war es eine wundervolle, heitere Stadt, so elegant und bedeutsam wie eine Hauptstadt. Von jenem Neapel trage ich die Sprache und Musikalität in mir, die ich später als Erwachsener oder als älterer Herr in einigen Liedern oder Gedanken zum Ausdruck gebracht habe.

In jenem Neapel, diesem in meinen kindlichen Erinnerungen so magischen und wunderbaren Ort, ging ich zur Grundschule und dort lebte ich bis 1943, als unser gesamtes Vermögen mit einem Schlage vernichtet wurde und wir gezwungen waren, uns in die Schlange der Flüchtlinge einzureihen. Vor diesem Alptraum aber war die Stadt, in der ich heranwuchs, auch die Stadt der Geschwister Filippo, Edoardo und Titina De Filippo, der unehelichen Kinder des großen Eduardo Scarpetta[8], die aber selbst bereits so großartige Künstler waren, dass sie in der Bühnenszene eine feste Größe waren. Es war die Stadt, in der das Fußballteam unter Führung von Antonio Vojak[9] abstieg, trotz der bewegenden Hingabe, welche die Fußballer in jedem einzelnen

---

[8] *Ein aus Neapel stammender Schauspieler und Komödienschreiber (1853–1925).*

[9] *Trainer des SSC Neapel 1940–43.*

Spiel an den Tag legten – denn die Stadt und ganz Italien waren am Ende ihrer Kräfte, weil der Krieg alles beherrschte.

Ich besuchte das »Istituto Minerva«, das gegenüber dem Kino-Varieté »Santa Lucia« lag, und weiß noch, wie meine damals gerade vier Jahre alte Schwester Vera in meinen Klassenraum kam, um mir eine Art Aluminium-Essnapf zu bringen, der innen mehrere Fächer hatte, in denen belegte Brote, Wasser, Obst und so weiter waren. Um mich zwischen den Schulbänken zu finden, rief sie mich »Lallo«, ihre kleinkindliche Art, »Carlo« zu sagen. Ich erinnere mich auch an einen Klassenkameraden mit Schuluniform und Ranzen, der später ein großer, erfolgreicher Schriftsteller werden sollte: mein Freund Luciano De Crescenzo [10]. Auch er sollte aus dem Humor, dieser Fähigkeit, den Dingen ihre Dramatik zu nehmen, eine Waffe und eine Philosophie machen, um sich dieser verrückten und grotesken Sache entgegenzustellen, die das Leben ist.

*

Wenn die Kindheit eine Flucht vor der Wirklichkeit ist, war meine dies aber einmal auch im wahrsten Sinne des Wortes, als Alessandro, mein Cousin väterlicherseits, und ich – er drei, ich zweieinhalb Jahre alt – eines schönen Tages von zu Hause ausrissen. Wie leichtsinnig wir doch waren, brachten wir doch addiert nicht viel mehr als fünf Jahre zusammen, aber sei's drum!

Wir wollten zum Stadtpark gehen, um mit anderen Kindern zu spielen, als ein Passant auf uns aufmerksam wurde und uns zurück nach Hause brachte. Dort war in der Zwischenzeit die Hölle los, sogar die Polizei war gerufen worden. Ich weiß nicht mehr, wer unser »Retter« war, aber für uns war er bloß ein Spiel-

---

[10] *Ein 1928 in Neapel geborener Ingenieur und Autor mehrerer internationaler Bestseller.*

verderber, der uns um unser Vergnügen brachte. Dieser Park war in unseren Augen, verstärkt noch durch unsere kindliche Fantasie, ein wahres Spielparadies, wie Gardaland[11] für ein Kind heute. Wir waren heimlich aufgebrochen und waren den üblichen Weg gegangen, also entlang der Via Orsini, Via Santa Lucia und Via Chiatamone, die parallel zur Via Caracciolo verläuft. Ich weiß noch, dass wir Strampelhöschen mit Knöpfen im Schritt trugen, die man schnell öffnen konnte, um Pipi zu machen. Uns war nicht bewusst, wie dramatisch unser Ausbüxen war. In jener Zeit war die furchtbare Lindbergh-Entführung allgegenwärtig. Damals war in Amerika der kleine Sohn des berühmten Atlantik-Überfliegers Charles Augustus Lindbergh gekidnappt und nach Zahlung des Lösegelds ermordet und in einem Wald verscharrt gefunden worden.

Wir begriffen einfach nicht, warum unsere Eltern derart außer sich waren, auch wenn uns angesichts all dieses Wirbels mit den vielen Polizisten und Nachbarn vor unserem Haus schnell klar wurde, dass wir anscheinend einigen Ärger angerichtet haben mussten.

Soweit ich mich erinnere, verursachte ich auch sonst viele Scherereien und dies mit großer Unbekümmertheit, so wie es wohl alle Kinder in dem Alter tun. Für Scherereien war ich einfach begabt, sie gelangen mir ganz wie von selbst. Mit großer Hingabe und Gründlichkeit suchte ich jede Gelegenheit dazu.

Zum Beispiel fuhren wir jeden Sommer nach Seiano in den Urlaub, einem Dörfchen auf der sorrentinischen Halbinsel, wo es die typischen Pfahlbau-Badeanstalten mit Kabinen aus Holz gab, umfasst von einem Zaun, dessen Latten sich in der Mitte überkreuzten. Eines Tages wollte meine Mutter ein Erinnerungsfoto schießen und lotste mich so, dass ihr das perfekte

---

[11] *Größter Freizeitpark Italiens am Gardasee.*

Bild gelänge: »Geh weiter zurück, noch weiter!«, rief sie mir zu, unterstützt von Gesten, damit ich mich vom Kamera-Objektiv weiter wegbewegte. Durch mein Rückwärtsgehen passierte es, dass ich wie in einem Slapstick-Film hintenüber durch die Zaunlatten fiel. Großes Entsetzen, alle kamen schreiend zum Zaun gerannt, aber glücklicherweise war mir nichts passiert – obwohl ich im Sturz einen kleinen Anker mitgerissen hatte. Wäre es ein Hufeisen gewesen, hätte nach dem Aberglauben meine Unversehrtheit damit zusammenhängen können, aber bis heute fällt mir nichts ein, was man mit einem Anker in Verbindung bringen könnte.

Genau hier in Seiano hatte ich auch meine Wassertaufe, als ich mit viereinhalb Jahren mit Schwung ins Meer geworfen wurde. Ich kannte einen fabelhaften Seemann, Ninuccio Savarese, der riesige Boote besaß, auf denen er die Reisenden aus Neapel, deren Vaporetto vor der Küste ankerte, zum Hafen brachte.

Er nahm mich immer mit, und er war es, der mir die Grundlagen des Schwimmens beibrachte, indem er mich ins Wasser warf. Ich paddelte wie wild, um mich über Wasser zu halten – und da ich heute noch davon berichten kann, habe ich das Schwimmen offensichtlich so gelernt. Immer, wenn es möglich war, nahm Ninuccio mich mit, und ich holte mit ihm zusammen Touristen oder Herren ab, die ihre Gattinnen, welche dort ihren Urlaub verbrachten, an den Wochenenden besuchten. Wir brachten auch Pendler oder abreisende Gäste zum Vaporetto. Ich war damals schon sehr unternehmungslustig und es gefiel mir unglaublich, mit ihm raus aufs Meer zu fahren. Und als ich viele Jahre später meine ersten Erfolge als Schwimmer feiern konnte, widmete ich sie natürlich Ninuccio. Immer wenn mir eine Medaille verliehen wurde, schloss ich für einen Moment die Augen und sagte ihm im Stillen: »Danke, Ninù, die gehört auch ein bisschen dir!« Schließlich war er mein erster »Lehrer«

gewesen, der mich das Wasser als mein natürliches Element hatte entdecken lassen. Und nie hätte ich damals gedacht, dass diese Fähigkeit, mich »über Wasser zu halten«, mir einmal eine sagenhafte Karriere als Schauspieler ermöglichen würde … und hier zeigt sich auch wieder der Einfluss meines Sternzeichens: Denn das astronomische Zeichen des Skorpions ist das »♏«, das zum Ur-Element Wasser gehört, der Urform des Lebens.

*

Bei Seiano liegen zwei Dörfchen an der Küste, eines im Norden und eines im Süden: Vico Equense und Meta di Sorrento. Außerdem gibt es da noch Scraio, wo seit Jahrhunderten weiße, schwefelhaltige Wasserquellen sprudeln, denen ein übler Geruch von faulen Eiern entströmt. Noch weiter liegt Castellammare di Stabia, das vom Monte Faito überragt wird. Das sind wunderbare Fleckchen Erde und dort droben besaß eine Tante eine riesige Villa, die von einem Park umgeben war, in dem es sogar einen kleinen Teich samt Schwänen sowie Bocciabahnen und ein Wäldchen gab. Kurz und gut, in meinen Augen war das eine Art Paradies, wohin ich oft zum Spielen ging. Mein Leben bestand aber nicht nur aus Vergnügungen: Mit achteinhalb Jahren schwamm ich meinen ersten Wettkampf im Wassersport-Club »Canottieri Napoli«, und zwar im offenen Meer, denn es gab zu jener Zeit dort noch keine Schwimmbecken. Ich erinnere mich, dass es vorher einen Streit mit meinem Vater gegeben hatte, weil ich etwas Verbotenes getan hatte: Damals gab es diese »Dingis«, kleine Ruderboote, die ein achtjähriges Kind wie ich niemals allein hätte steuern sollen. Trotzdem schnappte ich mir eines im Hafen und ruderte aufs offene Meer, wobei ich all die Seeleute ignorierte, die mir vom Pier Warnungen hinterherriefen. Mein Sieg im Schwimm-Wettkampf milderte den Zorn meines Vaters ein wenig. Auch mein Cousin schwamm mit, kam aber als Letzter an. Sicher war er kein besonders begabter Schwimmer, aber das sollte keineswegs negative Rückschlüsse über seinen weiteren Lebensweg zulassen: Auch er war ein »Gewinner«, denn er wurde später einer der renommiertesten Anwälte Italiens.

Nur wenige Jahre nach diesem ersten Sieg in Neapel wurde ich zusammen mit meiner Familie wegen der Bombardements zur Flucht nach Rom gezwungen: Auch für mich war damit der Moment gekommen, in dem meine glückliche und unbekümmerte Kindheit endete.

*

Wie schon erwähnt, hatte uns die Tragödie des Krieges bis dato relativ wenig betroffen, und mir schien das Leben damals regelrecht monoton zu sein, mit den Ausgangssperren und dem häufigen Gerenne in die Schutzräume. Die Jugendlichen vermochten sogar, dieser Situation etwas Amüsantes abzugewinnen, denn sie schwänzten die Schule, sammelten die Bombensplitter ein, die teilweise noch warm waren, und ignorierten völlig, wie gefährlich das war. Es war unser jugendliches Alter, das uns noch heiter sein ließ, und ich möchte mich bei all jenen entschuldigen, die mich womöglich für oberflächlich halten, weil sie selbst durch den Krieg wirkliche Tragödien erleben mussten. An politische Diskussionen zu Hause über Mussolini oder Hitler kann ich mich nicht erinnern. Ich entsinne mich bloß, dass meine Eltern eines Tages ihre goldenen Eheringe abnahmen und sie dem Vaterland überließen, obgleich sie weder Faschisten noch Kommunisten waren. Sie waren überzeugt, damit etwas fürs Vaterland zu tun. Sie liebten den Frieden, aber da Italien nun bereits in den Konflikt involviert war, hielten sie es für ihre Pflicht, etwas im Rahmen ihrer bescheidenen Möglichkeiten zu tun. Ansonsten war die Politik in unseren vier Wänden nie ein Thema.

Das Neapel zu Kriegszeiten war so, wie es von Curzio Malaparte in seinem schmerzvollen Roman *Die Haut* oder im neorealistischen Film dargestellt wurde. Bestandteile waren die *sciuscià* [12], die *segnorite* [13], der Schwarzmarkt und ein Hunger, der noch viel schwärzer und elender war. Auch erinnere ich mich gut an die *scugnizzi* [14], meine Altersgenossen, die geschmuggelte Zigaretten verkauften, indem sie die englischen Namen mit ähnlich klingenden Dialektausdrücken tarnten: Aus den Chesterfields wurden *cess'e fierro* (»Eisen-Klo«), die Camels nannten sie *o' ciuccio co' scartiello* (»Esel mit Buckel«), *allucca e strilla* (»Schreie und brülle«) stand für Lucky Strike, so wie *e' pall'ammano* (»Kugeln in der Hand«) der Codename für Pall Malls war. Es waren junge, ausgehungerte Menschlein, die sich einiges einfallen lassen mussten, um sich durchzuschlagen. Ich erinnere mich an jenen Tag, als wäre es heute, als der Wahnsinn des Krieges schlagartig aufhörte, nur ein bizarrer Rahmen für meine Kinderspiele zu sein: Dieser Moment kam mit der durch einen amerikanischen Bombentreffer ausgelösten krachenden Explosion eines Schiffes, das voll beladen mit Sprengstoff am Hafen vor Anker lag, direkt vor der Fabrik unserer Familie, einem Gebäude mit sechs Stockwerken in der Industriezone am Pier. Dort wurden Eisenmöbel produziert, und wenn die Fabrik nicht zerstört worden wäre, wäre sie heute vielleicht eine nationale Marke wie »Zoppas« oder »Ignis«[15] geworden, so groß und

[12] *Neapolitanische Schuhputzer nach dem Zweiten Weltkrieg, deren Name von ihrem Ruf »Shoe shine!« kommt.*

[13] *Italienische Prostituierte, die so von den amerikanischen Soldaten genannt wurden, die Spanisch (»señorita«) und Italienisch (»signorina«) vermischten.*

[14] *Die bis heute typischen Straßenkinder oder jugendlichen »Herumlungerer« Neapels.*

[15] *In ganz Italien bekannte Firmen, die unter anderem Haushaltsmaschinen herstellen.*

florierend war sie. Stattdessen wurde die Fabrik dem Erdboden gleichgemacht und es war Glück im Unglück, dass dort keine Menschen zu Schaden kamen. Niemand war vor Ort, weil es ein Sonntag war.

Wegen seines großen Hafens war Neapel des Öfteren Ziel überraschender Luftangriffe und nach einem weiteren Bombardement, das sogar Teile des Schutzraums, in den wir geflüchtet waren, einstürzen ließ, beschloss mein Vater, mitsamt seinem Bruder nach Rom zu ziehen. Eine bittere und ironische Fußnote dazu ist, dass sie auch einen ihrer Freunde zum Wegzug zu überreden versuchten, doch dieser stattdessen beschloss, in ein Dorf bei Neapel zu ziehen. Ein paar Wochen nach unserem Umzug erfuhren wir, dass er ums Leben gekommen war. Bei einem Sonntagsspaziergang mit seiner Frau war ein Teil des Gesimses einer Kirche auf ihn herabgefallen und hatte ihn auf der Stelle getötet. Wie ein altes italienisches Sprichwort sagt: »Du kannst sehr früh aufstehen, sogar im Morgengrauen, aber dein Schicksal wird immer bereits eine halbe Stunde vor dir auf sein.«

2. KAPITEL

ROM 1943 – 1947: NEAPOLITANER UND TEILWEISE RÖMER

»Cave canem.«
(»Nimm dich in Acht
vor dem Hund.«)
LATEINISCHE REDEWENDUNG

»Ave canem, cave Caesar.«
(Sei gegrüßt, Hund, nimm
dich in Acht vor Cäsar.)
BUD SPENCER

Es war der 19. Juli 1943. Ich war 13 Jahre alt und befand mich auf der Rückfahrt aus Triest, wo ich die italienische Meisterschaft im 100-Meter-Brustschwimmen gewonnen hatte. Ich stieg am römischen Bahnhof San Lorenzo aus dem Zug und nahm mir ein Taxi.

Wenig später wurde San Lorenzo durch ein amerikanisches Bombardement dem Erdboden gleichgemacht, das traurige Berühmtheit erlangte und Tausende von Menschenleben forderte. Hätte der Zug Verspätung gehabt oder hätte ich kein Taxi gefunden, wäre auch ich dort ums Leben gekommen. Aber angesichts dieses Bombardements, durch das 3000 Menschenleben ausgelöscht und 12.000 Menschen verletzt wurden, würde ich mich diesmal dabei nicht wohlfühlen, mein eigenes Überleben auf mein Glück oder auf die Vorzüge meines Sternzeichens zu schieben. Denn ich bin mir sicher, dass jene Fliegerbomben das Leben von Menschen mit den verschiedensten Sternzeichen auf dem Gewissen haben. Auch will ich nicht mutmaßen, dass mich jemand da oben im Himmel besonders gernhatte, denn das würde ja bedeuten, dass dieser Jemand all jene nicht gernhatte, die umkamen. Bis heute begreife ich einfach nicht, worin die menschliche Zivilisation begründet liegt, wenn wir es immer wieder darauf anlegen, uns gegenseitig umzubringen.

*

Italien wollte damals zeigen, dass es auf einer Höhe mit den anderen kriegsführenden Nationen lag, und trat selbst in den Krieg ein; auch weil es vielleicht unmöglich geworden wäre, Deutschland gegenüber, das gerade Europa eroberte, neutral zu bleiben. Was auch immer der Grund gewesen sein mag, welchen Fehler Mussolini auch immer gemacht hatte, jedenfalls steckten wir nun bis zum Hals drin. Und, wie jemand mal geschrieben hat: Der Krieg ist das einzige Vergnügen der Mächtigen, an dem auch das Volk teilnehmen darf. In diesem Sinne ist der Mensch ein wesentlich gefährlicheres Tier, als der lateinische Spruch »cave canem«, der aus der Zeit Cäsars stammt, vermuten lässt und daher erlaube ich mir, ihn etwas abzuändern: »Sei gegrüßt, Hund, nimm dich in Acht vor Cäsar.«

Erst als ich in dem römischen Haus eintraf, in dem wir als Gäste lebten, erfuhr ich von dem Gemetzel. Die Nachricht davon hatte meine Familie bereits vor mir erreicht, und Mama blickte mir mit einem so bleichen Gesicht entgegen, als wäre ihr ein Gespenst erschienen, und dann umarmte sie mich so fest, als hätte sie mich seit ewiger Zeit nicht gesehen! Wir waren im Haus meines Onkels väterlicherseits untergebracht, der in der Via Ambaradam wohnte, und als seine Frau, die aus Mailand stammte, entschied, wieder in die Lombardei zurückzukehren, riss das die beiden Familien auseinander. Bis dato hatten sie immer beieinander gewohnt, ob in Neapel oder in Rom. Für mich bedeutete es ein kleines Trauma, mich von meinem Cousin Alessandro zu trennen, der mein Spielgefährte bei vielen Abenteuern gewesen war, die wir als Kinder erlebt hatten.

Obwohl wir in Neapel die Fabrik verloren hatten, kamen wir dank des Ersparten »unter dem Kopfkissen« und dank meiner Mutter über die Runden. Sie wurde spontan zur Schneiderin und bestickte Taschentücher, die dann verkauft wurden, mit dem Abbild des Kolosseums.

So hatten wir die eine oder andere Lira, später auch die »AM-Lira«: Das war die Währung, die die Amerikaner für ihre in Italien stationierten Truppen druckten. Allerdings hatte diese Währung nur kurzen Bestand. Die italienische Regierung protestierte gegen sie, weil ihre Emission im Handumdrehen zu einer Inflation des Marktes führte; außerdem waren diese Banknoten sehr leicht zu fälschen.

*

Meine Mutter war wunderschön, sie hatte blondes Haar und zwei leuchtend blaue Augen. Ohne Frage war sie es, die die Familie im Gleichgewicht hielt, denn mein Vater, der seinen Betrieb verloren hatte, verfiel in Depressionen. Ich selbst schlug mich – wie sehr viele andere – mit kleineren Diebstählen durch.

Mich erreichte die Nachricht, dass im Stadtviertel Settebagni ein unbewachter und vollbeladener Zug stand. Etliche Leute aus dem Viertel Salario setzten sich in diese Richtung in Bewegung, um den Zug zu plündern. Auch ich kam mit, und zwar auf meinem Fahrrad von der Marke Bianchi, das mein Vater mir geschenkt hatte. Auf dem Gepäckträger nahm ich einen Freund mit. Wir räumten die Waggons aus, aber es gelang uns nur, einen einzigen Sack Mehl unter großen Mühen davonzuschleppen, der mindestens sechzig Kilogramm wog. Auf unserem Heimweg stellte sich uns aber plötzlich ein Typ in den Weg, der uns mit vorgehaltener Waffe den Sack wieder abnahm.

Aber da der Transport des Mehls so mühsam gewesen war, waren wir im Grunde genommen ganz erleichtert, dass uns jemand unser Diebesgut gleich wieder abgenommen hatte.

Wir fuhren zum Zug zurück, wo ich mir schnell einen zylinderförmigen Behälter schnappte, ohne vorher hineinzuschauen. Mein Freund blieb noch dort, weil er auf der Suche nach Stoffen und Tüchern war, und ich machte mich auf den Heimweg. Auf der Höhe von Urbe, wo heute der Flughafen liegt, wurde ich erneut aufgehalten, aber diesmal von einem deutschen Kontrollposten – und zwar von den SS-Fallschirmjägern! Diesmal durchfuhr mich ein gewaltiger Schrecken, zum einen, weil es

SS-Männer waren, aber auch, weil ich ein schlechtes Gewissen hatte, da ich gestohlen hatte. Sie hielten mich an, nahmen mir den Behälter ab, öffneten ihn … und lachten los. Ich hatte eine Packung Knöpfe gestohlen. Auch das Fahrrad nahmen sie mir weg, weil sie glaubten, ich hätte das auch geklaut. In meinem rudimentären »Makkaroni-Deutsch« (Danke, Rosa Polacek!) fing ich an, zu heulen und zu jammern, dass dies aber mein Fahrrad sei, ein Geschenk meines Vaters, bis sie mich schließlich aus Mitleid – kein Witz, auch SS-Männer konnten ein Herz haben – wieder ziehen ließen. Wahrscheinlich war es dank der paar Brocken Deutsch, die mir meine liebe Hauslehrerin Rosa Polacek beigebracht hatte, dass ich sie dazu erweichen konnte, und auch, weil sie ihren Spaß mit mir hatten. Meine eigenartige Beziehung mit den »Teutonen« endete aber keineswegs damals, wenn man bedenkt, dass Bud Spencer heute in Deutschland fast noch populärer ist als in Italien!

*

Ansonsten blieb ich meist zu Hause – und da ich aus einer wohlhabenden Familie stammte, bekam ich von der wirklich hässlichen Seite der deutschen Besatzung immer nur indirekt etwas mit. Dank unseres privilegierten Lebens erfuhr ich erst im Nachhinein, was passierte; unser Radio war ein Röhrenempfänger und wurde nicht oft benutzt.

Den Hunger kannten wir nur in begrenzter Form: Wir aßen den »Formaggio Roma«, der wie ein Käse-Ersatz schmeckte. Dazu gab es deutsches Schwarzbrot. Die Eier besorgten wir auf dem Schwarzmarkt. Fleisch kam einmal in der Woche auf den Tisch. Viel schwieriger war vielmehr die Körperhygiene: Eine Dusche existierte nicht, sondern nur ein Wanne, die wir mit einer begrenzten Menge von Wasser füllten, in der wir nacheinander ein Bad nahmen. Erst Mama, dann Papa, dann ich und zuletzt meine Schwester. Auch der Strom war rationiert: In Neapel gab es gar keinen, und in Rom behalfen wir uns oft mit Acetylen-Lampen als Lichtquelle. So kam es, dass ich sogar von so dramatischen Ereignissen wie dem Partisanen-Attentat in der Via Rasella – das später zu dem deutschen Massaker an unbewaffneten Zivilisten in den Ardeatinischen Höhlen führte – erst viel später erfuhr.[16]

Damals gab es junge Menschen, die gen Norden zogen, um sich den Reihen der faschistischen »Republik von Salò«[17] anzuschließen (so wie mein heute bereits verstorbener Agent Michele Pietravalle), und andere, die zu den Engländern oder den Partisanen gingen. Auch ich wäre gerne irgendwo dabei gewesen, aber in jenem Alter war alles, was ich wirklich tun konnte, mich auf meine eigentliche Stärke zu konzentrieren: auf das Schwimmen. Das war vielleicht nicht besonders patriotisch, aber dafür sicher viel gesünder.

*

Ich fing im Schwimmclub »Romana Nuoto« an, den es heute noch gibt und der am Tiber liegt. Parallel besuchte ich das staatliche Gymnasium Mariani.

Ich weiß noch, dass vor der Schule ein Straßenhändler Kaktusfeigen verkaufte. Er gab einem ein Messerchen, und wenn man es schaffte, es senkrecht von oben in die Feige zu stecken und es dann wieder hochzuheben, sodass die Feige daran haften

---

[16] *Am 24. März 1944 wurden auf Befehl des SS-Polizeichefs von Rom, Herbert Kappler, 335 italienische Zivilisten in den Ardeatinischen Höhlen im Süden Roms erschossen.*

[17] *Ein im September 1943 gegründeter faschistischer Staat in Norditalien, der unter der Protektion des Deutschen Reiches stand.*

blieb, bekam man die Frucht geschenkt. Natürlich schaffte das niemand, und er machte ein ganz gutes Geschäft.

Ich entsinne mich, wie ich im Gymnasium zwei Klassen übersprang und später womöglich der jüngste Italiener war, der sich an einer Universität einschrieb, und zwar mit noch nicht mal 16 Jahren in der Chemie-Fakultät. Jedoch fand mein Vater keine Arbeit, und das zurückgelegte Geld war fast völlig aufgebraucht: Darum wurde ich durch seine Entscheidung, nach Südamerika zu ziehen, gezwungen, mein Studium 1947 abzubrechen. Ich war sicher kein Genie, aber ich hatte ein ausgezeichnetes Gedächtnis, das es mir ermöglichte, mir gleich im Unterricht alles anzueignen, ohne zu Hause groß lernen zu müssen. Die altgriechische Originalversion der *Anabasis* von Xenophon konnte ich, wie gesagt, so schnell auswendig rezitieren, dass die Lehrer es nicht schafften, mich zu unterbrechen und nach der Bedeutung zu fragen (dann hätte ich alt ausgesehen! Ich verstand nämlich kein Wort davon …). Dreißig Jahre später sollte mir diese Fähigkeit noch mal sehr nützlich werden, und zwar als ich meinen Part aus englischsprachigen Drehbüchern lernen und ihn voller Überzeugung rezitieren musste – ohne in Wirklichkeit auch nur ein Wort davon zu verstehen. Was hätten Telly Savalas, James Coburn oder Eli Wallach sonst auch bloß von mir denken sollen! Meine entschlossene Miene ließ keinerlei Zweifel zu.

Ich hatte einen Philosophie-Lehrer, der mich, den jungen italienischer Schwimm-Meister, voller Skepsis beäugte. Mein Erfolg, meine stattliche Figur und mein überschäumendes Temperament ließen ihn an meinem Intellekt zweifeln. »Zwischen mir und dir liegt ein ganzer Abgrund!«, pflegte er zu sagen. So kam es, dass ich mich bei der mündlichen Prüfung weit entfernt vom Lehrerpult hinsetzte. »Von da hinten höre ich dich nicht!«, rief er mir beim Abfragen herüber, und ich entgegnete: »Herr

Lehrer, ich halte mich lieber auf Abstand, denn wenn ich Ihnen zu nahe komme, habe ich Angst, in den Abgrund zu fallen ...«

Während der Schulzeit spielte der Sport für mich eine sehr wichtige Rolle, auch außerhalb des Wassers: Mit 14 wurde ich in der Schule San Gabriele in Rom Teammitglied in der Rugby-Mannschaft, die den Meistertitel in dieser Altersklasse holte. Mehr als drei Jahre lang prügelten wir also wild aufeinander ein, und rückblickend scheint es fast so, als habe mir das Schicksal schon damals meinen Weg zu den »Haudrauf-Komödien« vorgezeichnet.

Mein Lieblingsfach war Chemie, wo ich auf »sehr gut« stand. Mein Lehrer namens Minutilli sagte mir schon eine Zukunft als Wissenschaftler voraus. Und dann gab es da noch den Griechisch- und Lateinlehrer Braga, der viele Jahre später, als ich meinen Sohn Giuseppe an seinem ersten Tag in dieselbe Schule begleitete, ganz überrascht und auch ein wenig verängstigt reagierte, als ich ihn voller Rührung umarmte, denn er war von winziger Statur und schon alt. Ein wirklich feiner Mensch.

Lehrer sind wunderbare Missionare, die sich ganz und gar der Vermittlung ihres Wissens widmen, und das trotz miserabler Gehälter und schwieriger Umstände. Ich erinnere mich an *Die Saat der Gewalt,* einen Film mit Glenn Ford von 1955 über die Zustände an einer High-School in der Bronx und einen heldenhaften Lehrer. So wie man des »Unbekannten Soldaten« gedenkt, müsste man eines Tages auch dem »Unbekannten Lehrer« ein Denkmal errichten.

Oder man müsste den Lehrern zumindest ein Gehalt zugestehen, das ihrer Verantwortung Rechnung trägt. Es würde doch genügen, das Geld aus anderen Bereichen, wie zum Beispiel der Rüstung, abzuziehen. Wenn man dieses Geld in Bildung steckt, führt das langsamer zu Einnahmen, als wenn man es in Zerstörung investiert. Krieg ist ein Synonym für die Anschaffung neuer Waffen und für den Ausverkauf alter Waffen; Krieg bedeutet Aufbau nach der Zerstörung. Ein echtes Paradox.

Soviel ich mit meiner geringen Bildung weiß, war den Menschen nur um 400 vor Christus in Griechenland ein glückliches Zeitalter der Demokratie und ohne Kriege vergönnt. Dann kamen Kriege, Massaker und Zeiten des Waffenstillstands – und heute schickt sich der Mensch an, zum Mars zu fliegen, während er eine beträchtliche Anzahl seinesgleichen verhungern lässt und immer neue Feindbilder erfindet (gestern die Kommunisten, heute die Moslems). Die Mächtigen brauchen den Krieg, und wie Clausewitz schrieb, ist er die Fortsetzung der Politik mit anderen Mitteln. Aber das sind gefährliche Überlegungen, denn sie führen uns zu weit weg vom Thema, in Bereiche, die sogar Philosophen ins Wanken bringen – ganz zu schweigen von einem Chemiker!

Italien als Einheit gibt es gerade einmal seit 150 Jahren, in denen häufig Fremde in unser Land einfielen. Wir selbst sind alles andere als ein geeintes Volk. Wir würden uns etwas vormachen, wenn wir glaubten, wir könnten mit den anderen Europäern Hand in Hand *We are the world* singen, geeint durch den Euro.

Der bereits verstorbene bayerische Ministerpräsident Strauß sagte mir mal bei einem Abendessen: »Würden in Italien die Deutschen leben, wäre dieses Land schon vor Jahren zugrunde gegangen. Aber Gott sei Dank gibt es die Italiener.« Als geeintes und einträchtiges Volk haben wir zwar wirklich noch nie eine gute Figur abgegeben, doch dank unserer besonderen Begabungen haben wir zwei Weltkriege überlebt, unser Land wieder aufgebaut und den Sprung vom Agrar- zum Industriestaat geschafft, daneben mehrere Erdbeben, Überschwemmungen, Terrorismus und die Mafia überstanden; und auch heute gelingt es uns, trotz der allgemeinen Teuerung, jeden Monat über die Runden zu kommen ... sogar ohne auf unser Handy zu verzichten!

Also Hut ab vor der schweigenden Masse, die es immer von Neuem geschafft hat, wieder auf die Beine zu kommen, oft jenen zum Trotz, die sie regierten. Ich glaube seit jeher unerschütterlich an den italienischen Durchschnittsbürger, ungeachtet aller Streitereien zwischen Norden und Süden, die mir, wie schon gesagt, wegen meiner Familie, deren Blut sich aus brescianischem und neapolitanischem zusammenmischt, sowieso immer bedeutungslos vorkamen. Im Übrigen ist es mir auch in jenen schwierigen Jahren nie passiert, dass ich wegen meiner neapolitanischen Herkunft diskriminiert wurde – ganz im Gegenteil. Der Wiederaufbau nach dem Krieg war ein Lackmustest, der das wahre Wesen der Italiener zum Vorschein brachte. Sie bauten ihr Land mit viel Beharrlichkeit wieder auf, jeder leistete seinen Beitrag, je nach seinen eigenen Fähigkeiten; ganz gleich, ob er aus Mailand, Sizilien, Rom oder Neapel stammte.

3. KAPITEL

SÜDAMERIKA 1947 – 1951: MEINE »NEUE WELT«

»Die wahre Entdeckungsreise besteht nicht darin,
dass man neue Landschaften sucht,
sondern dass man mit neuen Augen sieht.«
MARCEL PROUST

»Ich sehe zwar nicht so gut,
reise aber trotzdem.«
BUD SPENCER

Da mein Vater ein unternehmungslustiger Industrieller war, wurde es ihm im Rom der Nachkriegszeit zu eng. Deshalb beschloss er 1947 nach langen Überlegungen, mit uns allen nach Südamerika zu ziehen, wo bereits andere Auswanderer Arbeit gefunden hatten.

Diese Entscheidung wurde außerdem von zwei weiteren Faktoren begünstigt: Zum einen war es meinem Vater lieber, die Ärmel hochzukrempeln und woanders neu anzufangen, als Entschädigungen beim italienischen Staat einzufordern, der ohnehin schwer am Wiederaufbau zu tragen hatte. Auch darin bestand sein Stolz, Italiener zu sein.

Zum anderen hatte uns eine Freundin mit brasilianischen Wurzeln eingeladen, zu ihr nach Rio de Janeiro zu ziehen. Sie malte uns die Möglichkeiten, die Brasilien all jenen bot, die genug Offenheit mitbrachten und tüchtig waren, in den leuchtendsten Farben aus.

*

Aber für meine Familie war das in Wirklichkeit wie ein Sprung ins kalte Wasser. Ich sollte dort, bevor wir später nach Argentinien auswanderten, die Zeit zwischen meinem 18. und 21. Lebensjahr verbringen.

In Italien ließ ich meine Freunde, eine vielversprechende Sportkarriere, bürgerliche Gewohnheiten und eine Welt zurück, die ich liebte und die auch mich liebte, wie es bei Sport-Champions üblich ist. Und es ist kein leeres Geschwätz, wenn ich sage, dass man sich kaum jemals so sehr als Italiener fühlt wie in solch einem Moment, in dem man Italien für ein unbekanntes Ziel verlässt. Jene Momente sind es, in denen man ein Gefühl der Liebe und der Zugehörigkeit verspürt, dem ich mit einem Begriff Ausdruck geben könnte, der heute vielleicht zu Unrecht außer Mode gekommen ist: »amor patrio«, Vaterlandsliebe.

*

Und doch sind es genau jene Erfahrungen, die das Leben eines jungen Menschen prägen und die einen neue, wunderbare Welten entdecken lassen wie jene, die wir in Brasilien vorfanden.

Hier war die Kultur im Vergleich zu unserer so viel einfacher und ursprünglicher, die Musik war wie der dazu passende Soundtrack und die »Farbe« dieser Leute. Die Schrecken des Krieges waren hier ganz weit weg.

Wer sich an das Staunen von Alice erinnert, als sie ins Wunderland kommt, hat vielleicht eine vage Vorstellung davon, wie sprachlos ich war, als ich das in Trümmern liegende Rom verließ und in ein Land kam, das kaum industrialisiert und von einer bezaubernden, geradezu magisch wirkenden Symbiose zwischen Mensch und Natur gekennzeichnet war. Die Reise unternahmen wir auf einem Dampfschiff namens *Argentina*: eineinhalb Monate auf dem offenen Meer, mit dem Ziel Rio de Janeiro.

Nach den ersten Tagen voller Enthusiasmus erinnere ich mich an eine gewisse Langeweile, da die Zeit einfach nicht verging. Alle außer mir hatten ständig Probleme mit dem Magen, und das irritierte den Koch des Schiffs, der eigens für den einen Passagier kochen musste, der sich zum Essen angemeldet und eine Vorliebe für üppige Portionen hatte.

Und tatsächlich war ich der Einzige, der zur Mittagsstunde stets mit einem Bärenhunger erschien, während die anderen damit beschäftigt waren, sich über die Reling zu krümmen, falls sie nicht rechtzeitig die Toiletten in ihren Kabinen erreichten. Ihre

Übelkeit wurde dadurch, dass sie mich mit so großem Appetit essen sahen, zusätzlich angeregt.

*

Ich glaube, das einzige Mal, dass ich nicht pünktlich erschien, war, als ich ein kleines Tête-à-Tête in einem Rettungsboot hatte. Mein Vater aber kümmerte sich persönlich darum, mich zu erinnern: Er fand es zu Recht seltsam, dass ich nicht erschien, und suchte mich daher überall. Als er mich fand, räusperte er sich laut, weil er vergeblich hoffte, dass wir so seine Anwesenheit bemerken und uns wieder aufrichten würden. Folglich war er gezwungen, sich mit einem verlegenen Lächeln über das Rettungsboot zu beugen: »Carlo, der Koch wartet nur auf dich!«

In Rio angekommen, stiegen wir in ein kleines Boot um, die *Cantuaria,* die uns in acht Tagen nach Recife im Norden Brasiliens brachte. In einer Kabine wohnten meine Schwester Vera und ich, in einer anderen Kabine mein Vater und meine Mutter. Hier wehte ein anderer Wind: Die *Cantuaria* war ein kleines, komplett schwarzes Wasserfahrzeug, ganz anders als der wunderschöne Transatlantik-Dampfer, der uns von Genua nach Brasilien gebracht hatte.

In unserer »Neuen Welt« gründete mein Vater gemeinsam mit einem Freund eine Firma, die Ölkanister herstellte. Für mich war es eine tolle Erfahrung, zum ersten Mal eine Arbeit und ein wenig selbst verdientes Geld in der Tasche zu haben. Meine Mutter hatte dort eine Bekannte, die uns half, gut unterzukommen. Ich war entschlossen, meiner Familie nicht finanziell zur Last zu fallen, und so arbeitete ich nach unserer Ankunft die ersten zwanzig Tage als Träger für Mehlsäcke am Hafen. Ich trug zwei Säcke von jeweils sechzig Kilogramm Gewicht, doch erinnere ich mich an einen unglaublich starken Polen, der ganz lässig drei Säcke auf einmal trug, einen davon auf dem Kopf. Die Bezahlung erfolgte nach Stück: je mehr Säcke, desto mehr Lohn. Ein schmutziges Milieu, voll von Ganoven und Verbrechern jeder Art, die tagsüber Geld verdienten, um es in der Nacht für Alkohol und Huren in irgendeiner Spelunke auszugeben.

*

In Brasilien gab es zu jener Zeit schier unendliche unbebaute Strände mit nur ganz wenigen Villen am Meer, wo heute eine Unmenge von Wolkenkratzern steht. Auch wenn es unglaublich klingt, habe ich in dieser wunderbaren Landschaft, die so stark vom Wasser dominiert war, drei Jahre lang nicht einen einzigen Armzug gemacht. Nachdem ich erst als Hafenarbeiter mein Geld verdient hatte, wurde ich beim italienischen Konsulat eingestellt, um kleine Post- und Kanzleibesorgungen zu erledigen. Der Konsul war ein älterer und vornehmer Diplomat, kein Berufs-, sondern ein Honorarkonsul.

Er erlaubte mir oft, sein amerikanisches Auto der Marke Hudson zu fahren, die heute nicht mehr produziert wird. Damals konnte man (und viele machten es auch) den gesamten etwa tausend Kilometer langen Weg von Recife nach Bahia mit dem Auto am Strand zurücklegen, weil der Sand bei Ebbe hart genug war. Nicht selten kam es dabei zu Unfällen wegen der riesigen Schildkröten, die plötzlich an der Strandlinie auftauchten, weswegen die Autos – keinesfalls vergleichbar mit modernen SUVs – mit ihnen kollidierten: Die Meeresschildkröten blieben zum Glück unversehrt, aber die Autos überschlugen sich oft, da die Schildkrötenpanzer wie Sprungschanzen wirkten.

In diesem Land konnte ich Nutzen aus den zwei Chemieprüfungen ziehen, die ich an der Universität in Rom abgelegt hatte. Nachdem ich meine Stelle beim Konsulat aufgegeben hatte, arbeitete ich bei Dupont, einer Firma, die Lackleder für Bezüge aus Krokodilhaut und andere Textilien produzierte. Meine Kollegen dort nannten mich »O Químico« (»Der Chemiker«). Binnen weniger Monate hatte ich alles gelernt, was es in der Firma über Größen und Farben zu wissen gab, und wurde auch dank meiner Qualifikation als Repräsentant in beinahe alle Städte Brasiliens geschickt: von Fortaleza im Bundesstaat Ceará, Belém do Pará bis nach Manaus im Bundesstaat Amazonas. Das waren in jeder Hinsicht unglaubliche Reisen: Zum Beispiel fuhren die Züge in den Provinzgegenden mit Treibstoff auf Kaffee-Basis, der die Waggons mit einem unerträglichen Gestank durchdrang und alle Passagiere benebelte.

Sie waren wie riesige Espressokannen auf Schienen, aus denen wir dann wie betäubt ausstiegen, ohne auch nur eine Tasse Kaffee getrunken zu haben! Die Waggons hatten keine Türen zum Ein- und Aussteigen am Wagenende, sondern Einstiege zu den Seiten eines jeden Sitzplatzes, weshalb man bei einer der unzähligen Öffnungen zustieg und sich sofort setzen konnte. Es gab ausgesprochen viele Dinge, die faszinierend anders waren, wo immer ich auch hinkam.

Jede Stadt hatte ihre Farbe, und alle waren Stadtstaaten, wie das bereits erwähnte Belém, gegründet von den Portugiesen im Jahr 1616, oder Manaus am Rio Negro, die Hauptstadt des Bundesstaates Amazonas, die – wie ich mir damals nie hätte vorstellen können – wenige Jahre später eine wichtige Rolle in meinem Leben spielen sollte.

Ich erinnere mich an eine lange Reise auf dem Amazonas von etwa 2000 Meilen an Bord eines alten Kahns. Ich befand mich an der Grenze zu Peru und nutzte dieses nicht näher definierbare Fluss-Verkehrsmittel, um Manaus zu erreichen. Das waren keine Boote für Touristen, sondern für Hoffnungslose. Einmal sahen wir Hunderte von Kaimanen ausgestreckt in der Sonne liegen, so unbeweglich, als wären sie unecht, und derart träge, dass wir einige Minuten brauchten, um festzustellen, dass es sich hier nicht um Stauden oder Sträucher handelte, die in den Fluss geworfen worden waren, sondern um Raubtiere. Dann, völlig unpassend an diesem unversehrten Fleckchen Erde, fiel ein krachender Schuss, der mich hochfahren ließ, und ich sah, wie sich diese Kreaturen plötzlich bewegten und blitzartig untertauchten. Sie gehörten einer Welt an, die Lichtjahre von alldem entfernt lag, was ich bisher gekannt hatte.

Man müsste ein Buch über jedes dieser Gebiete mit seinen ganz eigenen Besonderheiten schreiben, die Musik, die Bauwerke, die Traditionen und auch jene Faszination, die ich jedes Mal von Neuem verspürte, als ich dachte, dass mich nun nichts mehr verwundern könne. Viele der Szenen erinnern mich heute an den Bud-Spencer-Film *Zwei Himmelhunde auf dem Weg zur Hölle,* den ich etwa 25 Jahre später drehen sollte. Diese Erlebnisse waren es, die mir Brasilien in ganz besonderer Erinnerung tief im Herzen bleiben ließen. Ich war derart verzaubert, dass ich erst spät die ungute Veränderung bemerkte, die in meiner Familie stattgefunden hatte: Mein Vater wurde von Tag zu Tag magerer. Die Entscheidung, von Brasilien nach Argentinien umzuziehen, traf er auch, weil das Klima ihm helfen sollte, sich wieder zu erholen. Doch auch dort gelang es ihm nicht, sich einzuleben, weil es eben keine Frage des Klimas war – vielmehr verzehrte er sich vor lauter Heimweh nach Italien! Er war ein stattlicher Mann, 1,84 groß, korpulent, aber er gehörte jener wohlhabenden neapolitanischen Gesellschaftsschicht an, die keine körperlichen Anstrengungen gewohnt und emotional sehr mit ihrer Heimat verbunden war. Das Umherziehen in Südamerika bereitete ihm daher einige körperliche Probleme. Um es kurz zu machen, er blieb nur sehr kurz in Argentinien, nicht einmal ein Jahr, danach kehrten wir alle nach Italien zurück.

Ich muss wohl kaum betonen, dass ich von dort unzählige unvergessliche Erinnerungen mitnahm: Wäre ich Peter Pan, dann wäre Brasilien mein »Nimmerland«.

*

In Südamerika sollte ich später auch Paolo und Alberto kennenlernen, zwei andere Italiener, die ebenfalls aus wohlhabenden Familien stammten, sich aber aufgrund verschiedener Probleme entschieden hatten auszuwandern.

Sie gehören zu den ganz wenigen Freunden in meinem Leben, die mit dem Filmgeschäft nichts zu tun haben. Wir teilten uns ein enges Zimmerchen in einer miesen Hotel-Absteige. Unsere drei Feldbetten standen hintereinander aufgereiht in einer Linie, mit unseren Koffern darunter verstaut. Um mich im Zimmer zu bewegen, musste ich seitwärts gehen.

Wenn ich ausgestreckt lag, ragten meine Füße – ich glaube, ich brauche es nicht zu erwähnen – über die Bettkante hinaus. Geld hatten wir kaum, und ab und zu mussten wir entscheiden, ob wir es in der Hoffnung auf einen Gewinn in eine Art lokaler Lotterie einsetzen oder uns lieber Brot kaufen sollten.

Manchmal hatten wir auch berühmte Gäste, wie an jenem Abend, als ich bemerkte, dass sich neben unserem Zimmer die berüchtigte Vallanzasca-Bande [18], die aus Italien geflohen war, einquartiert hatte.

Da es nur ein gemeinsames Bad auf dem Flur gab, fanden meine zwei Freunde dieses eines Morgens besetzt vor, und zwar von einem anderen armen Teufel, der im Auto vor dem Hotel schlief und hereinkam, um bei uns zu duschen. Dieser Typ ver-

---

[18] *Italienische Bande von Kriminellen im Raum Mailand, die von Renato Vallanzasca (geb. 1950) angeführt wurde und lange Zeit die Polizei in Atem hielt.*

jagte Alberto gewaltsam, und deshalb musste ich auf etwas ruppige Art eingreifen, indem ich ihn nackt aus der unrechtmäßig besetzten Dusche verjagte. In Wirklichkeit war das ein Krieg unter armen Leuten, und dieser Unglückselige tat mir sogar ein bisschen leid.

Mit dem lieben Alberto, der heute noch in Venezuela lebt und als Vertreter arbeitet, telefoniere ich häufig und wir sehen uns so oft wie möglich.

Der gute Paolo lernte eine wohlhabende Witwe aus der Gegend kennen, die Textilien aus den Vereinigten Staaten importierte. Er selbst kannte sich mit Textilwaren bestens aus – seine Familie hatte sich in Rom einen Namen auf diesem Gebiet gemacht. Er gründete ein Unternehmen mit dieser Dame, und da er ein kluger Kerl war, wurde er reich.

Wenn es um wahre und dauerhafte Freundschaften geht, sind diese beiden Männer die Ersten, wenn auch nicht die Einzigen, die mir in den Sinn kommen, und dies vielleicht gerade deshalb, weil ich sie kennenlernte, als Carlo Pedersoli nicht mehr der Schwimm-Champion und »Bud Spencer« noch nicht geboren war. Also konnte kein Schatten eines möglichen Hintergedankens auf unsere Freundschaft fallen. Wie schrieb doch Carlo Dossi in *Note Azzurre:* »Der falsche Freund ist der Schatten, der uns folgt, solange die Sonne scheint.«

4. KAPITEL

1951 – 1957: AUFS NEUE IN ROM

»Weißt du denn nicht, dass wir alle vorgeben,
viel mehr zu leiden als alle anderen?«

HONORÉ DE BALZAC

»Die Stimme in der Wüste
ertränkt sich nur im Sand.«

BUD SPENCER

Die Rückkehr in die Hauptstadt markierte für mich den tatsächlichen Beginn meiner sportlichen Karriere, auch wenn es in Wirklichkeit ein zweiter Anfang war.

Damals erreichte ich beim 50-Meter-Freistil die Bestzeiten der Weltmeister. Auf 100 Meter jedoch hatte ich so meine Schwierigkeiten, da ich ja rauchte und nur wenig trainierte. Wenn ich das Laster der Zigaretten nicht gehabt hätte, wäre ich vielleicht sogar unter die drei Besten der Welt gekommen, aber ich kann mich trotzdem nicht beklagen, weil ich ein solches Rindvieh war und teilweise heute noch bin. Vor allem aber gelang mir alles wie von selbst, wie fast immer in meinem Leben: Ich habe nie mit blindem Eifer für meine sportlichen Erfolge gekämpft, was die anderen eifrigen Leistungsschwimmer, die sich mit speziellen Diäten quälten, auf Sex verzichteten und sich im Training völlig verausgabten, noch zusätzlich brüskierte.

1950 lernte ich in Rom Bitetti, den damaligen Präsidenten der Region Lazio, kennen, der mich fragte: »Bist du im Ausland nie geschwommen?«

»Nicht ein einziges Mal«, antwortete ich.

Ich galt wohl als Angeber und gewissermaßen war ich ja auch einer, denn meine Physis erlaubte mir dies. Kaum fing ich wieder an zu schwimmen, wurde ich umgehend Italienischer Meister im Freistil (was ich übrigens nie trainiert hatte). Sieben Jahre lang war ich nun italienischer Rekordhalter und nahm an den Olympischen Spielen 1952 und 1956, drei Europameisterschaften und drei Mittelmeerspielen teil. Schließlich ließ ich mich auch noch als Center in der Wasserball-Nationalmannschaft verpflichten, die amtierender Weltmeister war. Gar nicht übel für jemanden, der einfach nur ins Wasser sprang und schwamm, wie es ihm passte.

Ich wurde von den Fans bejubelt und … von den weiblichen Fans bezirzt. Ich gab mir redlich Mühe, nicht eine Einzige von ihnen auszulassen. In Wahrheit empfand ich aber keinen großen Respekt ihnen gegenüber, denn einerseits gaben sie mir dazu keine Möglichkeit, weil sie immer gleich die Hüllen fallen ließen, und andererseits war ich einfach unreif. Ich war damals noch weit von meiner heutigen Erfahrung und Überzeugung entfernt, dass die Frau etwas Göttliches an sich hat, und dies in viel konkreterer Weise als der Mann. Sie trägt das Leben neun Monate lang in ihrem Schoße, während der Mann nur die Samenzelle liefert. Sie ist in der Lage, neues Leben zu schaffen. Dass sie von einigen nur als Objekt angesehen wird, kommt durch die Massenhypnose der Medien, die den weiblichen Körper zu Verkaufszwecken missbrauchen, ganz wie einen Marketingartikel.

Bud Spencer hat versucht, diese Problematik in seinen Filmen zu behandeln, in denen die Frauen – und ebenso die Kinder und die Alten, also die Familie allgemein – mithilfe von Ohrfeigen beschützt werden.

Beschützt vor den Bösewichten, die in der Wirklichkeit viel zu oft gegen sie wüten, und zwar entweder aus schlichter Dummheit oder aufgrund der verwahrlosten Verhältnisse, aus denen sie stammen. Wenn es stimmt, dass ein Bild mehr sagt als tausend Worte, dann wünsche ich mir, dass diese Verteidigung der Frauen, die Hingabe zu und die Achtung vor ihnen, wie ich sie in meinen Filmen propagiere, den Zuschauer erreichen.

Über all diese Probleme machte sich Carlo Pedersoli, der in den Fünfzigerjahren ein großer Sport-Champion, aber noch sehr jung war, natürlich keine Gedanken. Der Grund war simpel: Wir alle wollen immer nur gewinnen, aber es sind die Niederlagen, dank derer wir wirklich verstehen, aus welchem Holz wir geschnitzt sind – und Niederlagen hatte ich bis dato noch nie einstecken müssen.

»Wo es Spaß gibt, da gibt es nichts zu verlieren«, besagt ein altes neapolitanisches Sprichwort. Für mich als echten Neapolitaner gab es also keine Niederlage, solange ich mich vergnügte.

*

Allerdings holte die Wirklichkeit auch einen so gleichgültigen und unpolitischen Egoisten wie mich irgendwann ein und zwang mich, nach und nach hinter die Fassaden zu schauen. Als ich zum Beispiel 1951 nach Russland zur Wasserball-Meisterschaft fuhr, drängte sich mir die Erkenntnis auf, dass etwas in diesem Land nicht ganz stimmte, das sich zu behaupten anmaßte, mit dem Kommunismus alle Probleme gelöst zu haben: Die Flugzeuge hatten keine Fenster und während unserer Reisen durch das Land sahen wir nichts als Schwimmbäder und Hotels und wurden rund um die Uhr von Parteifunktionären überwacht. Der berühmte Spruch »Da muss wohl erst der Schnauzbart kommen!«[19] (gemeint war Stalin) schien mir ziemlich hohl zu sein.

Durch das Hotelfenster konnte ich beobachten, wie das einfache Volk Fahrrad fuhr, während auf einer eigens für sie reservierten Fahrspur die Luxus-Karossen der Sowjet-Parteibonzen vorbeirasten.

»Das sind Menschen, die für ein großes Russland arbeiten«, erklärte mir unser lokaler Fremdenführer oder besser gesagt der Spion, der die Aufgabe hatte, uns zu begleiten und gleichzeitig zu überwachen. Von da an ahnte ich trotz meiner Unwissenheit

---

[19] *Damals oft von den italienischen Kommunisten benutzt – gleichzeitig als Versprechen und als Drohung im Sinne von: Wenn erst mal Stalin nach Italien kommt (beziehungsweise die Kommunisten hier die Regierung stellen), geht es uns allen besser – und unseren Feinden schlecht.*

in Sachen Politik, dass sich hinter der Propaganda des Kommunismus, die diesen als Allheilmittel gegen alles Schlechte verkaufte, die üblichen Missverhältnisse verbargen.

In Berlin waren die Verhältnisse noch schlimmer: Wir hatten ja damit gerechnet, dass es Unterschiede zwischen Ost- und Westberlin geben würde, aber die Menschen im kommunistischen Teil jenseits der Mauer wirkten tatsächlich alles andere als glücklich auf mich.

Klar, natürlich sind die US-Amerikaner auch nicht gerade ein leuchtendes Beispiel für Vollkommenheit. Bis heute habe ich nicht vergessen, dass sie als einzige Nation ihre Atomwaffen gegen ein anderes Land eingesetzt haben, um nur einen Punkt zu nennen.

*

Einmal bin ich Fidel Castro begegnet, und zwar zu Beginn meiner zweiten Auswanderung nach Südamerika, 1957 am Flughafen von Caracas, wo einer seiner Bodyguards von einem Propeller eines zweimotorigen Flugzeugs versehentlich in Scheiben geschnitten wurde. Viele Jahre später, als ich schon zu Bud Spencer geworden war, sagte mir der kubanische Botschafter in Italien, dass Fidel alle meine Filme gesehen habe. Sie gehörten zu den wenigen westlichen Filmen, die auch in einigen kommunistischen Ländern gezeigt wurden, weil in ihnen die Bösewichte, die sich die Ohrfeigen einfingen, stets reiche Kapitalisten waren. So war es auch in den arabischen Ländern: Da in meinen Filmen keine Sex-Szenen vorkamen, welche die arabische Zensur mit ihrem rigorosen Frauenbild beanstandet hätte, verlief der Verleih auch hier ohne Probleme. Immer wieder hat mich Fidel, der Máximo Líder, nach Havanna eingeladen, worauf ich mich aber nie eingelassen habe.

Die verschiedenen Breitengrade beeinflussten auch die Wahrnehmung von Filmen und des Lebens selbst, und ich, ein junger Mann ohne genaue Vorstellung davon, was es eigentlich bedeutete, in einer Demokratie zu leben, lernte diese erst wirklich zu schätzen, nachdem ich von meinen Sprüngen in die Schwimmbecken dieser fremden Planeten zurückkehrte. Diese Erfahrungen halfen mir dabei, den Wert der Freiheit zu erkennen, die ja meist, wenn man in ihr täglich ohne eigenes Zutun leben kann, für derart selbstverständlich gehalten wird, dass man sie mitunter nicht recht zu schätzen weiß.

Wie dem auch sei, auch wenn die Wettkampf-Reisen ins Ausland mir einige Einblicke in die Wirklichkeit ermöglichten und sogar einen so fröhlich-oberflächlichen Geist wie mich manchmal kurz nachdenklich werden ließen, hatte ich doch aber vor allem Interesse daran, meine selbst errungenen sportlichen Erfolge in vollen Zügen zu genießen. Als junger Mann ist man leicht zu beeindrucken, und auch wenn man manchmal gewisse negative Seiten wahrnimmt, dann zerbricht man sich nicht sehr lange den Kopf darüber.

Da mir viel Anerkennung zuteil geworden war und ich häufig eingeladen wurde, fühlte ich mich wie ein Gott, auch wenn ich gleichzeitig Champions am tragischen Ende ihrer Karriere, wie die Boxer Egisto Pere oder den legendären Primo Carnera, vor Augen hatte. Wenn du der Champion in einer Disziplin bist, dann ist es einfach, sich überlegen zu fühlen, denn alle vergöttern dich und am Ende glaubst du ihnen.

Heute ist die Situation noch extremer: Wir sind an einem Punkt angelangt, wo nicht nur der kleine Junge aus der Nachbarschaft einen Fußball-Champion beneidet. Auch ein Manager, ein Unternehmer oder ein erfolgreicher Selbstständiger betrachten einen Champion mit einer Art von Bewunderung, die der Hassliebe sehr nahekommt. Ein Champion, insbesondere ein Profi-Fußballer, wird Millionär und amüsiert sich dabei; außerdem stehen ihm all die Frauen zur Auswahl, die dauernd um ihn herumschwirren. Es spielt kaum eine Rolle, ob er gedopt ist: Es zählt allein, dass er in seinen erfolgreichen Jahren gut die Figur eines Halbgottes verkörpert, der sich alles erlauben kann. Eine Gottheit, an deren Altar derart astronomische Summen niedergelegt werden, dass die meisten Normalsterblichen sie nicht mal ausschreiben könnten (und er vielleicht ebenso wenig).

Dann ist er irgendwann nicht mehr angesagt, leidet unter Skandalen, unter Kollegen, die besser sind, oder ganz einfach darunter, dass er den Zenit sportlicher Höchstleistungen überschritten hat. Und sofort steht hinter der nächsten Ecke jemand bereit, genau so, wie es im Hollywood-Klassiker *König der Toreros* hervorragend dargestellt ist, in dem der sterbende Torero Tyrone Power seinen Platz einem neuen Helden überlässt, der vom Publikum mit einem ebenso frenetischen Jubel gefeiert wird, wie er kurz zuvor noch Ersterem vergönnt war.

In meiner Zeit als aktiver Sportler gab es niemanden, der uns hätte helfen können, uns zu verbessern: Es gab weder spezielle Therapien noch wissenschaftliche Techniken – und schon gar keine Trickserеien. Es gab nur das Schwimmen. Die »Rollwende« habe ich zum Beispiel erst viel später in den USA gelernt.

Der Champion einer bestimmten Disziplin kann einem sympathisch sein oder auch nicht, aber wenn er Champion ist, bedeutet das, dass er sich den objektiven Kriterien, die in dieser Disziplin zählen, perfekt angepasst hat. Jemand, der eine Medaille gewonnen oder der eine Bestzeit aufgestellt hat, hat einen Sieg errungen, auch wenn er sich bewusst darüber sein sollte, dass früher oder später ein Jüngerer kommen wird, um ihn abzulösen! Als ich zu meinen Wettkämpfen antrat, war gewinnen natürlich besser, aber wenn man verlor, war das auch nicht gleich ein Drama. Heute bist du bereits ein Niemand, wenn du als Zweiter ankommst! Vielleicht hat genau deshalb das Doping so sehr überhandgenommen, auch befördert natürlich durch das riesige Geschäft, das heutzutage mit den Superchampions gemacht wird.

Trotzdem ist es natürlich wichtig, von klein auf Sport zu treiben, auf allen Leistungsebenen. Aber der Leistungssport ist etwas anderes, auch weil sich die Parameter nach und nach verschieben, während sich die jeweilige Disziplin entwickelt: Die Zeiten, die ich damals erreicht habe, sind heute für viele junge Schwimmer zu schaffen.

Ich war aber der erste Italiener, der bei den 100 Metern unter eine Minute kam, und dies gelang mir noch weitere 55 Male. Ich war Neunter unter den Weltbesten, und das von 130 Olympiateilnehmern. Als der Weltmeister aus den USA eine Zeit von 57,7 Sekunden hinlegte, brauchte ich 58–59 Sekunden. Später verbesserte ich mich auf 55,9 Sekunden, vor allem dank einiger Spezialisten an der Universität Yale, die mir dabei halfen, meine Wendetechnik zu perfektionieren, durch die ich bis dahin immer viel Zeit verloren hatte. Es war einfach eine Sache des Trainings und der Veranlagung.

1952 gab es nach den Olympischen Spielen in Helsinki einen Schwimm-Wettkampf Italien gegen Japan im römischen Stadio Flaminio, das damals noch über ein 50-Meter-Schwimmbecken verfügte.

Aus dem Land der aufgehenden Sonne traten an: Goto, der Weltmeister auf 100 Meter, Suzuki, der Drittplatzierte, und Furuashi, genannt »der fliegende Fisch«. Alle drei schlug ich auf 100 Meter, und die Leute sprangen vor Freude sogar angezogen ins Schwimmbecken, um mir zu gratulieren, aber ich hatte einen großen Vorteil: Die Japaner, die normalerweise durch ihre weniger stämmigen Körper im Vorteil waren, hatten soeben eine Europa-Tournee hinter sich gebracht, die sie sehr erschöpft hatte, während ich frisch und ausgeruht war. Außerdem handelte es sich um eine Kurzstrecke – bei einer Langstrecke hätte es vielleicht schon wieder ganz anders ausgesehen.

Beim Schwimmen geht es hauptsächlich um das Herz und die Lunge, nur in zweiter Linie um die Muskulatur. Mein robuster und massiger Körper schränkte mich ein. Bei größeren Distanzen konnte ich deshalb nie Erfolge verzeichnen. Und da waren natürlich auch noch die Beschränkungen, die ich mir selbst auferlegte: Ich rauchte nämlich nicht nur, sondern machte es mir auch zur Regel, vor einem Wettkampf nicht auf Sex zu verzichten, und nicht selten kam ich sogar mit brennender Zigarette ins Schwimmbad, nur um recht spöttisch und überheblich daherzukommen. Kurz: Ich war ein richtiger Narr! Natürlich trug mir dieses Verhalten die Feindschaft vieler Leute ein, die es gar nicht erwarten konnten, mich vom Thron zu stürzen. Ich provozierte sie mit meinen Dummheiten, die für diese Altersphase typisch waren.

Und doch waren all jene Momente des sportlichen Ruhmes weit von dem üblichen Prunk entfernt, den die Massenmedien heute zelebrieren, und von den immensen Gagen, die bei bestimmten Sportarten fließen – denn Geld hatten wir damals keins.

Wenn es hochkam, wurde man kurz in der Zeitung erwähnt. Im Jahre 1950 schaffte ich es allerdings einmal auf die Titelseite und zwar mit der Schlagzeile »In Neapel ein Settebello, in Rom ein Pedersoli«.

Ich war, wie gesagt, Center der Wasserball-Nationalmannschaft, die auch »Settebello« genannt wird, also »Die schönen Sieben«. In Rom war ich aber weiterhin als der Schwimmer Pedersoli bekannt.

Am Tiber gibt es bestimmt noch den einen oder anderen alten *fiumarolo*[20], der sich erinnert, wie die Mitglieder vom Schwimmclub »Romana Nuoto« herumgingen, um Geld für einen Bademantel zu sammeln, den sie mir schenken wollten, als ich italienischer Meister wurde. Im Sport steckte also kaum Geld, wir reisten dritter Klasse, stiegen aus, schwammen einen Wettkampf und fuhren dann wieder zurück. Wir bekamen nur die eine oder andere Schlagzeile, moralische Befriedigung und Einladungen zu Abendessen.

*

Ich erinnere mich, dass während unserer Vorbereitung in Rom auf die Olympischen Spiele von Helsinki unser Trainer einmal zu einem Restaurant um die Ecke ging, um einen Pauschalpreis dafür auszuhandeln, dass die gesamte Mannschaft dort essen würde.

Der Chef vom Restaurant schlug vor, ehrlich, wie er war, pro Person 750 Lire zu veranschlagen, was preislich schon über einem mittleren Essen lag. Aber der Trainer bot ihm 3000 Lire pro Kopf an. Statt einen niedrigeren Preis zu fordern, schlug er lieber einen höheren vor, weil er genau wusste, welche Riesenmengen wir verdrückten. Am lustigsten wurde es aber dann, als der Restaurantchef uns tatsächlich essen sah. Er rief den Trainer in höchster Aufregung an und seine ersten Worte waren: »Ich widerrufe mein Angebot – entweder wir sagen 5000 Lire pro Kopf oder ich bin ruiniert!«

*

---

[20] *»Ffiume« wird der Tiber von den Römern genannt. Ein »fiumarolo« ist jemand, der direkt am Tiber wohnt und seine Tage am Fluss sitzend verbringt.*

Die Karriere eines Schwimmers geht mit Anfang zwanzig eigentlich schon ihrem Ende entgegen, sobald der Körper das Wachstum abgeschlossen hat und damit diese Geschmeidigkeit verliert, die fürs Leistungsschwimmen unerlässlich ist. Auch in dieser Hinsicht stellte ich eine echte Ausnahme dar. 1956 wurden mein Schwimmkollege Angelo Romani, der heute leider schon verstorben ist, und ich von der Universität Yale eingeladen, weil der beste Schwimmtrainer der Welt dort herausfinden wollte, wie es möglich war, dass jemand mit 26, 27 Jahren noch so fit sein konnte. Insbesondere ein Hochgeschwindigkeits-Schwimmer hat normalerweise eine sehr kurze Karriere.

Die medizinische Erklärung lautete in meinem Falle: ein Blutdruck von 90/60! Ein bekannter Kardiologe aus Turin fragte mich auch einmal, ob ich häufiger in Ohnmacht fiele – angesichts meines niedrigen Blutdrucks und meines Pulses von 39 statt siebzig Schlägen pro Minute. 39 Pulsschläge pro Minute bedeutete, dass mein Herz unter körperlicher Belastung nur 110 Mal schlug, während ein normales Sportler-Herz 180 Schläge pro Minute macht. All diese Einzelheiten waren mir bis dahin nicht bekannt, denn damals wurden wir nicht so genauen wissenschaftlichen Untersuchungen unterworfen wie die Sportler von heute.

Yale war für mich wie ein netter Urlaub und eine Möglichkeit, Englisch zu lernen, aber natürlich gab es da auch einen Spielverderber: den Weltmeister Yamanaka, mit dem ich mehrere Monate ein Zimmer teilte und der mich beim Rektor anschwärzte, weil ich rauchte.

»Ich rauche nicht, ich trinke nicht, ich esse wenig und lasse die Finger von den Frauen!«, tadelte mich Yamanaka erbost.

»Und wofür lebst du dann eigentlich?«, erwiderte ich mit einer Arroganz, die in meinen stetigen sportlichen Erfolgen wurzelte. In allem war ich exzessiv.

*

Ich habe kein streitsüchtiges Temperament (wer hätte das gedacht?), und im Leben habe ich mich nur zweimal geprügelt. Das erste Mal war zu Olympia-Zeiten, genauer gesagt vor den Spielen in Helsinki. Wir trainierten in Bozen, um uns an das kalte Klima zu gewöhnen. Die Leute um uns herum sprachen fast nur deutsch, und um uns zu ärgern, veranstalteten sie spät in der Nacht vor dem Hotel einen Heidenlärm, bis unser Trainer runterging und sie freundlich um etwas Ruhe bat, damit wir schlafen konnten.

Die Unruhestifter fingen an, die italienische Nationalmannschaft zu beschimpfen, und es kam fast so weit, dass sie unseren Coach verprügelten. Während wir vorher noch dem Treiben zugesehen hatten, gingen wir nun zu dritt runter, alle stämmig gebaut, und verpassten diesen unglückseligen Flegeln ihre Eintrittskarten für eine Nacht in der Notaufnahme.

Das zweite Mal, dass ich gegen jemanden handgreiflich werden musste, war in Rom, in der Via Nazionale. Ein radfahrender Schlachter bekam einen Schreck, als ich hinter ihm scharf bremsen musste, um nicht in ihn hineinzufahren, woraufhin er abstieg und mich anschrie, obwohl ich mich mehrfach entschuldigt hatte. Seine Drohungen gingen mir irgendwann so auf die Nerven, dass ich aus meinem Wagen ausstieg, um ihm zu erklären, dass ich nicht einer von denen sei, die sich gern von einem Flegel ins Gesicht brüllen ließen. Als er sah, dass ich viel massiger war als er selbst, rannte er zu seinem Fahrrad, um aus dem Korb, in dem das Fleisch lag, sein Schlachtermesser hervorzuholen! Zum Glück traf ihn meine Ohrfeige (die später in zahlreichen meiner Filme wieder zum Einsatz komme sollte) genau in dem Moment, als er die Waffe auf mich richtete, womit die lebhafte Auseinandersetzung ihr jähes Ende fand.

Da wir grade beim Thema sind, erinnere ich mich an eine dritte Auseinandersetzung, die aber nicht wirklich handgreiflich wurde: Ein unfreundlicher Lastwagenfahrer bedrohte mich wegen einer banalen Meinungsverschiedenheit auf der Straße mit dem Lkw-Wagenheber. Bei mir war mein Freund Nino Fuscella, der sich an diesen Vorfall auch noch erinnert. Der Brummifahrer stieg aus und kam drohend auf uns zu. Er fixierte mich, den Wagenheber in der Hand, und forderte mich auf, ebenfalls auszusteigen.

Dieses Mal aber war ich ein wenig müde und gar nicht in der Stimmung. Also drehte ich das Fenster herunter und sagte ihm mit geduldigem Tonfall: »Na gut, dann steige ich jetzt eben aus. Aber versuche besser, mich schon mit dem ersten Hieb k.o. zu schlagen, denn sonst übernachtest du heute im Krankenhaus.«

Er ging einen Schritt zurück, ließ den Wagenheber sinken und sagte mit beleidigter Stimme und breitem römischen Dialekt: »Mensch, was es für Leute gibt! Mit denen kann man sich ja nicht mal in Ruhe unterhalten.« Daraufhin lief er zum Lastwagen zurück und fuhr mit Vollgas davon.

*

Wie schon erwähnt, hatte ich mich vor unserer Auswanderung nach Brasilien als 15-Jähriger an der Universität in Rom in der Chemie-Fakultät eingeschrieben. Als wir 1950 zurückkehrten, schrieb ich mich erneut ein, nun aber in Jura, und legte nur wenige Prüfungen ab – nicht wie mein Sohn Giuseppe, dem nur noch zwei fehlten, der aber trotzdem nie seinen Abschluss gemacht hat. (Er sagt, es sei meine Schuld, weil ich ihn zum Arbeiten ans Filmset von *Es war einmal in Amerika* geschickt habe.) In den Fünfzigerjahren unterbrach ich zweimal die Universität, um an den Olympischen Spielen teilzunehmen – erst mit

45 Jahren sollte ich dorthin zurückkehren und eine Prüfung mit Eins plus und zwei weitere mit einer Eins bestehen.

Alles in allem war ich in meinen Zwanzigern so heiter wie als Kind. Klar gab es auch Probleme, aber die hatten eher meine Eltern, ich bekam davon nichts mit, und meine geliebte Schwester Vera schon gar nicht. Alles in meinem Leben flog mir mit Leichtigkeit zu, weswegen ich mich über nichts groß erregte und nichts konnte mich aus der Ruhe bringen. Ich hatte keine Traumata, empfand aber auch nie überschäumende Freude.

Es waren die Jahre des Wiederaufbaus, als Italien vom Krieg verwüstet war, aber dank meiner sportlichen Erfolge war es mir möglich, mich in der »besseren Gesellschaft« Roms zu bewegen und die Not der meisten Menschen weder zu sehen noch zu erahnen.

Ich nahm die Dinge, wie sie kamen. Meine Mutter pflegte zu sagen: »Gebt Carlo etwas zu tun, damit er nicht denken muss.«

Was etwas widersprüchlich klingt bei einem Jungen, der ein exzellentes Abitur abgelegt hatte, also durchaus kein Idiot war, auch wenn er rein äußerlich nicht sehr intellektuell wirkte.

Wer weiß, was jene zierliche Brünette damals von mir dachte, als wir uns 1954 auf einer Party im wohlhabenden römischen Milieu kennenlernten: Als sie dieses Muskelpaket erblickte, hat sie sich vielleicht alles Mögliche vorgestellt, aber der Gedanke, dass wir einmal heiraten und fünfzig Jahre später immer noch verheiratet sein würden, ist ihr bestimmt nicht gekommen. Und auch ich habe so etwas niemals geahnt.

Damals, als man noch nicht die Freiheiten genoss, die man heute hat, und da ich sehr beschäftigt mit dem Sport und später nach meiner zweiten Auswanderung mit der Arbeit in Venezuela war, sahen wir uns nur sehr selten und tauschten höchstens den einen oder anderen unschuldigen Kuss aus. Es war wirklich eine ganz andere Zeit, unschuldig und ausschweifend zugleich.

Es war das Rom der »Dolce Vita«, des »süßen Lebens«, das wenige Jahre später durch den meisterhaften gleichnamigen Film von Fellini unsterblich gemacht werden sollte. Dazu gehörten die Stars, die zur Via Veneto strömten, und die alltäglichen (oder besser: allnächtlichen) Sex-Skandale in den Lokalen der Umgebung. Wenn ich von VIPs und Starlets las, die sich volllaufen ließen, verstand ich das gar nicht recht, was vielleicht daran lag, dass bei mir schon ein halbes Glas Wein ausreichte, um mich niederzustrecken.

Für mich war Rom vor allem ein wichtiger Wirtschaftsstandort, und ich war erfinderisch, was das Geldverdienen anging. Ich kaufte amerikanische Automodelle von den Botschaften: Diese wurden alle sechs Monate abgegeben. Ich erwarb sie zu einem guten Preis und verkaufte sie weiter. Den Lancia Lambda meines Vaters, einst Stolz der Familie, als er noch Industrieller war, verkauften wir im Nachkriegs-Rom für 9000 Lire. Papa war nun kein Unternehmer mehr, sondern ein Angestellter, und darum standen mir die Salons der wohlhabenden römischen Gesellschaft nicht etwa wegen meines Backgrounds als sein Sohn, sondern dank meiner Erfolge als Leistungsschwimmer offen. Dort verlieh – ebenso wie heute – die Anwesenheit eines Sport-Champions den Festen und Abendessen, bei denen man auch viele Frauen kennenlernen konnte, zusätzlichen Glanz.

Durch meinen kräftigen Körperbau lernte ich nie jüngere Mädchen kennen, sondern immer gleichaltrige oder sogar ältere. Nun ja, in meinem Inneren war ich nicht gerade ein Asket, und ich war auch recht egoistisch. Nur der Geduld, der Sanftheit und der Sensibilität jenes kleinen Mädchens namens Maria Amato, das ich später heiratete und das ebenso viel schöner wie zarter ist als ich, habe ich es zu verdanken, dass ich so sehr reifte und ihr eines Tages viele Jahre später sagen würde: »Das

Echo meiner Liebe wird durch deine Augen zurückgeworfen und zeigt mir, wie sehr ich dich liebe.« (Das bedeutet jedoch nicht, dass ich wüsste, wie sehr sie mich liebt.) An ihr war und ist etwas, ohne das ich nicht mehr leben könnte.

Vor Maria beruhten meine Beziehungen zum zarten Geschlecht auf Ausnutzung. Ich konnte betrügen oder betrogen werden, es war mir ganz gleich. Ganz im Gegenteil, wenn ich mitbekam, dass ich betrogen wurde, galt mir das als ein hervorragendes Alibi, um selbst auch fremdzugehen.

Für mich gibt es keine absolut hässlichen Frauen. Es gibt Typen von Frauen, die mit den verschiedenen Epochen zusammenhängen: Zu meiner Zeit war das »junonische« Modell vom Stil Sophia Lorens en vogue; heute ist der Typus TV-Showgirl »in«, der haarscharf von Anorexie entfernt ist. Deswegen haben heute viele Mädchen nicht nur gegen solch schlechte Vorbilder zu kämpfen, sondern auch gegen das eigene Unvermögen, ihnen äußerlich möglichst ähnlich zu sein, und das führt bekanntlich zu den traurigen Geschichten von Essstörungen und Selbstmorden von Jugendlichen, von denen die Zeitungen leider immer wieder berichten.

Das Italien von einst war weniger schädlich, was die Rollenvorbilder anging, nicht aber weniger verlogen: Damals galt der Dualismus »entweder Heilige oder Hure«. Dank der Emanzipation, auch wenn sie ein paar Schäden angerichtet hat, ist die Frau heute zum Glück freier.

Da ich damals ein ziemliches Rindvieh war, machte ich mir nicht im Entferntesten Gedanken über die Rolle der Frau. Carlo Pedersoli litt nie unter Liebeskummer und vermisste ihn auch keineswegs, aber etwas Positives kann man doch über ihn sagen: Er täuschte nie ein Mädchen, um sich zu amüsieren und ihm dann das Herz zu brechen. Jede Beziehung basierte auf Offenheit. Jener Carlo war zwar oberflächlich, aber nie verlogen. Und doch sollte etwas geschehen, was ihn zwingen würde, tief in sich hineinzuschauen, um zu ergründen, ob es da etwas gab, was Aufmerksamkeit verdiente – und zwar nicht in Form von Medaillen.

5. KAPITEL

1957 – 1960: ZURÜCK NACH SÜDAMERIKA

»Nur auf dem Pfad der Nacht
erreicht man die Morgenröte.«

KHALIL GIBRAN

»Bei Herausforderungen geht es nicht ums Gewinnen,
sondern darum, herauszufinden, was für ein Mensch man ist.«

BUD SPENCER

Obwohl ich in den späten Fünfzigerjahren versuchte, mich mit dem Verkauf von Autos »über Wasser zu halten«, hatte ich bald vierzig Millionen Lire Schulden bei einem Geschäfts mann aus der Branche angehäuft. Dieser war aber ein anständiger Kerl, der deswegen nicht gleich den Rechtsweg einschlagen wollte. Ich wusste, dass ich zu diesem Zeitpunkt über keinerlei Rücklagen verfügte, und passend zu meinem Charakter entschied ich, als Arbeiter nach Venezuela zu gehen. Zuerst sprach ich bei meinem liebenswürdigen Gläubiger vor, um ihn über meine kurz bevorstehende Abreise nach Südamerika zu informieren, wo ich die Summe erarbeiten wollte, die ich ihm schuldete. Das beruhigte ihn aber keineswegs: Wenn sich einer mit so hohen Schulden in Richtung Südamerika verabschiedet, dann musst du ihn erst mal wieder ausfindig machen!

Er war besänftigt und erleichtert, dass ich sein Vertrauen nicht missbraucht hatte, als ich ihm die Schulden binnen weniger als einem Jahr zurückzahlte, indem ich meinem Vater monatlich vier Millionen Lire überwies, der dieses Geld dann meinem Gläubiger übergab. Dies verlieh meinem Wort und meiner Glaubwürdigkeit hier in Rom Gewicht in einer Phase, in der mein sportlicher Ruhm langsam verblasste.

Was aber alle verwunderte, die mich kannten, war, dass der berühmte Olympia-Champion Carlo Pedersoli, der trotz der Schulden keinen Hunger litt und ohne Weiteres auch in Italien einen Job hätte finden können, beschloss, ans andere Ende der Welt zu gehen, um dort in einer völlig fremden Umgebung etwas zu machen, worin er keinerlei Erfahrung besaß.

Aber nicht nur ökonomische Gründe brachten mich dazu, sondern dahinter steckten noch viel tiefere und dramatischere Gründe: Ich war endlich zu mir gekommen und wusste nicht, wer ich wirklich war. Ein Champion war ich nicht mehr; ein genialer Chemiker auch nicht, trotz der guten Anfänge; ein Industrieller war ich nie gewesen, und das märchenhafte Leben eines reichen Sprösslings war auch jäh zu Ende gegangen. Ich hatte absolut nichts in den Händen, was mir verraten hätte, was ich eigentlich konnte, mal abgesehen vom Verlustieren und vom Schwimmen.

Wir alle werden im Laufe unseres Lebens dazu gezwungen, früh (oder auch weniger früh) aufzustehen und zur Arbeit zu gehen, um unseren Lebensunterhalt zu verdienen, und immer wieder dieselben Handgriffe zu tun, mit schlechten, guten oder hervorragenden Ergebnissen, je nachdem. Aber selten gehen wir in uns, um herauszufinden, aus welchem Holze wir wirklich geschnitzt sind, möglicherweise, weil wir Angst davor haben, es wirklich zu ergründen.

Als meine Leistungssport-Erfolge der Vergangenheit angehörten, fragte ich mich: »Carlo, was zum Teufel kannst du eigentlich wirklich?« Und ich setzte meine Überlegungen mit lauter Stimme fort: Deine Karriere als Champion ist zu Ende; du hast zwei Studiengänge angefangen, aber nicht abgeschlossen; einen Beruf hast du nicht gelernt. Gehst du fort nach Neapel? Bleibst du in Rom? Schau mal, sowohl im Süden, in der Mitte als auch im Norden Italiens kennt man dich. Ob das nun gut oder schlecht ist, du wirst immer jemanden finden, der den Ex-Olympia-Champion unterstützt, der dir sozusagen eine Art Leibrente zahlen würde. Aber wenn du das tust, riskierst du, alt und die Karikatur deiner selbst zu werden, der Schatten des Sport-Veteranen, der von Erinnerungen und Überresten lebt.

Das Beste für dich ist, wenn du an einen Ort gehst, wo es völlig gleich ist, wer du bist und woher du kommst. Es ist schon eine ziemliche Schande, dass du gewartet hast, bis du 27 bist, schöner Carletto, bis du dir endlich selbst entgegentrittst: Du kannst gegen so viele Yamanakas gewinnen, wie du willst, aber dich selbst zu schlagen wird unmöglich sein. Mit dir selbst wirst du den Rest deines Lebens verbringen müssen. Bislang bist du ganz gut zurechtgekommen, hast erst im Wohlstand, dann später unter etwas bescheideneren Umständen gelebt und hast es bereits als Jugendlicher zur Berühmtheit gebracht. Mit dem schönen Geschlecht hattest du keinerlei Probleme, du wurdest von den Eltern behütet, hast dich an die Partys und an die Späße mit deinen Freunden gewöhnt. Aber in wenigen Jahren wirst du dreißig sein und du weißt immer noch nicht, wer du bist. Wollen wir mal hoffen, dass du jemand bist, der noch mehr draufhat, als kurz auf dem Titelblatt einer Zeitung zu erscheinen oder einen Pokal auf dem Nachttisch stehen zu haben.

*

Wenige Wochen nachdem ich den Mut hatte, mir diese Fragen zu stellen, die schon lange tief in meinem Inneren gegärt hatten, fand ich mich am Amazonas wieder. Und heulte wie ein Schlosshund.

Vielleicht hatte ich zuvor nie wirklich geweint, das Kindesalter mal ausgenommen. Dort im Dschungel aber, in dieser fremden und ungastlichen Welt, heulte ich auf einmal Rotz und Wasser. Ich gab gut acht, dass niemand mich dabei sah, denn in den Augen der anderen war ich ein bulliger Weißer, der ganz hart im Nehmen zu sein schien.

Am Amazonas arbeitete ich für die Firma »Simar« und hoffte, dass hier, weit weg von all den Annehmlichkeiten, die mich hatten verweichlichen lassen, aus mir ein echter Mann werden würde. Einige Zeit später wurde ich nach Caracas gerufen, wo ich die Leitung des Ersatzteil-Managements für Alfa Romeo und die englische Gruppe Roots übernahm. Das Gehalt war gut, und mit der Zeit hätte ich mir ein Auto und ein Haus erarbeiten können.

Italien hatte ich kurz vor Beginn seines Wirtschafts-Booms verlassen, in Venezuela aber gab es ständig Unruhen. Während der drei Jahre, die ich dort arbeitete, wurde in regelmäßigen Abständen gegen die Anwesenheit der US-Amerikaner protestiert.

Alles war eine einzige große Revolution. Das Chaos war der Nationalsport.

Da ich groß und westlich aussah, wurde ich oft für einen US-Amerikaner gehalten, weswegen ich nicht selten angespuckt, bedroht und beleidigt wurde, bis ich eines Tages mit diesem Missverständnis aufräumen konnte, indem ich die Fußball-Kleidung der italienischen Nationalmannschaft anzog. Schlagartig hörten die Feindseligkeiten auf!

Die erste Revolution, in die ich hineingeriet, war am 1. Januar 1957. Das werde ich nie vergessen. Es war das zweite Mal, dass ich aus dem winterlichen Italien in ein lateinamerikanisches Land auswanderte, in dem man vor Hitze schier umkam, so unerträglich waren die Temperaturen von circa vierzig Grad. Ich erinnere mich, wie ich in einer mit Wasser gefüllten Badewanne schlafen musste, um etwas Erleichterung zu finden.

Ich bin vom Charakter her kein Typ, der zu Heimweh neigt – noch dazu war meine Familie wegen meiner Sport-Karriere gewohnt, mich wenig zu sehen –, aber ich freute mich dann doch, zufällig einen anderen ausgewanderten Italiener zu treffen, der im selben Hotel wie ich untergebracht war.

An solchen Orten traf man häufig auf Leute, die auf der Flucht vor irgendetwas waren, die aus irgendeinem Grund das Weite gesucht hatten – einige aus wirtschaftlichen Gründen, weil sie vielleicht ihren Job verloren hatten, andere, weil sie auf Selbstfindungs-Trips waren; wieder andere liefen vor aussichtslosen Liebesgeschichten davon.

Meine Landsleute, Paolo und Alberto, von denen ich schon erzählt habe, steckten auch mich ein klein wenig mit ihrem

Heimweh an, aber dagegen bot die Umgebung fesselnde und lautstarke Ablenkung: Ich war erst ein paar Tage zuvor in Caracas angekommen und stellte fest, dass die Silvester-Kracher gar nicht aufhörten zu explodieren. Hier wissen die Leute, wie man Feste feiert!, dachte ich bei mir. Aber das waren nicht die Silvester-Feierlichkeiten. Es ging nahtlos von den Knallfröschen zu den Bomben der Revolution über und das in derselben Nacht. Damals galt es, den Diktator Pérez Jiménez zu stürzen: Ich war am 27. Dezember angekommen, und am ersten Tag des neuen Jahres war er bereits aus dem Weg geräumt worden. Nach dem zu urteilen, was die Leute mir so erzählten, galt er als ganz gewöhnlicher, mittelmäßiger und diebischer Diktator.

Was mir von damals noch sehr klar in Erinnerung ist, weil es mich sehr verwunderte, ist der Umstand, dass von einer Bevölkerung von fünf Millionen Venezolanern nur 700.000 überhaupt staatlich registriert waren; die allermeisten kannten noch nicht einmal das eigene Geburtsdatum.

Während meine beiden Freunde sich schon gut dotierte und angesehene Jobs gesichert hatten, ging ich in den Dschungel. Ich hatte nämlich einen Ingenieur kennengelernt, der in der Niederlassung von Alfa Romeo sowie im Straßenbau arbeitete und ein Stück Land gekauft hatte, das nun bebaut werden sollte.

Die Hitze war schwül und drückend. Als Paolo mich einmal besuchte, fragte er mich, wie ich bloß dieses extrem feuchte Höllenklima von über fünfzig Grad Celsius ertragen könne. Damals gab es keine Kühlschränke, sondern Eisblöcke, von denen wir uns je nach Bedarf etwas herunterraspelten; aber so sehr wir auch achtgaben, wurde das Eis immer schmutzig, denn wir waren ja im Dschungel.

Am häufigsten nutzen wir das Eis, um das furchtbare Sumpffieber zu lindern, das die Arbeiter regelmäßig heimsuchte. Das war das einzige Problem, das mir erspart blieb, teils aus Glück, teils dank meiner robusten Gesundheit.

Die Ingenieure, die mit mir zusammen die Straße bauten, waren alle Italiener und allesamt hoch spezialisiert. Auch für sie war der erste Kontakt mit dieser Welt, die unserer Zivilisation so fremd war, oft traumatisch und grotesk. Um das Jahr 1957 wurde ein junger Ingenieur eingestellt, der die technische Universität »Politecnico« in Turin mit hervorragenden Noten abgeschlossen hatte.

Der Junge kam in Caracas an und erhielt den Brief der Firma, in dem ihm beschrieben wurde, wo er den Mietwagen finden konnte. Der Brief enthielt auch die Route, die er fahren sollte: insgesamt 1.700 Kilometer. Die ersten 500 Kilometer verliefen recht ereignislos, doch auf einmal … passierte etwas Schreckliches! In der Nähe einer Stadt tauchte ein Eingeborener wie aus dem Nichts auf und geriet unter das Auto. Das Opfer war betrunken. Der junge Mann erschrak sehr, hielt aber an, um erste Hilfe zu leisten, hievte den Verletzten auf den Beifahrersitz und fuhr mit ihm in die Stadt, in der Hoffnung, ein Krankenhaus zu finden.

Auf einmal tauchte ein Polizist auf. Der Ingenieur fasste neuen Mut und erklärte ihm - mit Händen und Füßen -, was passiert war; der Polizist nickte zustimmend, stieg dazu und lotste den Wagen in eine Richtung außerhalb der Stadt. Gut, dachte der naive junge Mann, dort wird es also zum Krankenhaus gehen. Stattdessen erreichten sie eine unbewohnte Gegend, der Polizist ließ ihn das Auto anhalten und fragte, ob er Geld habe. Der Italiener nickte verdutzt und der Polizist ließ sich von ihm 100 Bolívar (die venezolanische Währung) geben, packte daraufhin den Verletzten, legte ihn auf die Erde, schloss die Autotür, aber stieg nicht etwa wieder ein, sondern verabschiedete sich vom Ingenieur: »Hasta luego!«

Der entgeisterte Ingenieur fuhr mit dem Auto davon.
Der Polizist kehrte zu Fuß zurück.
Der Verletzte blieb reglos am Boden liegen.

*

Das war noch nicht einmal eine der übelsten Begebenheiten, die sich dort zutrugen. Manchmal konnte man Menschen sehen, die nach einer Messerstecherei in einer Hafenkaschemme ihre Eingeweide in den Händen trugen. Eigentümlicherweise aber sah ich nie Unfälle, die durch wilde Tiere verursacht wurden, obwohl wir im Dschungel waren. Erst viele Jahre später sollte ich mal auf einem Filmset in Miami Probleme mit einer Klapperschlange bekommen, aber im Amazonas-Regenwald ergriffen Reptilien, Pumas, Spinnen und andere Exemplare sofort die Flucht, sobald sie den Lärm der Raupenfahrzeuge und das Krachen der gefällten Bäume hörten. Bevor wir schlafen gingen, hoben wir immer die Bettlaken an, um sicherzugehen, dass sich dort keine Schlangen oder anderes Getier eingenistet hatten, die vom Essensgeruch angezogen worden waren. Aber ehrlich gesagt, war die einzige Spezies, die man wirklich zu fürchten hatte, die der Mücken. Es gab riesige und stechwütige »Kampfmücken«, mit denen man sich jeden Abend rumzuschlagen hatte und die ihr Leben meist von wütenden Kissenhieben plattgedrückt an der Wand beendeten.

Eine weitere Spezies, vor der man sich in Acht nehmen musste, waren die Asphalt-Diebe. Immer wieder verschwanden einige Lastwagen samt Ladung, und das passierte auch, als mir die Verantwortung für den Maschinenpark zur Asphaltierung übertragen worden war. Ich war zuständig für fast hundert Lastwagen und etwa dreißig Raupenfahrzeuge. Wir legten Asphaltstraßen durch den Dschungel und der heiße Asphalt musste binnen kurzer Zeit vor Ort sein, da er sonst hart wurde und sich nicht mehr glatt streichen ließ. Jedoch kam es vor, dass zwischen der Fabrik und der Baustelle immer wieder Fahrzeuge abhandenkamen. Bald kam ich dahinter, dass ein einheimischer Lastwagenfahrer den Wagen in seinem eigenen Dorf entlud, um die schlammigen Bereiche zu asphaltieren, wo er mit seiner Familie lebte. Es waren auch einige Abwasserrohre aus Stahlbeton geklaut worden, in denen dort ein paar Kinder schliefen.

Ich wusste nicht recht, wie ich mit dieser Situation umgehen sollte. Was sollte ich tun? Ihn anzeigen? Ihn verhaften lassen? Außerdem hatte ich es ja nicht mit professionellen Kriminellen zu tun, sondern nur mit einem armen Schlucker, der versuchte, in dieser Wildnis zu überleben, in der die hygienischen Verhältnisse katastrophal waren. Trotz allem konnte ich aber auch nicht so tun, als wäre nichts passiert: Denn es ging um meinen Arbeitsplatz. Also war ich gezwungen, einen Ausweg zu finden. Nachdem ich den Dieb enttarnt hatte, nahm ich ihn beiseite und verpasste ihm eine schöne Tracht Prügel, bis er zu Boden ging. Anschließend zeigte ich ihn nicht an und feuerte ihn auch nicht, sondern kümmerte mich darum, dass genug Asphalt in seinem Dorf ankam, damit die Asphaltierung abgeschlossen werden konnte.

So gewann ich Respekt, aber ich muss gestehen, dass es mir ziemlich widerstrebte, Gewalt anwenden zu müssen, um diesen Mann zur Raison zu bringen; jemanden, der anders als wir so abstrakte Begriffe wie »Privateigentum« oder »Diebstahl« überhaupt nicht verstand. In dieser Umgebung, in der es keine Politik gab, konnte man sich nur auf sich selbst verlassen, nach seinen eigenen Möglichkeiten leben und sich das nehmen, was man zum Leben brauchte.

*

Ich verdiente etwa 3000 Dollar im Monat, wovon ich meine Schulden abbezahlte. Mein Einkommen sank etwas, als ich der Verantwortliche für Ersatzteile wurde, aber insgesamt blieb meine Arbeit sehr einträglich. Vor allem lernte ich endlich das wahre Leben kennen und lebte nicht mehr »wie in Watte gepackt«. Außerdem verstand ich endlich, aus welchem Holz ich geschnitzt war. Wahrscheinlich war mir selbst nicht klar, dass ich über gute Abwehrkräfte und eine gehörige Portion Zähigkeit verfügte, die dafür sorgten, dass ich auch in den hoffnungslosesten Situationen stets immer wieder auf die Füße fiel.

Ich will hier keineswegs ein Loblied auf den »Edlen Wilden« anstimmen, und mir ist völlig klar, dass – ganz egal, wie ich es formuliere – das jetzt phrasenhaft klingen wird, aber dort unten sah ich, was man wirklich zum Leben braucht: kein Fernsehen, kein Auto, kein Aperitif mit Olive drin und kein modisches Outfit. All diese Sachen verlieren nach drei Jahren im Amazonas-Gebiet derart ihre Bedeutung, dass man sich fragt, wie man eigentlich jemals geglaubt haben könne, dass man sie brauche. Fernab der Zivilisation kommt es in erster Linie darauf an, sich die Nahrung zu besorgen, die man zum täglichen Überleben braucht. Möglicherweise klingt diese Feststellung selbstverständlich und banal; und doch vergessen wir im wohlhabenden Westen oft, wie zutreffend sie ist.

In der Sierra Nevada gab es einst Menschen, die auf Berggipfeln in 2000 Metern Höhe lebten. Ihre tägliche Beschäftigung bestand darin, etwa zehn Stunden am Tag auf dem Rücken von Lasttieren bis zum Tal zu reiten, um die Nahrung für den Folgetag zu besorgen. Nicht für eine Woche, sondern nur für den nächsten Tag. So verbrachten sie ihr Leben. Das waren Menschen, die fünf oder sechs Wörter kannten, eine Frau und Kinder hatten und seit Jahrzehnten beziehungsweise Jahrtausenden mit diesem sehr beschränkten Horizont lebten. Wenn man sich nicht den Rücken derart krumm schuften muss und so viel verdient, dass man Essen für einen ganzen Monat auf Vorrat kaufen kann, hat man eindeutig mehr vom eigenen Leben.

Genau diese Erkenntnis haben die Venezolaner gewonnen, als sie merkten, dass sie mit dem Asphaltieren von Straßen besser und mehr verdienen können als mit ihrer althergebrachten Lebensart. Und zwangsläufig wurde ihnen klar, dass sie nach mehr streben können.

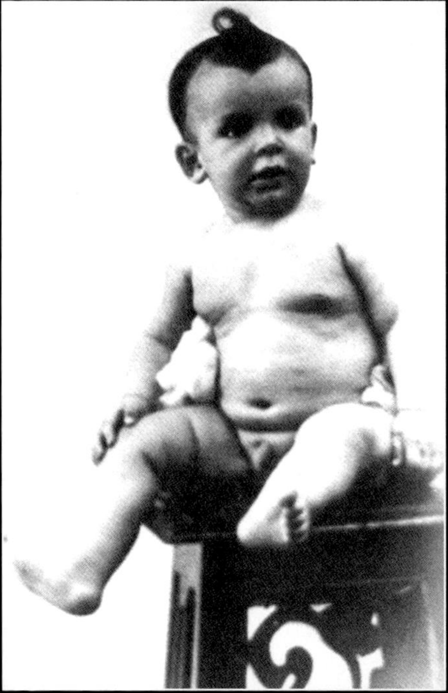

Der wenige Monate alte Carlo, Neapel, 1929.

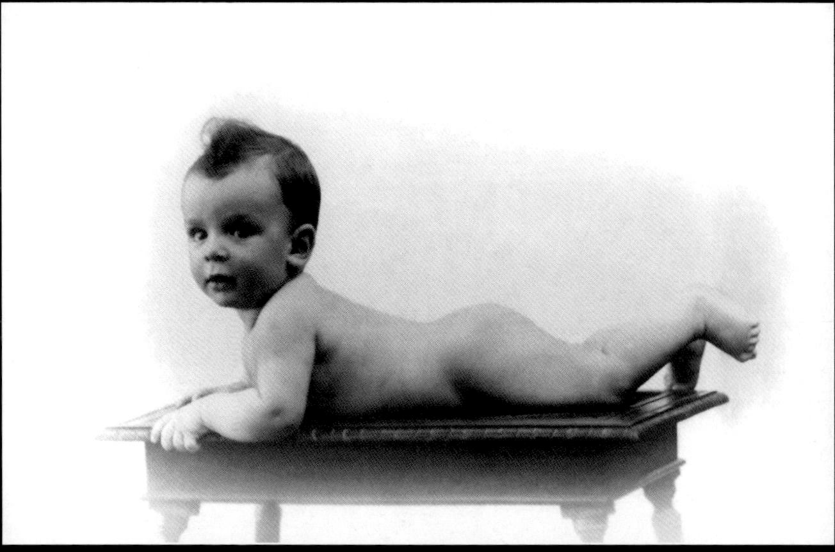

Als Baby, über sechs Kilogramm schwer.

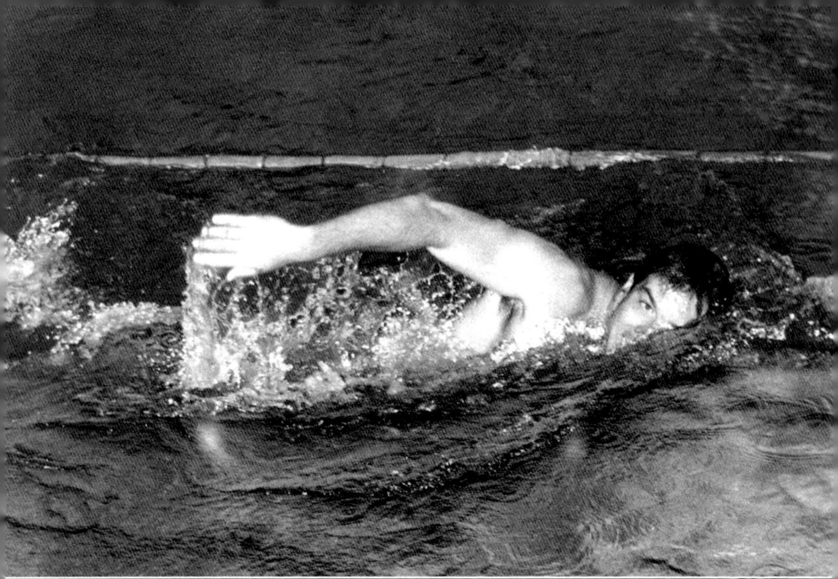

Auf dem Weg zum italienischen Rekord auf 100 Meter Freistil – der erste Italiener, der die Strecke unter einer Minute schwamm, 1950.

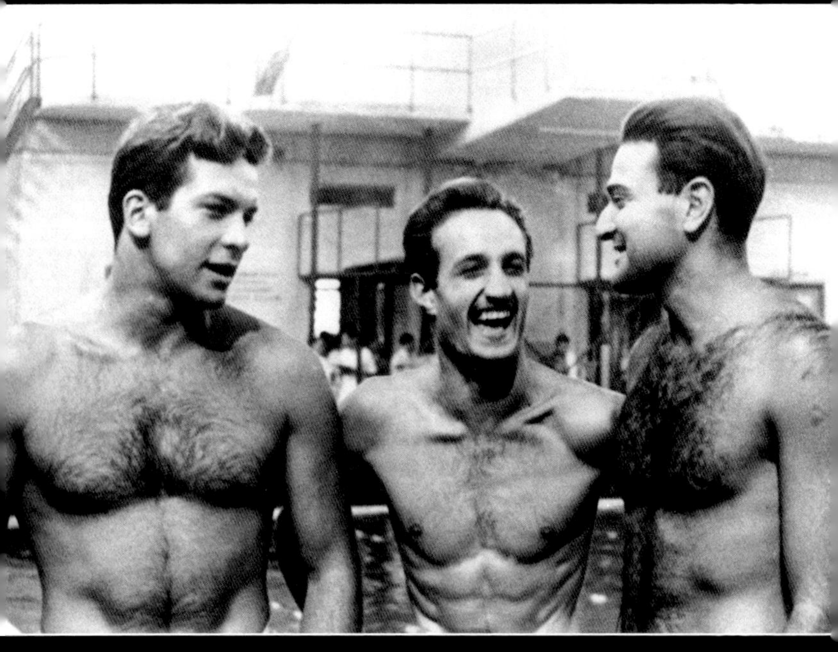

Carlo Pedersoli mit Crugnola und Lucio Ceccarini, Gewinner der gemischten 3 x 100-Meter-Staffel, 1950.

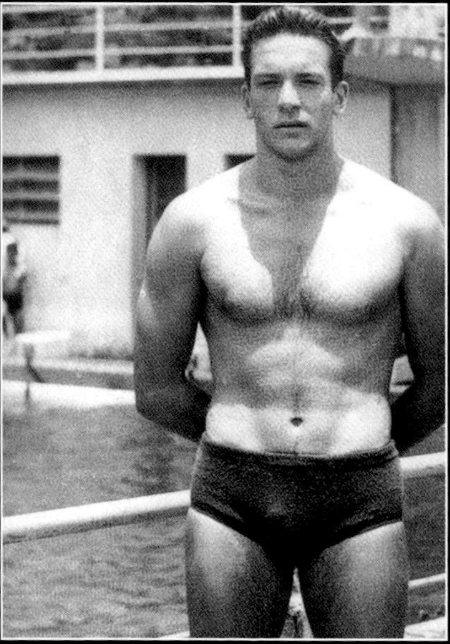

Carlo Pedersoli in Salsomaggiore nach der Aufstellung eines italienischen Rekordes, 1950.

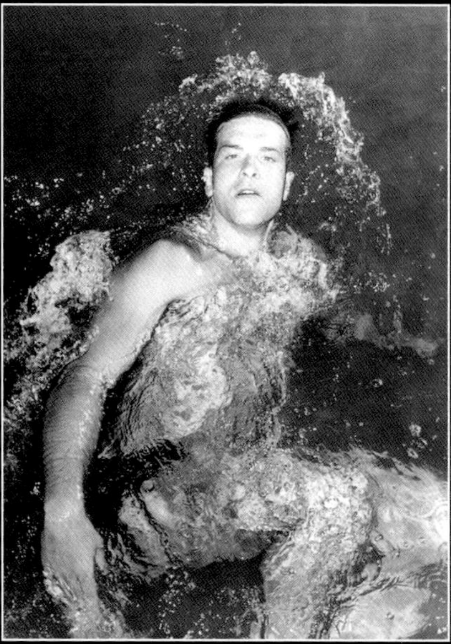

Während einer Wende beim 100-Meter-Freistil.

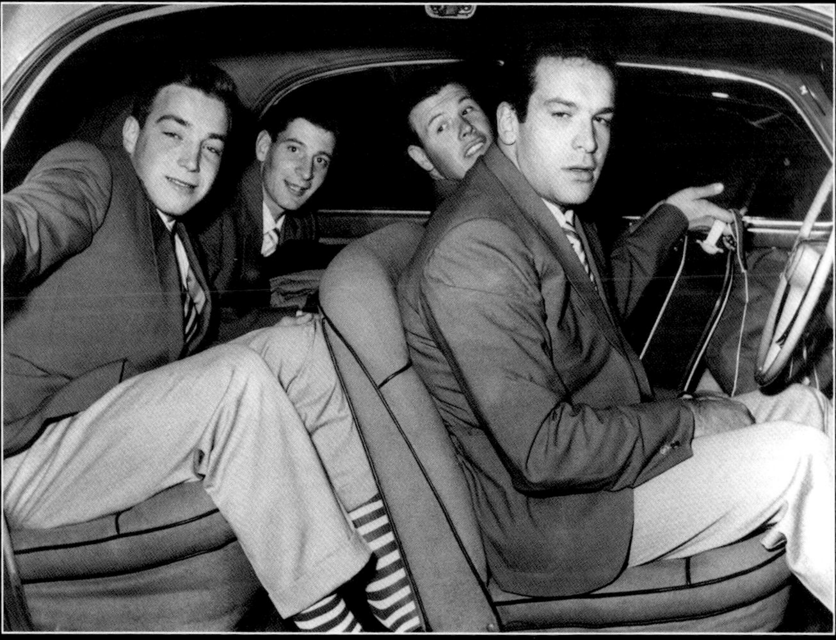

Mit Teamkollegen bei den Olympischen Spielen in Helsinki, 1952.

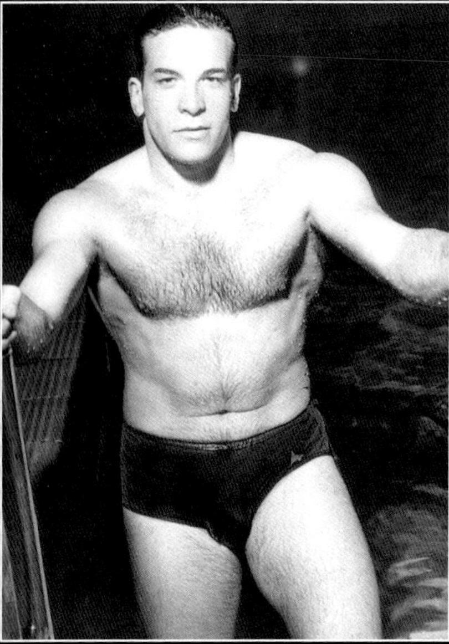

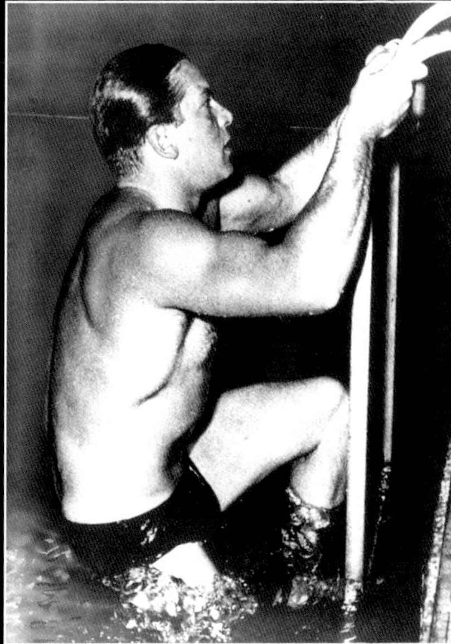

Während des Trainings vor den Olympischen Spielen in Helsinki, 1952.

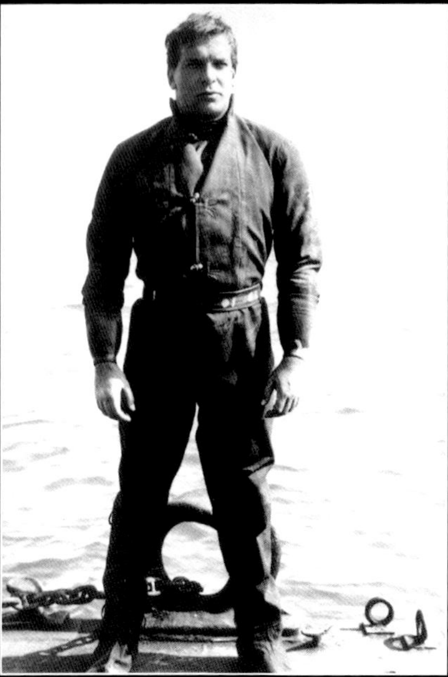

Am Set des Filmes *Torpedomänner greifen an* von Carlo Lizzani, 1954.

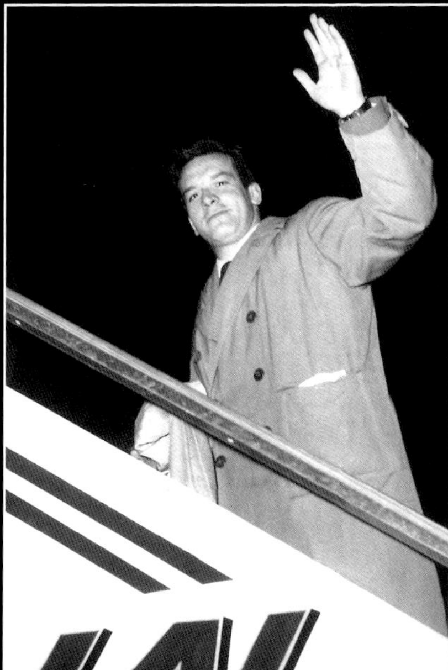

Abreise zu den Olympischen Spielen in Melbourne, 1956.

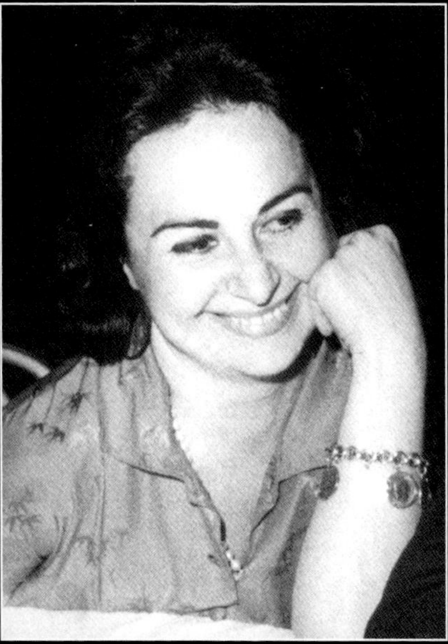

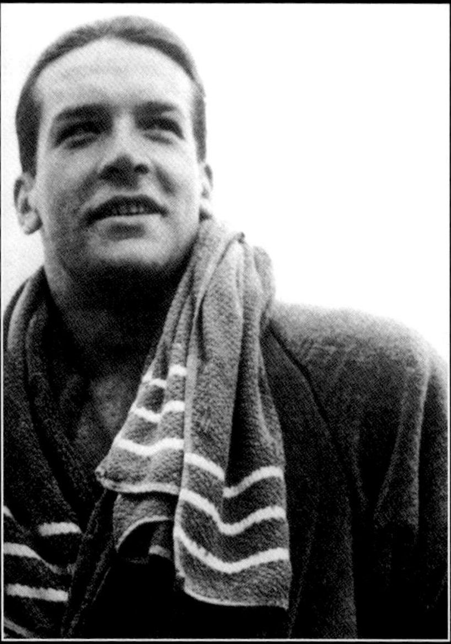

Seine Ehefrau Maria Amato, mit der er 2010 Goldene Hochzeit feierte.

Bei den Olympischen Spielen in Melbourne, 1956.

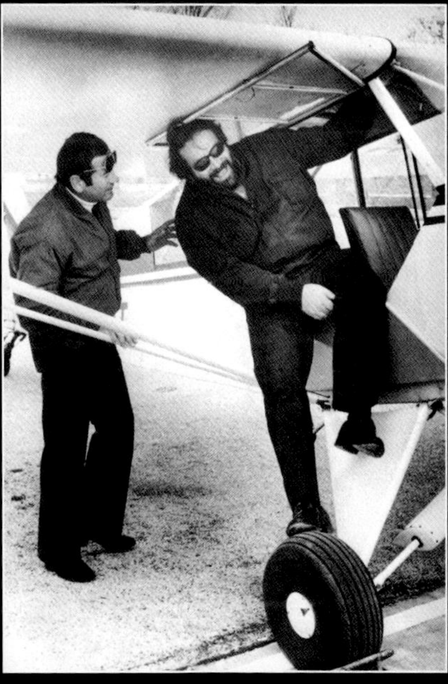

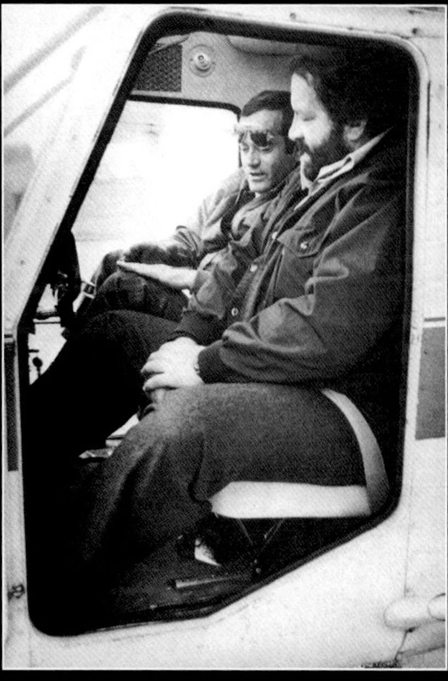

In Foligno bei seinen ersten Flugstunden im Flugverein, 1975.

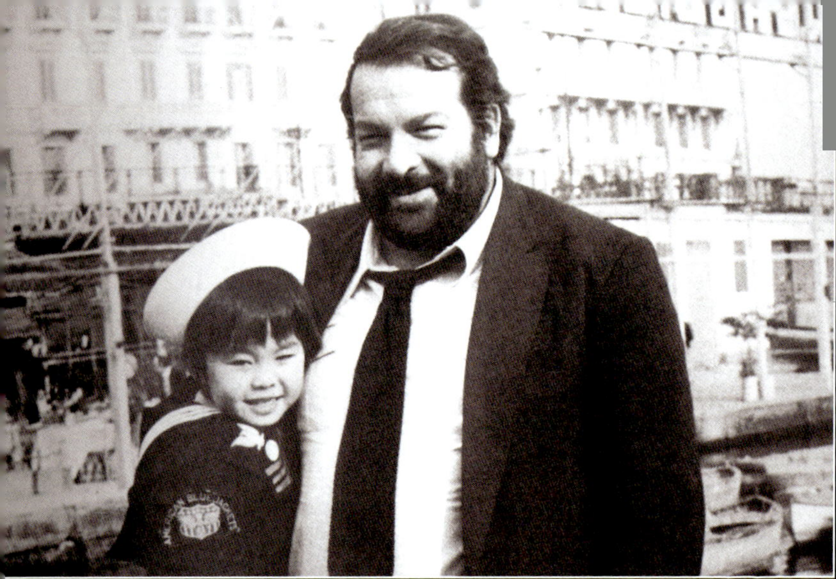

In Neapel am Set von *Plattfuß räumt auf*.

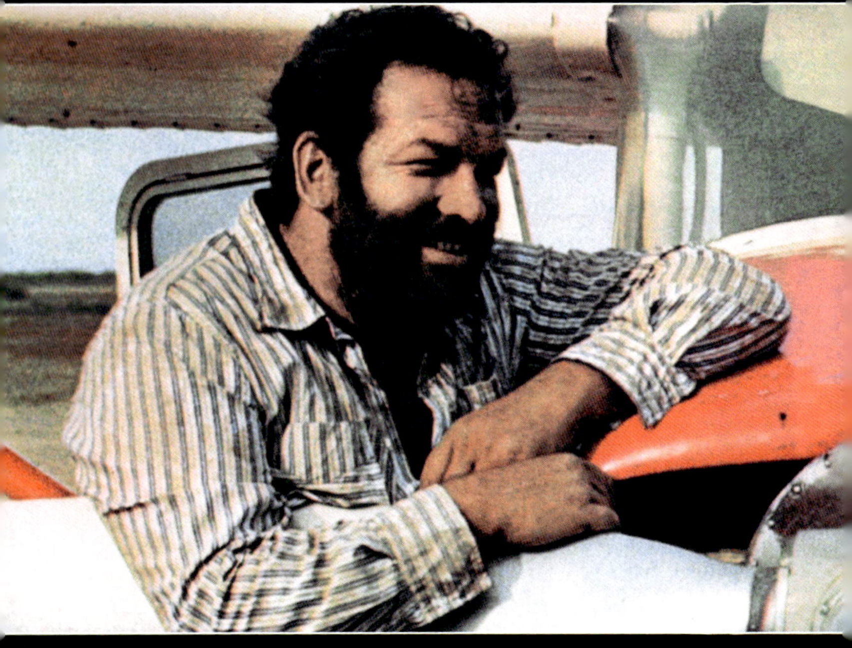

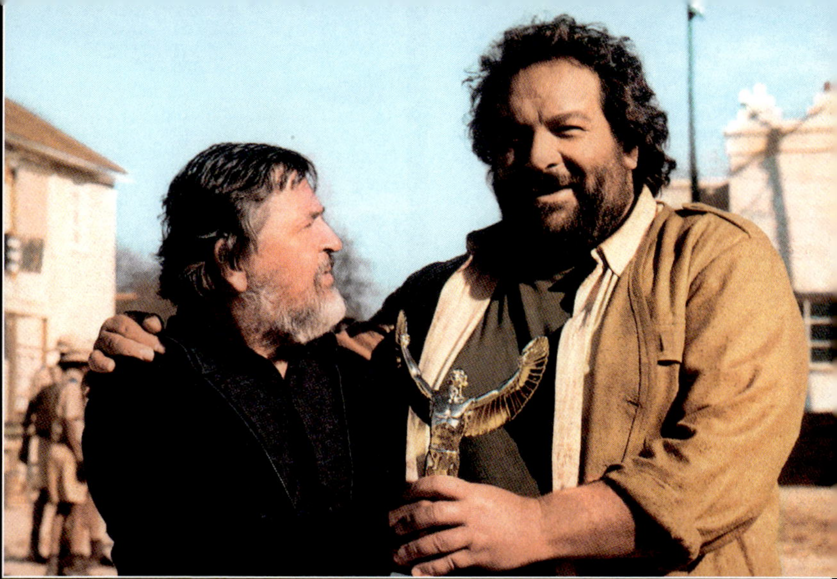

Mit Horst Wendlandt, dem Produzenten von *Eine Faust geht nach Westen*, am Set von *Das Krokodil und sein Nilpferd* (1979).

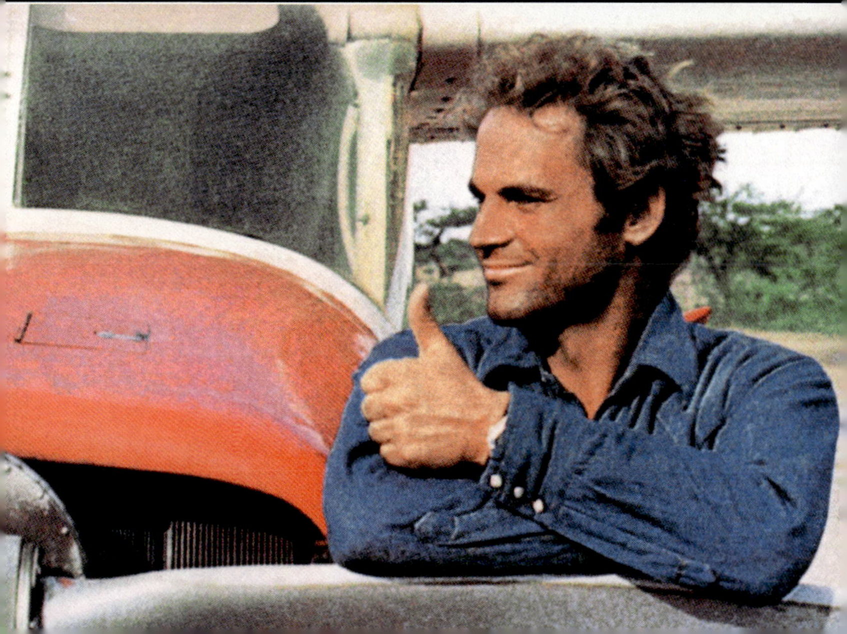

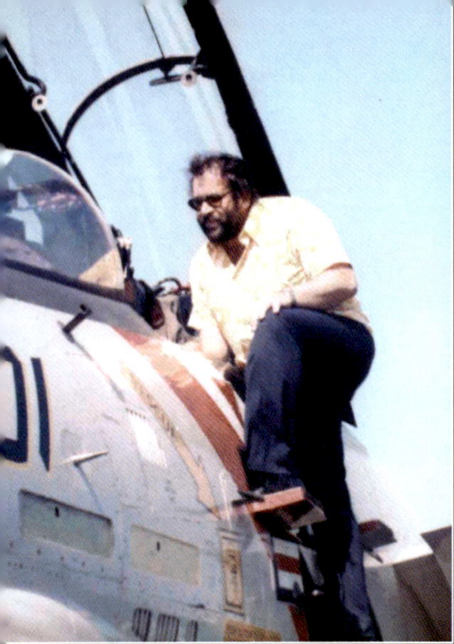

In Hongkong an Bord eines US-Flugzeugträgers während der Dreharbeiten zu *Plattfuß räumt auf*.

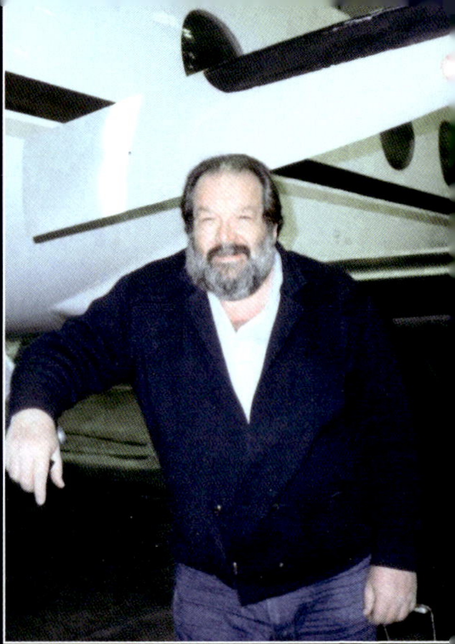

Voller Stolz auf sein erstes Flugzeug, eine Beechcraft E90.

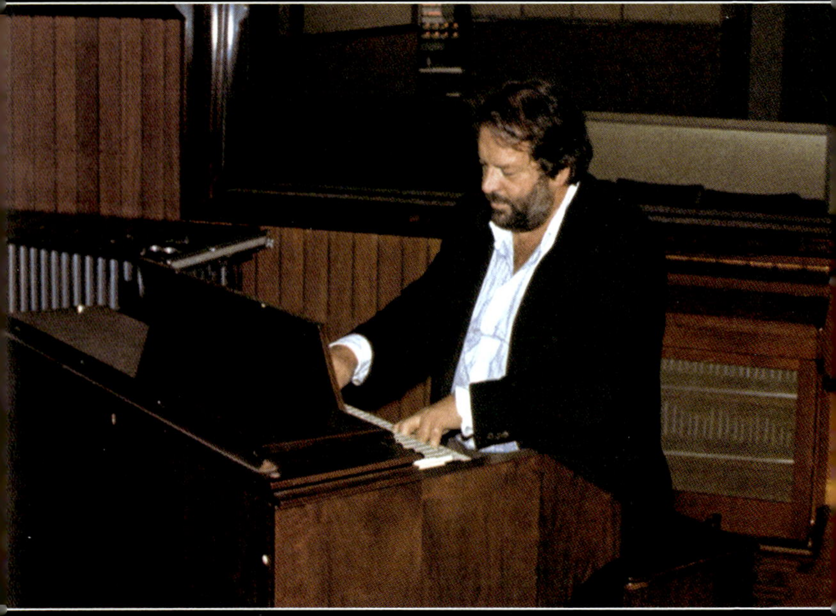

Im Tonstudio beim Komponieren der Titelmusik von *Banana Joe*.

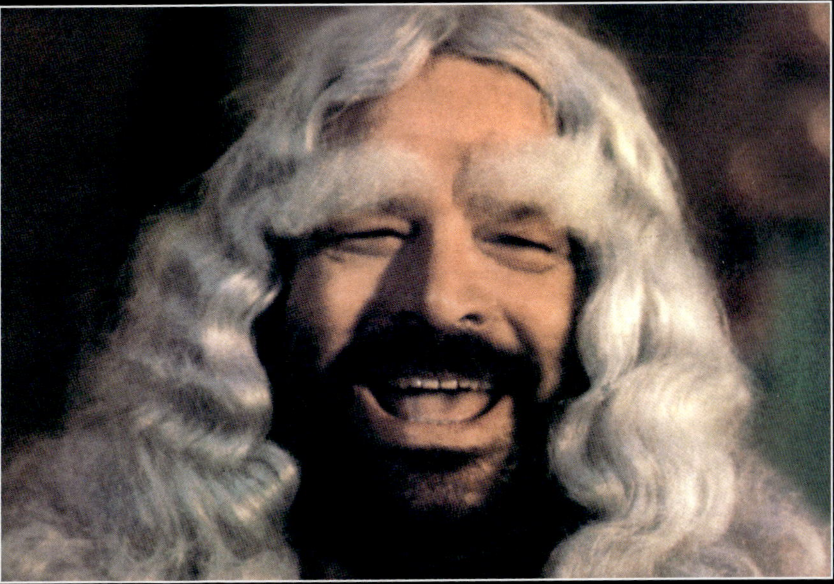

Aus einer geschnittenen Szene
aus *Buddy haut den Lukas*, 1980.

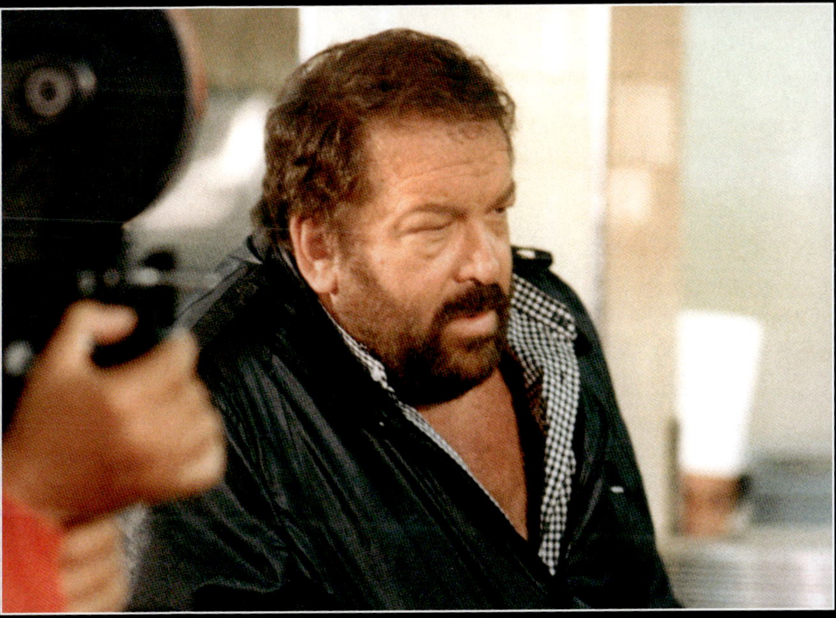

In Miami am Set von *Zwei bärenstarke Typen*, Regie: E. B. Clucher, 1983.

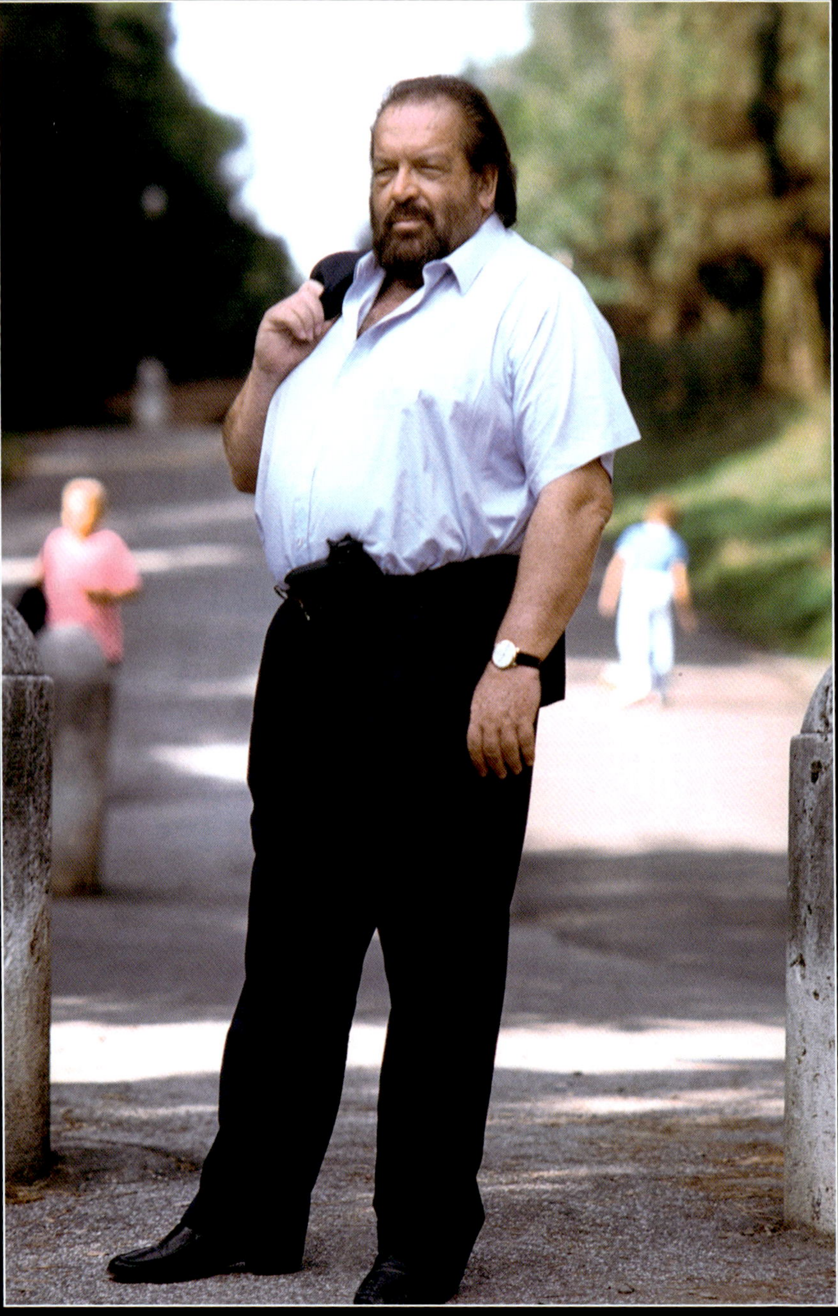

Eine Szene aus der TV-Serie *Zwei Supertypen in Miami*, die dem italienischen Fernsehsender Rai 2 Rekord-Einschaltquoten bescherte.

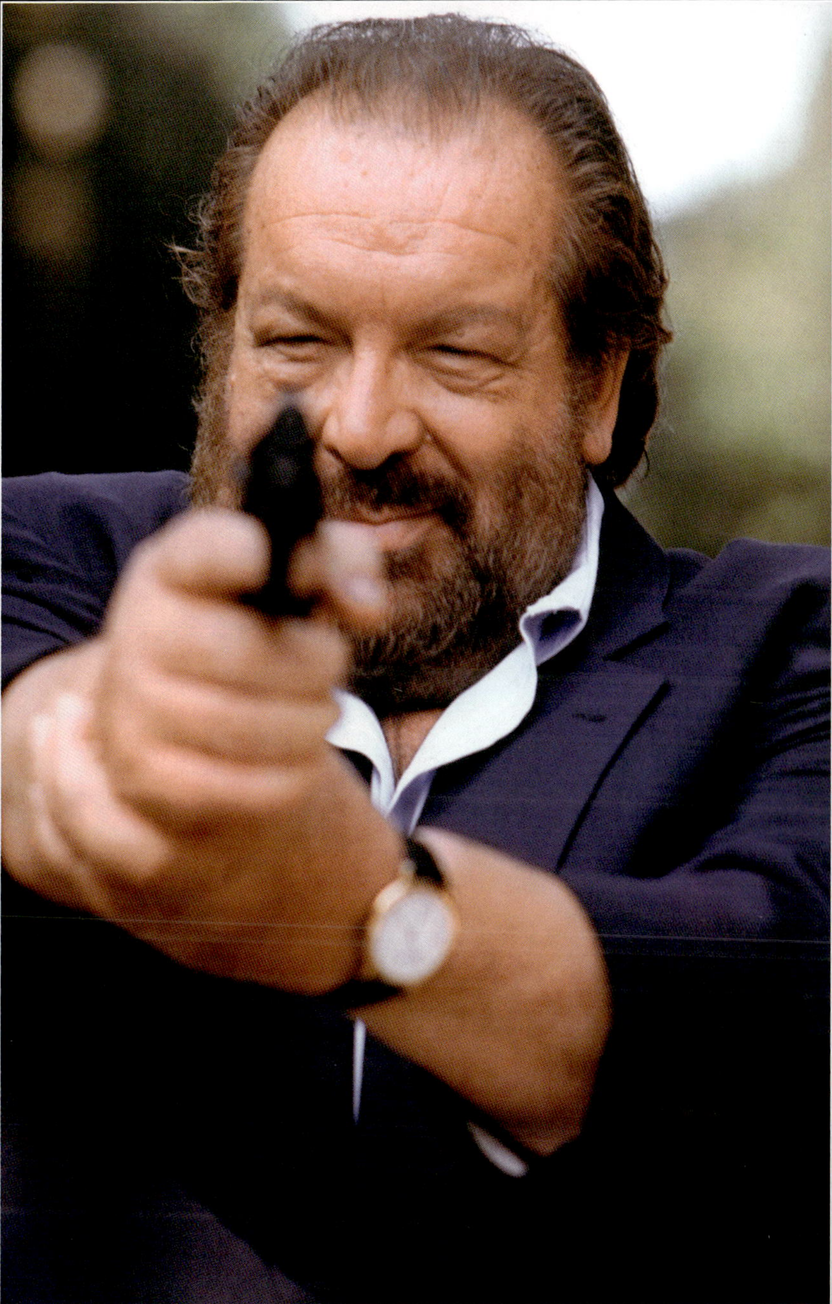

Eine Szene aus der TV-Serie
Zwei Supertypen in Miami, 1993.

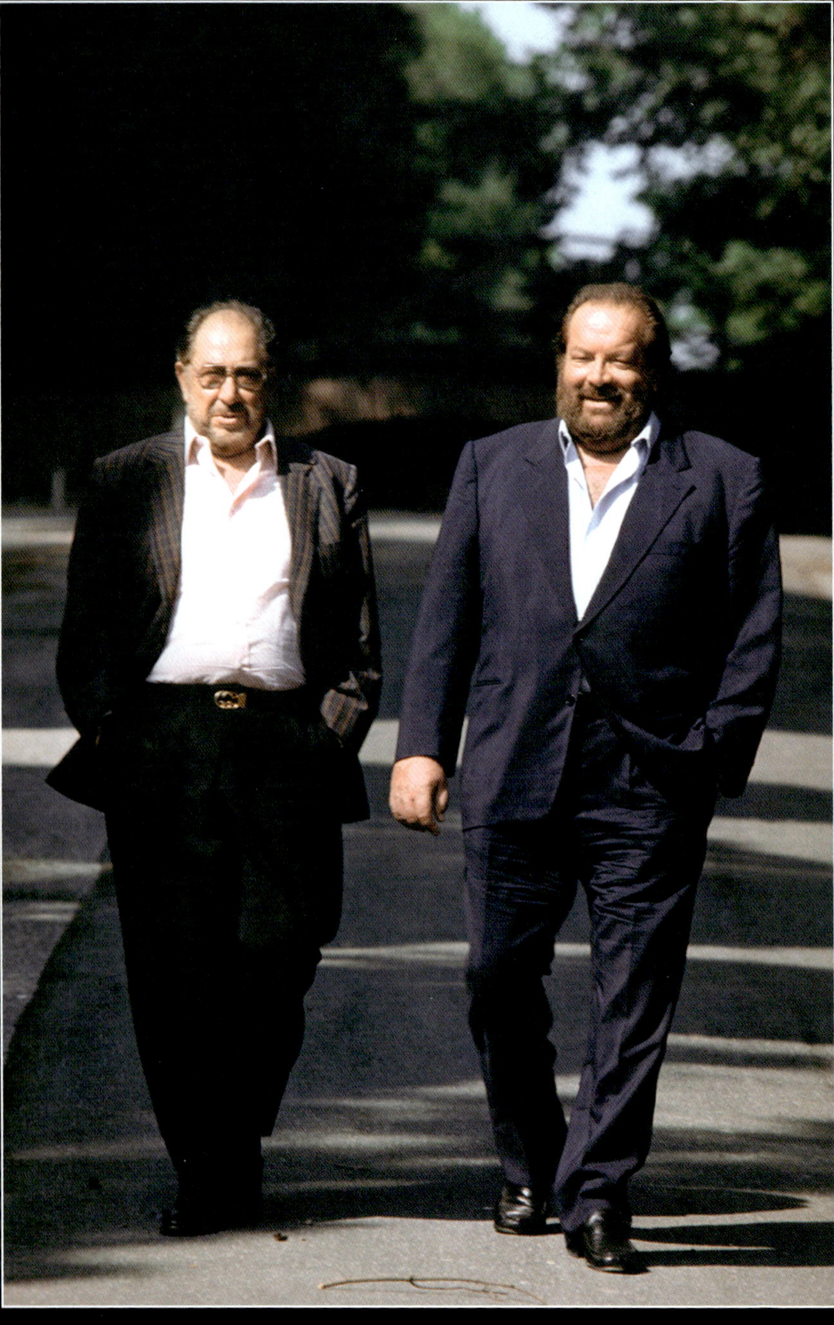

Mit seinem Freund Enzo Barboni während der Dreharbeiten zu *Wenn man vom Teufel spricht …*, 1990.

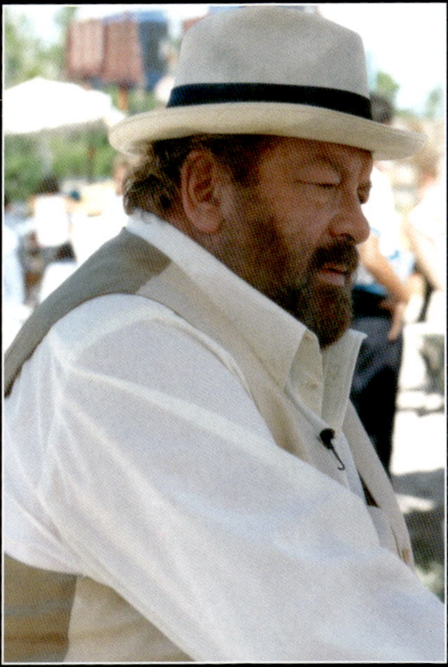

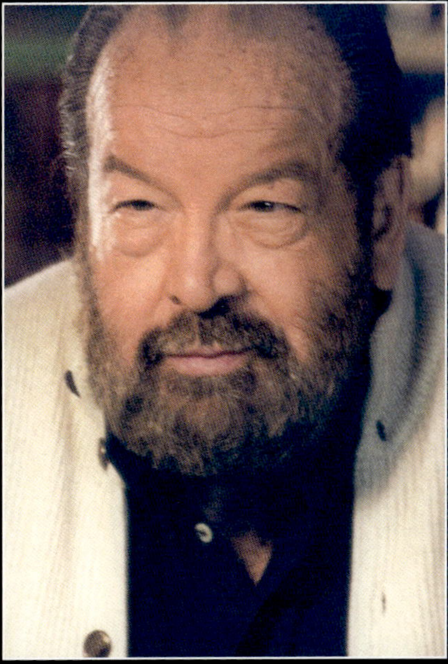

Bei einer Pause während der Dreharbeiten zu *Zwei Supertypen in Miami*, 1991.

In Madrid am Set von *To the Limit – in den Armen der Bestie*, 1997.

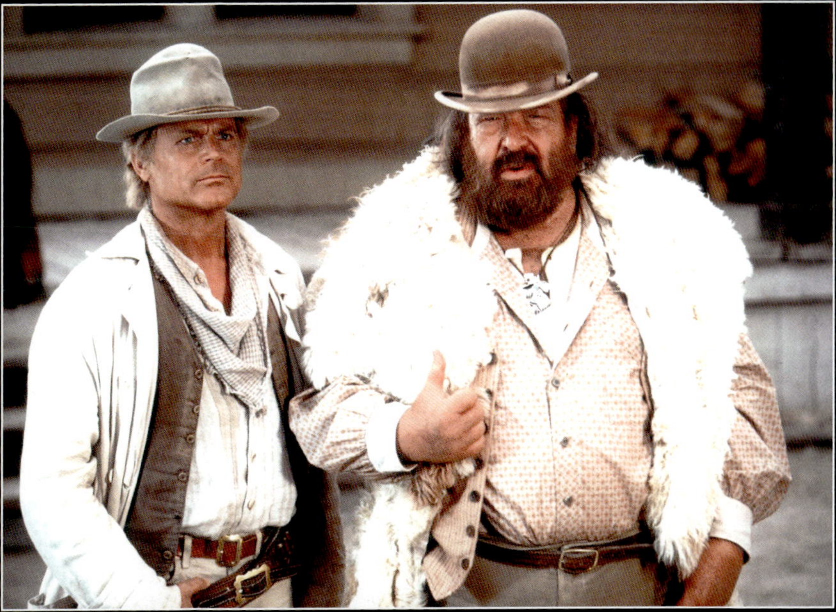

Zusammen mit Terence Hill am Set von *Die Troublemaker*, 1994.

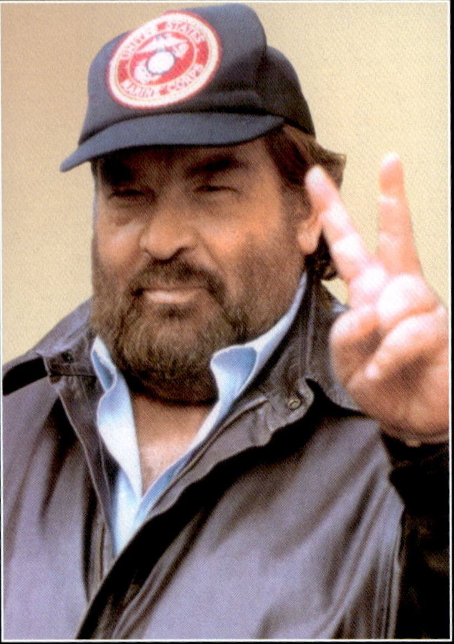

Bud mit einer
seiner typischen Gesten.

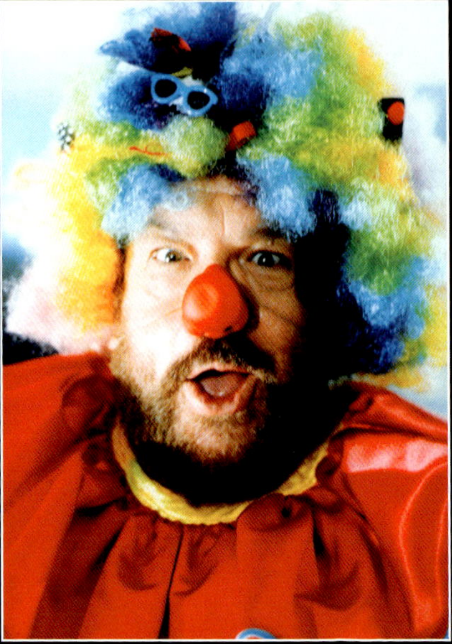

In Miami während der Dreharbeiten zu
Zwei Supertypen in Miami.

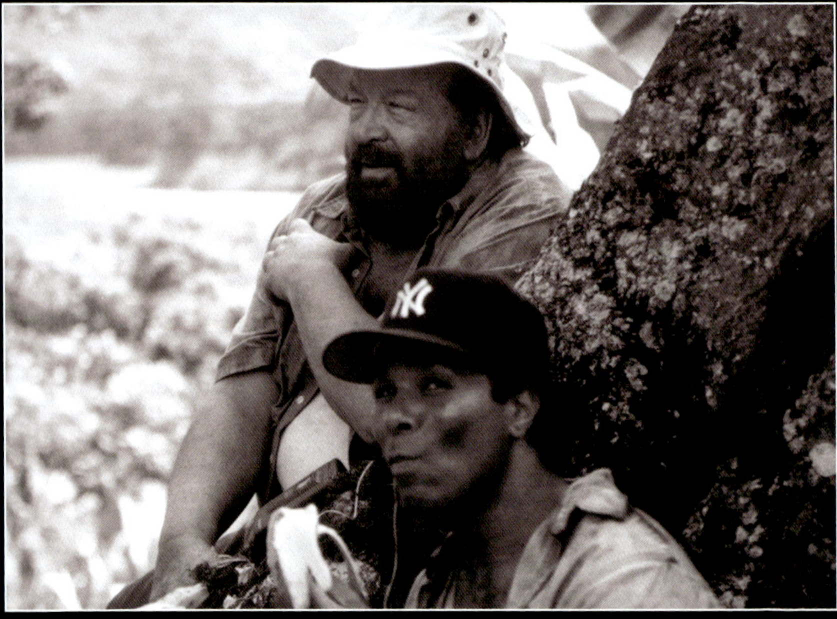

In Costa Rica mit Philip Michael Thomas

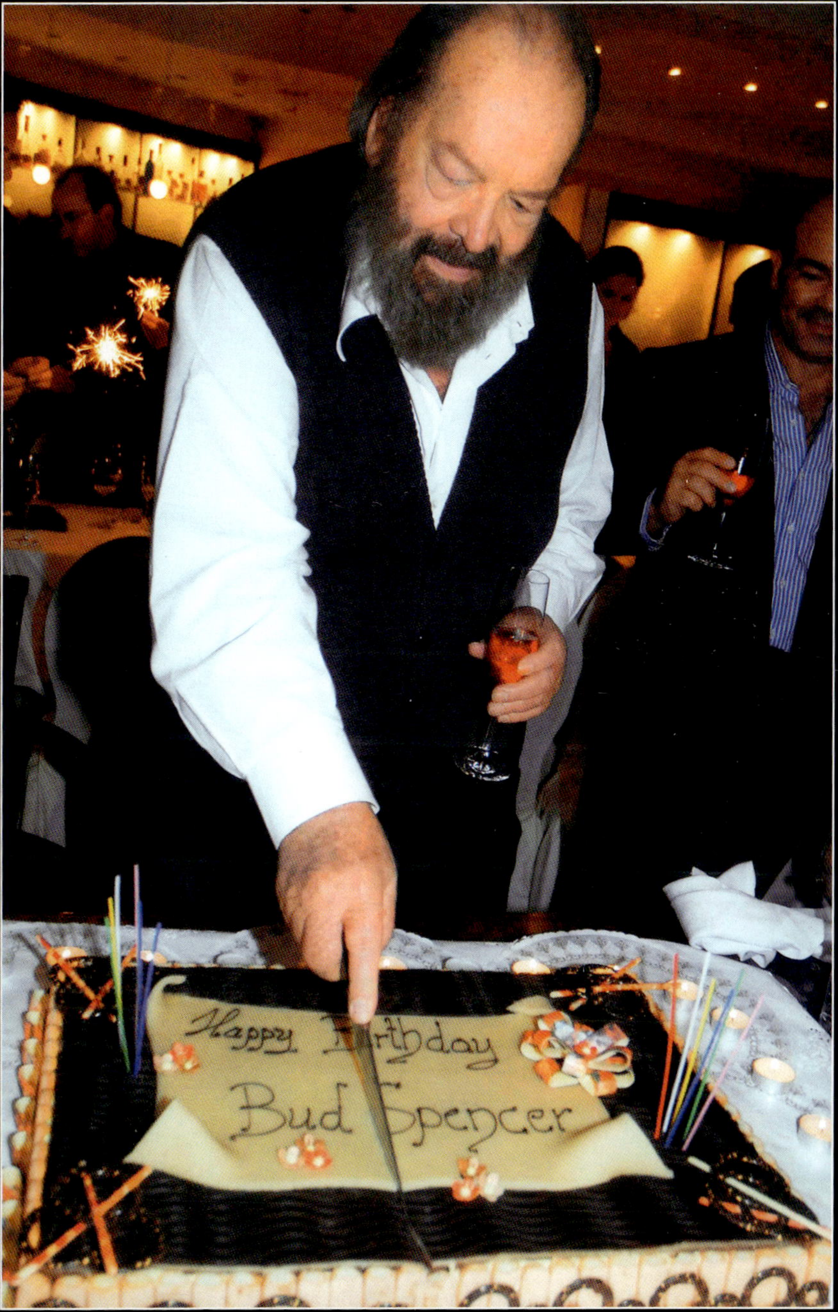

Buds 78. Geburtstag. Die Feierlichkeit fand im Rahmen der Dreharbeiten zum Film *Mord ist mein Geschäft, Liebling* in Berlin statt.

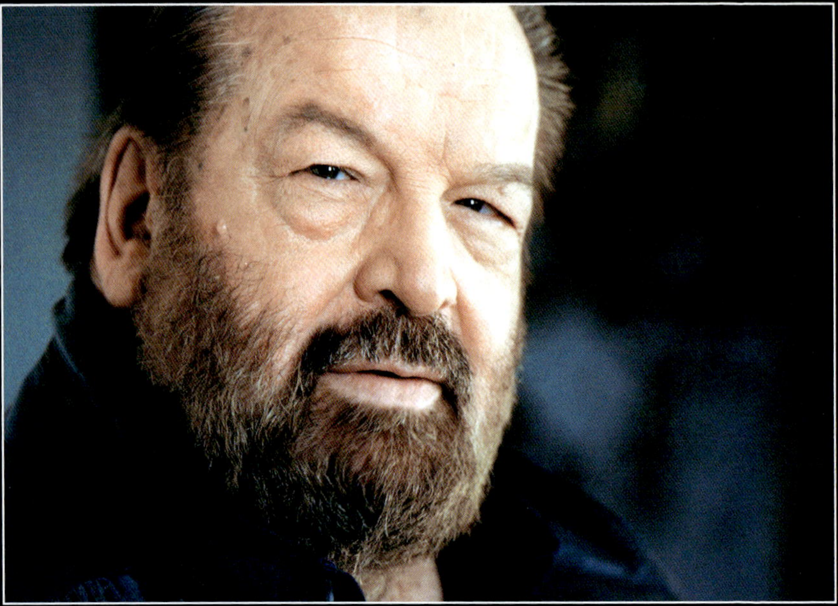

Aus dem Promomaterial zu *Mord ist mein Geschäft, Liebling* (2009).

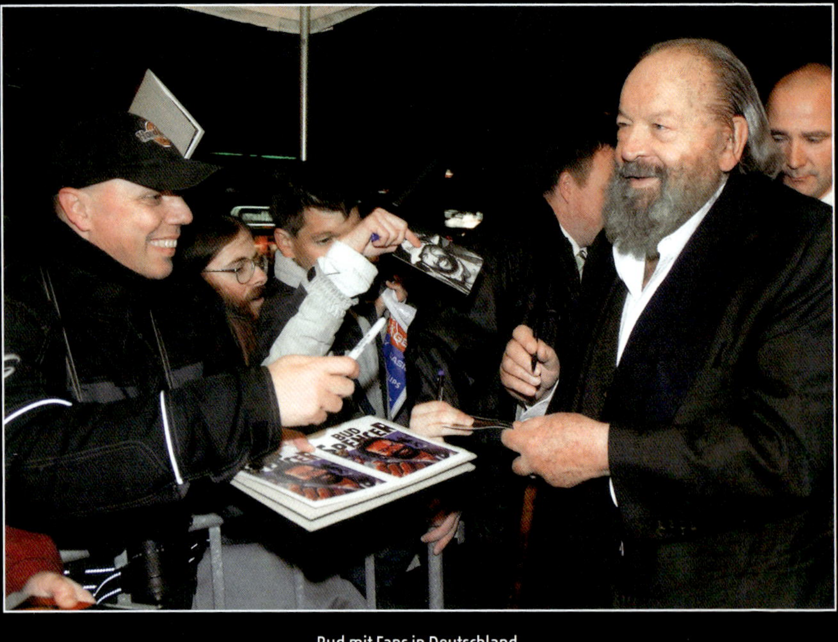

Bud mit Fans in Deutschland.

6. KAPITEL

1960: ALLE STRASSEN FÜHREN ZURÜCK NACH ROM

»Der Mensch hat von Natur aus mehr Angst
vor der Wahrheit als vor dem Tod.«
SØREN KIERKEGAARD

»Ist es verrückt, logisch zu sein,
oder ist es logisch, verrückt zu sein?«
BUD SPENCER

Die Verlobung

Drei Jahre später kehrte ich nach Rom zurück. Es war das Jahr 1960. Es mögen schon drei Monate, manchmal drei Tage oder auch nur drei Minuten reichen, um zu verstehen, wer man wirklich ist. Ich brauchte drei Jahre, um zu erkennen, dass ich auch weit weg von allen Annehmlichkeiten allein zurechtkommen konnte. Damit war meine introspektive Reise, mein »innerer Tourismus«, aber beileibe nicht beendet.

Ich begann, mich wieder mit Maria zu treffen, dem Mädchen aus Rom, das ich auf einer Party von gemeinsamen Freunden vor meiner Abreise kennengelernt hatte und das später meine Frau werden sollte. Während ich weg war, pflegten wir eine Brieffreundschaft (in Wahrheit von meiner Seite her mit weniger Nachdruck). »Denke daran, dass ich immer hier für dich bin«, schrieb sie mir in den Briefen, auf die ich, da ich solche Nettigkeiten nicht gewohnt war, grundsätzlich erst sehr spät und mit weniger Inbrunst antwortete.

Als ich in meinem Urlaub zurück nach Italien kam, versäumte ich es jedoch nicht, sie oft zu treffen, und ganz langsam und mit mehr Überzeugung von ihrer als von meiner Seite entstand unsere Beziehung. Einmal verheiratet, entdeckten wir im täglichen Zusammenleben natürlich die gegenseitigen Schwächen. Es gibt eine neapolitanische Redensart, die besagt: »O' re è 'nu stronzo pe' o maggiordomo suo!«, also etwa: »Der König ist für seinen Leibdiener bloß ein Hanswurst!«, denn der Diener ist es, der ihn ankleidet und der ihn ohne Maskerade und Firlefanz sieht. Und so musste Maria lernen, all die Fehler des ehemaligen Sportchampions Carlo Pedersoli zu ertragen, die dieser nach außen hin nie gezeigt hatte.

Anfangs wollte ich mit meiner Frau nach Venezuela gehen, wo ich mir eine sehr gute Stellung erarbeitet hatte, doch ihr Vater bat mich, davon abzusehen: »Ich habe drei Töchter. Sie ist die Älteste: Nimm sie mir nicht weg. Dafür liebe ich sie zu sehr! Tu mir den Gefallen!« Mein Schwiegervater war – welch ein Zufall – ebenso wie ich Neapolitaner beziehungsweise noch viel mehr als ich, und er ging so weit, dass er mir Geld anbot, das ich jedoch ablehnte, da ich aus tiefstem Herzen ein stolzer Neapolitaner war. Ich war bereits selbstständig und wollte jetzt nicht wieder anfangen, vom Geld anderer zu leben. Aber ich wollte auch nicht Vater und Tochter trennen, selbst wenn sie das aus Liebe zu mir akzeptiert hätte. Am Ende verkaufte ich alles, was ich in Venezuela besaß, um in Rom wieder bei null anzufangen.

Ich stand jeden Morgen um sechs Uhr auf und kehrte erst nach Mitternacht wieder nach Hause zurück. Ich machte alles, was ich konnte, um mich und sie zu ernähren. Na gut, alles außer als Balletttänzer und Jockey zu arbeiten, denn die Natur hatte mich nicht mit der dazu nötigen Figur gesegnet.

Maria schaute zu und schwieg, stets bereit, mich zu ertragen, und so einfühlsam, dass sie verstand, dass es nichts genutzt hätte, mir zu sagen, dass wir auch gut hätten leben können, ohne dass ich mich völlig aufrieb. Sie war ja die Tochter eines der größten italienischen Filmproduzenten, und zwar von Giuseppe »Peppino« Amato, der sich mit Filmen wie *Fahrraddiebe* oder *La dolce vita*, um nur ein paar zu nennen, einen Namen gemacht hatte.

Ein großer Zeh im Filmgeschäft

Anders als man vermuten könnte, sprach ich mit meinem Schwiegervater nie über eine mögliche Schauspielkarriere, und zwar weil weder er noch ich selbst mich in diesem Berufsfeld sahen.

Während ich 1954 den Militärdienst in Tarent ableistete, kam es dazu, dass ich eine kleine Rolle in dem Kriegsfilm *Torpedomänner greifen an* bekam, einem abenteuerlichen Werk, in dem der berühmte und hervorragende Schauspieler Ettore Manni mitspielte. Außerdem kam ich zufällig an kleinere, unbedeutende Statistenrollen in Filmen wie *Quo vadis* und *In einem anderen Land,* aber niemals hätte mich das eine Karriere als Schauspieler erahnen lassen können. Es waren einfach Jobs, mit denen ich mein Studium finanzierte. Somit kann man nicht sagen, dass ich damals einen Fuß ins Filmgeschäft gesetzt hätte, es war kaum mehr als ein großer Zeh. Mir fehlte die *physique du rôle*[21], der Blick, das Talent und die Gestik eines Schauspielers. »Statuenhaft« war ich schon, vielleicht sogar viel zu sehr, aber ich war nicht schön im klassischen Sinne. Aber vor allem besaß ich nicht diesen bestimmten »Blick«, den ich auch später nie erlernen sollte.

Im Filmgeschäft sagt man, dass Schauspieler mit zu kleinen Augen die Leinwand nicht zu durchdringen vermögen, denn sie erreichen die Zuschauer nicht, und trotz einiger berühmter Ausnahmen (zum Beispiel Charles Bronson, bei dem Leone die Augen mit einem Zoom suchen musste, der ihm direkt ins Gesicht ging) ist es schon wahr, dass die großen und beliebtesten Schauspieler jene waren, die über große und eindringliche Augen verfügten: von Rudolph Valentino, James Dean und Tyrone Power bis Burt Lancaster, Amedeo Nazzari und Ettore Manni. Die Übrigen spielten nur beigeordnete Charakterrollen, wie zum Beispiel der kräftige Victor McLaglen, der widerspenstige Sergeant aus John Fords Kavallerie-Trilogie mit John Wayne; oder wie Wallace Beery, Star der Dreißigerjahre. Mein Aussehen

[21] *Gemeint ist eine geeignete Statur beziehungsweise das Aussehen für eine bestimmte Rolle.*

und meine Statur zu haben bedeutete, im Film auf den Part des Handlangers oder des Bösewichts festgelegt zu sein, vorausgesetzt man hatte Talent.

Ich selbst sah mich weder in der Rolle des Schauspielers noch hatte ich Interesse am Kino, das für mich immer nur ein Zeitvertreib war, und noch nicht mal einer der interessantesten. Im Gegenteil waren meine wenigen Erfahrungen als Statist am Filmset eher lästig, zwischen endlosen Wartezeiten im Kostüm und langen Pausen während der Szenenwechsel.

Nicht einmal während meiner Kindheit waren Filme für mich etwas, das mich verzaubert hätte: Als kleiner Junge durfte ich ins Kino mitkommen, um Filme wie *Luciano Serra, Pilot* mit Amedeo Nazzari, die ersten Filme von Totò und auch jene mit dem außergewöhnlichen Schauspieler Virgilio Riento oder mit Angelo Musco anzuschauen.

Ins Filmgeschäft bin ich hineingestolpert, weil ich Geld brauchte, und dort geblieben bin ich nur, weil es das gütige Publikum so wollte, denn es glaubte mehr an Bud Spencer als Carlo Pedersoli selbst.

Der Familienvater

Unterdessen verkaufte ich Autos und Lacke. Ich machte alles Mögliche, aber die Einnahmen reichten nicht, um davon unseren Lebensunterhalt zu bestreiten. Meine Frau kümmerte sich darum, die finanziellen Lücken zu schließen, ohne es mich spüren zu lassen.

Derweil wurde 1961 mein Sohn Giuseppe geboren, ein Jahr nach der Hochzeit; 1962 kam Cristiana und acht Jahre später Diamante.

Da ich eine Frau hatte, die mir bezüglich ihrer Bildung, Sensibilität und Finanzkraft weit überlegen war, aber mich dies nicht spüren ließ und im Hintergrund blieb, hatte ich bald Schuldgefühle, weil ich erkannte, dass ich es nicht schaffte, ihr einen angemessenen Lebensstandard zu bieten. Es wäre einfacher gewesen, eine reiche und dumme Partnerin zu haben oder eine arme, aber kämpferische. Maria hingegen war wohlhabend, diskret, immer darauf bedacht, mich nicht zu belasten mit ihrer Überlegenheit, die überall offensichtlich war, außer vielleicht in körperlicher Hinsicht.

All dies waren Qualitäten, von denen ich vorher nichts gewusst hatte, aber wie denn auch? Wir haben uns vor meinem Exil wenig gesehen und auf die Brieffreundschaft, die dann begann, war kein Verlass: Die Zeit, die ein Brief von Italien bis hin zu den Orten, an denen ich mich aufhielt, und wieder zurück brauchte, betrug beinahe zwei Monate. All das mag einen heute – in Zeiten von E-Mails – zum Schmunzeln bringen, aber bis vor wenigen Jahren war es eben noch eine ganz andere Situation. Und zwei Monate waren ein Zeitraum, in dem sich mein Wesen, die Liebe und alles, was ich schrieb, hätten ändern können. So sehr es auch gefühlt und ehrlich war, konnte das, was ich in den Briefen festhielt, bereits in dem Moment, in dem es der Empfänger erhielt, möglicherweise schon nicht mehr stimmen. Ganz so, wie wenn man die Sterne betrachtet, deren Licht man sieht, obwohl sie schon vor langer Zeit verglüht sind.

Das Telefon war da schon ein besseres und direkteres Medium, aber es kam nicht oft zur Anwendung, weil es teuer und selten verfügbar war. Wenn wir uns dann mal von Angesicht zu Angesicht sahen, tauschten wir nur einen schüchternen Kuss vor der Haustür aus. Einem »Platoniker« gefällt der Klang der Stimme, dieses spezielle Gefühl, das nur sie in dir erweckt, und so weiter. Doch dann will unsere animalische Seite auf »Tuchfühlung« gehen. Aber auch dieses Physische fehlte uns, da ich ja meist weit weg war.

Wir kannten uns zu wenig, um zu erkennen, ob es Liebe war oder bloß Schwärmerei, was auch hätte zutreffend sein können. Schließlich war Maria eine Frau von zarter Statur und damit das genaue Gegenteil zu dem groben »junonischen« Typ, der mich gewöhnlich anzog. Und ich selbst war, wie bereits erwähnt, gewiss nicht jemand, der auf den ersten Blick besonders intellektuell wirkte.

Alles ändert sich, wenn du Tag und Nacht mit der Person verbringst, die du auserwählt hast: Das ist dann die Feuerprobe. Ich war kein sehr guter Ehemann, denn während ich vorher in Saus und Braus und voller Verrücktheiten gelebt hatte, hatte ich nun ein Geschöpf von kleiner, zarter und zerbrechlicher Gestalt an meiner Seite. Es dauerte einige Zeit, bis ich zu verstehen begann, was für eine besondere Frau sie eigentlich war.

Mehr als einmal fragte ich mich, warum sie sich in mich verliebt hatte. Vielleicht hatte mein vom Sport wohlgeformter Körper den Instinkt in ihr geweckt, dass wir zusammen gesunde Kinder bekommen könnten. Jedenfalls habe ich es ihr zu verdanken, dass die Ehe in jenen sieben Jahren hielt, in denen ich kein Champion mehr und Bud Spencer noch nicht geboren war.

Mein witziger, intelligenter, fantasievoller Schwiegervater wohnte im Hotel Excelsior. Obwohl mir die Welt des Films völlig fremd war, erkannte ich seine Größe daran, wie er die Leute behandelte und wie er von den anderen in Ehren gehalten wurde: Dino De Laurentiis, der zwanzig Jahre jünger war, ließ sich von ihm inspirieren und wurde später einer der erfolgreichsten Filmproduzenten der Welt.

Das besondere Gespür meines Schwiegervaters wird in folgender Anekdote deutlich, in der es darum geht, wie er den Anteil seines Partners Rizzoli aufkaufte, als dieser die erste Fassung von *La dolce vita* gesehen hatte und sich aus dem Geschäft zurückziehen wollte mit den Worten: »Wir haben nur einen Haufen Geld verschwendet.«

»Du irrst dich«, antwortete Peppino, »es wird Jahre dauern, bis ein besserer Film als dieser kommt. Ich kaufe dir deinen Anteil ab«, und er schrieb die Übereignung auf einen kleinen Zettel vom Restaurant. Rizzoli stimmte gern zu, da er froh war, das eingesetzte Geld zurückzubekommen, aber Amato hatte richtig gelegen: Der Film von Fellini spielte 1960 mehr als zwei Milliarden Lire ein. Das entspricht etwa dem Gegenwert von 80 Millionen Euro. Dazu kamen die weltweiten Einnahmen. Der Titel des Films wurde zum geflügelten Wort und zum Manifest des Italiens jener Zeit.

Dazu passt die folgende Begebenheit, bei der ich Zeuge wurde: Der Chef der US-amerikanischen Film-Produktionsfirma Paramount war damals nach Italien gekommen, um den Film zu kaufen. Er war schon seit drei Tagen in Italien und ebenfalls im Excelsior einquartiert. Er sagte zu meinem Schwiegervater: »Peppino, tonight du gehst mit mir essen!«, mit dem typischen amerikanischen Akzent wie nach Art von Don Lurio[22].

Peppino antwortete ihm mit einem saloppen »meinetwegen«, und bereits bei dieser ein wenig oberflächlichen Antwort vermutete ich, dass irgendetwas nicht in Ordnung war. Mein Schwiegervater bat mich, ihn zu begleiten, und am Abend begaben wir uns in das Restaurant, in dem bereits etwa zehn Amerikaner zu Tisch saßen.

»Bleib in meiner Nähe und sag nichts«, flüsterte mir Peppino zu. Er ging am Paramount-Tisch vorbei, ich ihm hinterher, und wir setzten uns ganz allein nach hinten. Ich wurde immer per-

---

[22] *Italoamerikanischer Entertainer, der auch für sein Italienisch mit amerikanischem Akzent bekannt war.*

plexer, blieb aber still. Der Chef stand auf und kam auf uns zu: »Peppino! Wir alle warten für dich! Warum du kommst nicht an unsere Tisch?«

Ich zitiere Peppino Amatos Antwort aus dem Gedächtnis: »Hör zu, Joe, du bist kein bisschen amerikanisch: Schon vor drei Tagen habe ich dir den Film gezeigt und du hast mich bis jetzt kein Geld sehen lassen! Du denkst wohl, ich lass mich von dir verarschen!«

Ich war starr vor Schreck. Eigentlich wollte ich vor der wütenden Reaktion, die ich von Mr Hollywood erwartete, in Deckung gehen. Jetzt schickt er uns zum Teufel und haut dann ab!, dachte ich.

Aber *La dolce vita* kam heraus und wurde auch in den USA ein Erfolg. Die aufrichtige und charismatische Ausstrahlung von Peppino hatte den Amerikaner umgehauen. Mit ihr hatte er jegliche Länder- und Sprachgrenzen überwunden.

Im Casino

Während wir einmal in Monte Carlo waren, rief mich Peppino eines Abends zu sich, um mir eine Yacht zu zeigen, die Errol Flynn gehört hatte, dem Helden aus *Unter Piratenflagge*, *Robin Hood*, *Der Verrat des Surat Khan* und vielen weiteren Abenteuerfilmen, in denen er mit seiner kraftstrotzenden Kühnheit und seiner prahlerischen Männlichkeit geglänzt hatte. Eine wahre Legende der Dreißiger- und Vierzigerjahre.

Wir waren ja auch schließlich in Monte Carlo!

Das Schiff war stolze 42 Meter lang, ganz in Schwarz, und es stand nach dem frühzeitigen Ableben seines Besitzers, dessen Alkohol- und Sex-Exzesse für drei Leben gereicht hätten, zum

Verkauf. Peppino fragte mich nach meiner Meinung, da ich Erfahrung mit Booten hatte. Ich sah mich gut um, zog mich aus, um mir den Rumpf von unten anzuschauen, der komplett verkupfert war.

Ich wusste, dass verkupfertes Holz aus zwei Gründen verwendet wird: entweder als Schutz vor den galvanischen Strömen, die es im Meer gibt (und die die elektromagnetischen Geräte an Bord stören können), oder aber um darunter morsches Holz zu verstecken.

Um ganz sicherzugehen, musste man das Schiff ins Trockene bringen, wo man es genau durchchecken konnte. Dies sagte ich ihm, und während wir warteten, gingen wir ins Casino von Monte Carlo. Es war fünf Uhr nachmittags und ich hatte eine Art Eingebung, jetzt etwas zu riskieren. Ich ging einen Moment in mich und dann entschied ich mich, auf eine Zahl zu setzen. Ich setzte einen kleinen Betrag, da ich in dieser Umgebung ganz fremd war und nicht einmal genau wusste, was ich machen musste. Unglaublicherweise gewann ich!

Mein Schwiegervater, der Zeuge davon wurde, bremste meinen Enthusiasmus: »Carlo, vertraue auf meine Erfahrung. Diese Orte kenne ich und sie sind nur dazu da, um den Leuten das Geld aus der Tasche zu ziehen. Hast du etwas gewonnen? Dann gib es mir, denn sonst setzt du es wieder und verlierst alles.«

Ich war ihm für seinen Rat dankbar und gab ihm das Geld. Da blitzte schlagartig der Schalk in seinen Augen auf. Lächelnd drehte er sich plötzlich um. »Ich setze alles auf die Acht!«, sagte er zum Croupier, während er mein Geld auf dem Tisch platzierte.

Es wurde nicht die Acht. »Carlé, du hast verloren …«, teilte er mir mit. So war Peppino Amato: unberechenbar und aufregend. Wie ein Roulette-Spiel.

Er liebte die Casinos, eine Leidenschaft, die er mit seinem Freund Vittorio De Sica[23] teilte, wie auch eine schreckliche Flugangst. So kam es, dass sie für eine Reise nach Amerika, anstatt zu fliegen, mit der *Rex* fuhren, demselben Überseedampfer, der später von Fellini in seinem Film *Amarcord* verewigt werden sollte.

Sie fuhren ab Neapel. Ihre Überseekoffer waren voll mit Kleidung, die schon auf Bügeln hing. Die *Rex* machte Station in Cannes, um weitere Passagiere an Bord zu nehmen, und lag dort sieben Stunden vor Anker. De Sica und Amato entschieden, mal ganz kurz im Casino vorbeizuschauen. Dies endete damit, dass sie vom Konsulat in ihr Heimatland zurückgeschickt wurden: Sie hatten alles verspielt, sodass das Einzige, was in Amerika ankam, ihr Gepäck war.

Wenn ich heute darüber nachdenke, finde ich diese Anekdoten tragischkomisch, von großer Schönheit und großem Witz. Sie werfen ein Schlaglicht auf diese unverwechselbaren Männer, die zwar Meisterwerke schufen, aber gleichzeitig so unvollkommen waren, dass sie ein ganzes Vermögen verspielten und es dann dank eines einzigen Filmes wiedererlangten. Es waren großartige Filmleute, deren Leben und deren Erfahrungen heute so nicht mehr möglich wären, denn sie sind auf einem gesellschaftlichen Nährboden gewachsen, wie es ihn heute nicht mehr gibt: das kindliche Genie und die Kindlichkeit des Genies. Seien wir mal ehrlich, nichts ist stupider, als dazustehen und einer Kugel beim Rotieren in einem Rouletterad zuzusehen, und doch steigt die Anspannung in jenem Moment bis ins Unermessliche, was ich aus eigener Anschauung weiß, denn in den darauffolgenden Jahren habe ich noch mehr als einmal gespielt. Glücklicherweise habe ich nie mehr verloren, als ich mir

---

[23] *Berühmter italienischer Regisseur des Neorealismus.*

erlauben konnte. Ich habe keine riesigen Summen verloren oder gewonnen bei einem Spiel, das ausschließlich auf Glück basiert.

Es gibt eine wichtige Regel beim Roulette: Die Bank gewinnt immer 2,5 Prozent von dem, was auf dem Tisch liegt, sie verliert also nie, außer es kommt ein arabischer Scheich, der allein spielen will, weil er bei hundert Einsätzen zwar 95 verliert, aber fünf sicher gewinnt. So »sprengt« er den Tisch, woraufhin das berühmte schwarze Tuch darübergelegt wird, und der Tisch ist geschlossen.

Jahre später lernte ich einen Szenografen kennen, der eine große Schwäche für das Pokerspiel hatte. Leider aber spielte er zu viel und eines Abends verspielte er mehr, als er mit dem Film verdient hatte. Auch ich spiele gerne Poker, aber es gibt einen Punkt, an dem man aufhören muss. Der Szenograf war mir ansonsten sympathisch, und ich wollte ihn dazu bringen, über diese Geldverschwendung nachzudenken. So forderte ich ihn einmal, als er mir noch Geld schuldig war, auf, mir einen Scheck auszustellen. Er musste seine Frau wecken, damit sie ihm das Scheckheft geben konnte; er überreichte mir den Scheck und dort, wo man den Namen des Empfängers einträgt, schrieb ich: »Ich werde es an mich selbst zahlen, denn ich bin ein Dummkopf!«, und ich gab ihm den Zettel zurück. Er lachte betreten und verstand, was ich ihm sagen wollte …

Germi und meine filmischen Anfänge

Im italienischen Film war der heute etwas in Vergessenheit geratene geniale Pietro Germi eine Ausnahmeerscheinung. Ein respekteinflößender Mann, zurückhaltend, widerspenstig, wenig kompromissbereit, streng und gleichzeitig sanftmütig. Er schuf großartige Filme wie *Das rote Signal*, *Die Versuchung*, *Unter glatter Haut* und jenen Film, der meiner Meinung nach der Wegbereiter für den italienischen Western war: *Im Namen des Gesetzes*, mit Massimo Girotti in der Rolle des absolut integeren Sheriffs eines kleinen Ortes in Sizilien, der sich mit jungen Mafiosi herumschlagen muss, die wie Cowboys gen Horizont reiten.

Welch große Kraft und welch schmerzliche Menschlichkeit durchdrangen seine Werke und nicht zuletzt den Film *Ein irres Klassentreffen*, den er in seiner Todesstunde in die erfahrenen Hände des großen Mario Monicelli legte. Germi war das völlige Gegenteil des gemeinen Filmschaffenden: Er musste nicht immer in der Öffentlichkeit stehen, war zurückhaltend und rechtschaffen, was erklärt, wieso er so leicht in Vergessenheit geraten konnte. Er war nicht nur ein Mann des Kinos, sondern vor allem ein echter Mann, der ewig unzufrieden zu sein schien, wie viele wahre Künstler: Denn wenn man ein harter Bursche ist, fürchtet man sich nicht davor, seine negativen Seiten zu zeigen, und dafür zahlt man dann auch die Zeche.

Aus der Art und Weise, wie ich von ihm spreche, könnte man folgern, dass ich ihn gut kannte und öfters getroffen habe. Ganz im Gegenteil: Ich begegnete ihm bloß manchmal im Treppenhaus, da er in Rom während meiner Kindheit im selben Haus wohnte wie ich, in der Via Ruggero Fauro.

Ich erinnere mich gern an diesen Germi, vor allem, weil es heutzutage viel zu wenige Menschen gibt, die ihm den verdienten Respekt dafür zollen, dass er wesentlich dazu beigetragen hat, den italienischen Film in der Welt bekannt zu machen.

*

Ich glaube, das erste Filmset, auf das je ich einen Fuß setzte, war das der Komödie *Das große Ferienabenteuer* von Dino Risi.

Ich spielte in diesem Film nicht mit, hatte aber mehrere Freunde am Set. In der Hauptrolle agierte Marc Lawrence, ein italoamerikanischer Charakterdarsteller mit einem harten Gesicht, unbarmherzigen Augen und pockennarbiger Haut, der sich mit vielen Gangster- und Cowboy-Filmen einen Namen gemacht hatte. Aber der Einzige, an den ich mich von diesem Set so richtig erinnere, war ein junger deutsch-italienischer Schauspieler mit blonden Haaren und blauen Augen mit dem Namen Mario Girotti. Ich sollte ihm beim Dreh von *Hannibal* erneut begegnen, einem Historienfilm von 1960 mit dem ergrauten und ebenfalls italienischstämmigen Schauspieler Victor Mature in der Hauptrolle, der vor allem durch mehrere monumentale Kostümfilme Berühmtheit erlangt hatte.

Mario Girotti kann sich an mich auch schon aus der Zeit erinnern, in der wir beide Mitglieder im selben Schwimmclub in Rom waren. Allerdings ist er zehn Jahre jünger als ich, und ich war damals schon ein Schwimm-Champion. Alles in allem kreuzten sich die Wege von mir und jenem Blondschopf also schon recht früh und mehrfach, aber wenn uns beim Dreh von *Hannibal* jemand gesagt hätte, dass wir zwanzig Jahre später als Duo unseren Durchbruch haben sollten, hätten wir uns ernsthaft Sorgen um dessen geistige Gesundheit gemacht.

Vor *Hannibal* bekam ich noch eine Mini-Rolle in einem großen amerikanischen Film, der wie so viele in der »Hollywood am Tiber«-Ära im berühmten Filmstudio-Komplex Cinecittà gedreht wurde: In dem Streifen *In einem anderen Land* nach dem Roman von Hemingway spielte der damals größte Frauenschwarm Rock Hudson; ich verkörperte einen jungen Carabiniere.

Das »Mädchen für alles« beim Film

Am Set des Films *Torpedomänner greifen an* im Jahre 1954, bei dem ich während meines Militärdienstes bei der Marine mitwirkte, erlebte ich einige Nervenzusammenbrüche des Regisseurs Leonviola während der Dreharbeiten. Eines Tages trug er große grüne Handschuhe und sagte: »Wir sind alle pleite!«[24] Oder ich erinnere mich, wie er einmal, als noch keine Filmrolle in die Kamera eingelegt worden war, rief: »Wir drehen trotzdem!« Die Besetzung war erstklassig: Raf Vallone, Ettore Manni, Enrico Maria Salerno, Franco Fabrizi, Emilio Cigoli (die italienische Synchronstimme von John Wayne), der französische Star Christian Marquand und andere. Diese erstklassigen Schauspieler bei der Arbeit zu sehen war wunderbar, vor allem für einen derart Branchenfremden wie mich.

Einige Jahre zuvor habe ich in dem Film *Quo vadis?* mitgespielt, um mir, wie schon erwähnt, das Studium zu finanzieren; außerdem tummelte sich halb Rom an diesem Set in Cinecittà. Es war eine schreckliche Erfahrung! August 1950, vierzig Grad, im Triclinium von Nero; ich in Prätorianer-Rüstung, gemeinsam mit weiteren Wachen des Nero, verkörpert von Peter Ustinov; neben uns zig Frauen in knappen, luftigen Kleidern, die uns verulkten: »Hey, ihr Prätorianer, es ist ganz schön warm, was?«

Wir hatten die Rüstung seit dem frühen Morgen an, wir zerflossen schier vor Schweiß und Müdigkeit, und außerdem musste ich die wiederholten Avancen eines Regieassistenten ertragen, der mir in Aussicht stellte, mich in Amerika zum Star zu machen, falls ich »lieb« zu ihm wäre.

---

[24] *Im Italienischen ist »Wir sind alle grün!« gleichbedeutend mit »Wir sind alle pleite!«.*

Nach dem zigsten Annäherungsversuch schmiss ich, wutentbrannt vor Hitze und Erschöpfung, die Rüstung und die Sandalen in die Ecke und verließ das Set unter dem hysterischen Geschrei des liebestollen Assistenten.

Diese Art von Annäherungsversuchen habe ich noch öfters in meinem Leben erlebt. Für mich ist eine homosexuelle Person jemand, der ohne jede Frage genauso ein wertvoller Mensch ist wie ich selbst. Aber Unsicherheiten bezüglich meiner sexuellen Orientierung hatte ich nie. Meine heterosexuelle Neigung war mir schon seit meiner Kindheit in Neapel klar, als ich die Plakate von Lucy D'Albert sah. Das war eine neapolitanische Soubrette aus dem Varieté, die im Kino-Theater Santa Lucia auftrat, und ihr Anblick entfachte in mir ein merkwürdiges und anregendes Gefühl, das ich erst später ganz und gar verstehen sollte.

Aber kehren wir zum »Hollywood am Tiber« zurück; *Barabbas* war ein anderes großes historisch-biblisches Werk, in das ich involviert war, diesmal aber nur als Produktionsassistent. Dass er mich in seine Truppe aufnahm, war eine Nettigkeit, die De Laurentiis meinem Schwiegervater erwies, aber in diesem Arbeitsumfeld kam ich mir nicht weniger fremd vor als in jenem des Schauspielers.

Anthony Quinn spielte den berüchtigten Banditen aus der Zeit von Christus, war aber selbst viel dreister als die Person, die er verkörperte: Wenn er aus seinem Wohnwagen ausstieg, wollte er einen Blumengarten sehen und beschwerte sich immer wieder bei mir. Ich ging genervt zum Filmproduzenten, um das Anliegen vorzubringen. Aber die Wünsche dieses Schauspielers waren so penetrant und uferlos, dass ich eines Morgens De Laurentiis eine sehr persönliche Methode vorschlug, um dieses Problem zu lösen: »Dotto', dieser Typ geht mir echt auf den Sack. Was soll ich machen? Ihn verprügeln?« Der duldsame Produzent besänftigte mich aber, und am Ende pflanzten wir vor den Wohnwagen von Anthony Quinn einen Garten.

Auf der Grundlage dieser gewaltigen Filme entstanden später die italienischen Antikfilme, auch »Sandalenfilme« oder »Peplum« genannt, Letzteres nach den kurzen Röcken, die in der Antike getragen wurden. Der Hauptstar war der fantastische Steve Reeves alias »Mister Universum«: eine Bestie von Mann, groß und muskulös, aber mit einem fein gezeichneten Gesicht und blauen Augen. Reeves hatte im Anschluss an seine Bodybuilding-Karriere mit kleineren Rollen im amerikanischen Kino angefangen, als Pietro Francisci ihn direkt für *Die unglaublichen Abenteuer des Herkules* auswählte, einen kleinen, aber spektakulären Abenteuerfilm von 1958, der ein internationaler Erfolg wurde. Das Resultat: Im italienischen Film tummelten sich bald unzählige Bodybuilder, die Maciste [25], Herkules, Samson und Konsorten spielten. Bizeps stand damals also hoch im Kurs und so kam es, dass ich beinahe die Chance gehabt hätte, einen Film mit Steve Reeves zu machen. Dieser musterte mich jedoch und binnen weniger als einer Sekunde entschied er, dass er mich nicht in seiner Nähe haben wollte. Diese Entscheidung verwunderte mich nicht: Ich war viel zu stattlich gebaut. Der Film lebt immer vom Kontrast: Wenn einer kräftig ist, braucht man daneben jemanden, der schmächtig ist. Ich wäre eine Art Double von Reeves gewesen, war allerdings für diese Art von Rolle nicht vorsichtig genug. Ich war dieses »So-tun-als-ob« überhaupt nicht gewöhnt und hätte vermutlich echte Ohrfeigen à la Bud Spencer ausgeteilt. Und der Amerikaner hatte den Ruf, sehr empfindlich zu sein, weswegen alle riskanten Szenen

---

[25] *Ein »Maciste« ist eine vom italienischen Dichter Gabriele D'Annunzio (1863–1938) erfundene und bekannte Sagengestalt, die Herkules ähnelt, aber nicht identisch mit ihm ist.*

von seinem Double gedreht wurden, dem kühnen Ken Wood (Giovanni Cianfriglia). Wenn ein Darsteller sich das Handgelenk oder dergleichen bricht, bedeutet das wochenlang unterbrochene Dreharbeiten und damit verlorenes Geld. Und so kam es, dass ich kein italienischer Maciste wurde.

*

In *Ein Held unserer Tage* von 1955 mit Alberto Sordi sollte ich eigentlich nur einen gewöhnlichen Komparsen-Auftritt haben, doch als der Regisseur Mario Monicelli sah, wie groß und kräftig ich war, bekam ich die Rolle des Verlobten der blutjungen Giovanna Ralli. Ich spielte einen ungestümen jungen Mann, der den unvergesslichen Albertone verprügeln will – der zu jener Zeit schon berühmt, aber noch nicht sakrosankt war –, da dieser in seiner Filmrolle das wehrhafte und freche Mädchen angebaggert hatte. Um ehrlich zu sein, erinnere ich mich nicht mehr daran, wie lange ich am Set gearbeitet habe, vielleicht einen oder zwei Tage, auch an die Entlohnung erinnere ich mich nicht mehr, aber sie kam meinen Finanzen für das Universitätsstudium zugute.

Es wäre gelogen, wenn ich behaupten würde, dass ich damals unter den Lichtern der Scheinwerfer eine »Erleuchtung« gehabt hätte. Für mich blieb das Set weiterhin ein seltsamer, fremder und langweiliger Ort sowie bloß ein Gelegenheitsjob. Mir gelang es nicht, die Magie dieser »siebten Kunst« zu verspüren: Es gibt Menschen, die als Schauspieler geboren werden, die also einfach diese Berufung haben und eine Mission, die sie erfüllen wollen. Ich nicht. Der Film war für mich etwas, was von meinem eigentlichen Leben ganz weit weg war, auch wenn ich anderseits gern echte Schauspieler sah, wie in *Il cocco di mamma*, einer Komödie von 1957, in der Maurizio Arena, Raffaele Pisu,

Mimmo Carotenuto und der große Virgilio Riento spielten und auch ich eine kleine Rolle hatte. Dieser »Zauber« des Films ergriff mich jedoch nie. Für mich war alles nur eine Gelegenheit, um ein bisschen Geld dazuzuverdienen.

Ein paar Jahre und viele Kilos später sollte die Filmwelt jedoch die zweite »Unbekannte« sein, auf die ich mich in meinem Leben einließ und der ich die Treue hielt. Neben meiner Frau.

7. KAPITEL

»BUD SPENCER« WIRD GEBOREN

»Die Kunst des Schauspielers besteht darin
zu verhindern, dass das Publikum gähnt.«

LAURENCE OLIVIER

»Beim Film kann auch ein Affe reüssieren:
Man muss eine Szene bloß so oft wiederholen,
bis sie im Kasten ist.«

BUD SPENCER

Ein wenig Geschichte in Western-Farben

In Italien war das »Wirtschaftswunder« ausgebrochen, mit fliegenden Wechseln und einer Kleinwagen-Schwemme, und auch im Kino geschahen unerwartete Wunder: Nach leisen Anfängen wuchs der »apokryphe« Western *Für eine Handvoll Dollar* zu einem nationalen Phänomen heran und verbreitete sich rasend schnell in den wichtigsten italienischen Städten. Am Ende der Spielzeit hatte dieser Film (der gerade einmal neunzig Millionen Lire gekostet hatte) mehr als drei Milliarden Lire eingespielt, was heute etwa achtzig Millionen Euro entspricht. Ich bezeichne ihn als einen »apokryphen« Western, weil sein überwältigender und unerwarteter Erfolg ans Licht brachte, dass das einzig Amerikanische an diesem Film eine Bohnenstange mit eisblauen Augen war, ein gewisser Clint Eastwood. Er war ein obskurer Charakterdarsteller des amerikanischen Fernsehens, der nun über Nacht große Berühmtheit erlangt hatte, genauso wie der Regisseur dieser italienisch-deutsch-spanischen Co-Produktion, Mr Bob Robertson: besser bekannt als Sergio Leone.

Das war eine unglaubliche Genugtuung für das italienische Imitationskino, das sich jetzt ebenfalls als »Innovationskino« erwies: *Für eine Handvoll Dollar* hatte sich nicht nur von den Stars-and-Stripes-Cowboys inspirieren lassen, sondern auch von *Yojimbo – Der Leibwächter* des Meisters Akira Kurosawa.

Leones Genialität machte aus dieser »Hit and Run«-Handlung ein noch nie dagewesenes Phänomen, unterstützt von der kongenialen Filmmusik von Don Savio alias Ennio Morricone. Ein fast Comic-artiger Sadismus, Dialoge, die aus flotten Sprüchen bestanden (»Wenn sich zwei Männer duellieren und der eine hat einen Colt, der andere ein Gewehr, dann ist der mit dem Colt ein toter Mann.«), nicht gerade wenig Ironie und die

Einführung des finalen Duells, das sich auf den Todeskampf ausdehnte – dies waren die wichtigsten Bestandteile eines historischen Erfolges.

Von 1964 bis in die frühen Siebzigerjahre sollte das italienische Kino etwa 440 Cowboy-Filme produzieren, von denen viele in der ganzen Welt gezeigt wurden. Die großen Produzenten drehten nun kommerzielle Western, um die Gewinne in anspruchsvollere Filme zu investieren. Die Regisseure versuchten sich an diesem neuen Abenteuer. Es tauchten junge Schauspieler auf der Bildfläche auf, wie zum Beispiel Montgomery Wood (Giuliano Gemma), Franco Nero, Gian Maria Volonté, Tomás Milián und andere, die damit beschäftigt waren, auf den Prärien in Lazium und den Abruzzen oder auch in den Bergen bei Madrid herumzureiten und herumzuballern und einen Film nach dem anderen zu drehen.

Die Kritiker rümpften die Nasen. Heute jedoch, über vierzig Jahre später, sind weltweit Bücher erschienen, die den »Western all'Italiana« korrekt als großes Phänomen einordnen. Und, das will ich offen zugeben, sie tun das weit besser, als ich das an dieser Stelle könnte.

Es war aber nötig, hier diesen Rahmen kurz abzustecken, denn eben durch die Eroberung des Wilden Westens von Rom aus sollte später Bud Spencer geboren werden …

Das Angebot

Doch was machte Carlo Pedersoli in dieser »Pistolen und Sporen«-Ära? Er wurde dick und rund! Eines Morgens im Jahre 1967 rief der Regisseur Giuseppe Colizzi bei meiner Frau an: »Sieht dein Mann immer noch so aus wie damals bei den Olympischen Spielen?«, fragte er. Sie sagte, ich würde immer noch so viel essen, aber nicht mehr trainieren, und er war beeindruckt.

Colizzi bereitete gerade einen der zahlreichen Western vor, die damals zwischen Italien und Spanien am laufenden Band gedreht wurden. Er brauchte jemanden mit einer Physiognomie, wie ich sie hatte, und ich brauchte Geld. Also ging ich zum Casting, dessen Verlauf ich im Folgenden wortgetreu wiedergebe:

»Sprichst du englisch?«
»Nein!«
»Hattest du schon einmal einen Bart?«
»Nein. Ich rasiere mich jeden Morgen.«
»Kannst du reiten?«
»Nein! Die einzigen Pferde, die ich je gesehen habe, waren die auf der Pferderennbahn.«
»Was willst du verdienen?«
»Was müsste ich denn dafür tun?«

Colizzi war ein gewissenhafter Filmemacher sowie ein kultivierter Mensch und erläuterte mir, dass der Film *Der Hund, die Katze und der Fuchs* heißen sollte. Die Ähnlichkeit zu *The Good, the Bad and the Ugly*[26] war natürlich kein Zufall. Der »Fuchs« war Frank Wolff, ein großer amerikanischer Charakterdarsteller mit österreichischen Wurzeln und einer wunderbaren, tiefen Stimme. Er war ein klassischer »Method Actor«, der mit seiner Rolle litt, ganz gleich ob es für einen bedeutsamen Film – wie *Wer erschoss Salvatore G.* von Francesco Rosi, in dem er den Pisciotta[27] sehr glaubhaft verkörpert hatte – oder einen Genre-Streifen war.

---

[26] *Deutscher Titel:* ***Zwei glorreiche Halunken.***

[27] *Gaspare Pisciotta (1924–54) war der Gefährte und spätere Verräter des berühmten sizilianischen Banditen Salvatore Giuliano (1922–50).*

Die »Katze« war Terence Hill, ein junger Schauspieler, der in seinem Lebenslauf bereits einige wichtige Stationen vorweisen konnte (er war unter anderem in *Der Leopard* von Visconti aufgetreten). Ich war ihm Jahre zuvor, als er noch unter seinem Echtnamen Mario Girotti gearbeitet hatte, auf dem Set von *Das große Ferienabenteuer* begegnet, obwohl ich ihn nicht wiedererkannte.

Ursprünglich sollte an Stelle von Terence der Bozener Schauspieler »Peter Martell« (Pietro Martellanza, leider vor Kurzem verstorben) spielen, der sich jedoch gleich nach seiner Ankunft am Drehort in Madrid einen Fuß gebrochen hatte, als er bei einem Streit mit seiner Frau die Möbel in seinem Zimmer kurz und klein trat. Terence hatte bereits in *Django und die Bande der Gehängten*, der Fortsetzung von *Django*, als Western-Schauspieler vor der Kamera gestanden. Vielleicht hatte das Schicksal schneller als wir verstanden, dass wir ein tolles Duo sein würden, und führte uns so zueinander.

Ich, ein »bekannter Unbekannter« im Kino, aber mit einer bedrohlichen Statur und einem nicht sehr klugen Gesichtsausdruck, der perfekt zu der von Colizzi entworfenen Rolle passte, sollte den »Hund« spielen.

»Wie lange muss ich arbeiten?«
»Zwei Monate.«
»Wie viel zahlt ihr mir?«
»Wenig.«
»Nun gut, ich muss einen Wechsel über zwei Millionen Lire auszahlen, der nächsten Juni fällig wird. Und einen weiteren muss ich im Juli zahlen. Wenn ihr mir vier Millionen gebt, bin ich dabei.«
»Das geht nicht: Ich habe nur 700.000 Lire.«
»Auf Wiedersehen!«

Einige Wochen später rief mich der Regisseur erneut an. Er hatte niemanden mit meiner Statur gefunden und sagte mir die geforderte Summe von vier Millionen Lire zu.

»Meinetwegen«, sagte ich ohne jede Begeisterung, »also mache ich eben diesen Film und kann damit zwei Wechsel abhaken, und danach finde ich irgendeinen anderen Job.«

So kam es, dass wir nach Almería aufbrachen, wo wir unter einfachsten Bedingungen arbeiteten – am Abend warteten wir auf die Pferde, die noch müde von anderen Western-Filmen waren. Auch diesmal erlebte ich keine wundersame »Erleuchtung«: Ich tat einfach alles, was mir der Regisseur sagte, wobei mir zugutekam, dass man in der Rolle eines Cowboys ohne viele Worte auskommt. Der Wortschatz eines Helden im Wilden Westen wird durch sein simples und einsames Leben bestimmt. Wie viele Vokabeln sollte ein Pistolenheld können? Zum Überleben reichten ihm zwanzig oder vielleicht 25 – mehr oder weniger so viele, wie ich auf Englisch beherrschte.

Wie ich auf den Namen »Bud Spencer« kam

Ein paar Monate später, im Oktober 1967, wurde der Film erstmals und ohne viel Aufsehen in einem Kino in Bologna namens Colosseo gezeigt, und zwar von einem unabhängigen regionalen Verleih. Es gab keine Werbekampagne und der Film wurde ausschließlich in Kinosälen am Stadtrand gezeigt.

Doch dann passierte etwas Unerwartetes. Trotz dieser bescheidenen Anfänge wuchs der Erfolg des Filmes mit dem phänomenalsten, wirksamsten und günstigsten Werbemechanismus, den es gibt: der Mundpropaganda. Die Zuschauer der ersten Filmvorführungen erzählten ihren Freunden und Verwandten davon. Die Leute kamen aus anderen Städten angereist, um den Film zu sehen, und nach einem weiteren Monat sagenhaften Erfolges wurde der Film landesweit gezeigt. Dann weltweit, mit Verkäufen nach Japan und in die USA, so wie es auch wenige Jahre zuvor dem »Stammvater« Sergio Leone ergangen war.

Der Erfolg unseres Films war derart gigantisch, dass sein Titel im Italienischen zu einem geflügelten Wort wurde, das noch heute Teil des Sprachgebrauchs ist: *Gott vergibt ... Ich nicht!*[28]

Der Titel war dank eines Satzes, der während einer hitzigen Diskussion über kinoferne Themen fiel, noch geändert worden. Ich weiß nicht mehr, ob es Colizzis Fahrer oder er selbst war, der die Warnung aussprach: »Gott vergibt, ich aber nicht!«

Häufig hängt der Erfolg eines Films auch vom Titel ab, wobei die Titel vieler Erfolgsfilme oft nichts mehr mit den ursprünglichen Namen zu tun haben: *Diebe haben's schwer* sollte eigentlich *Le Madame* heißen; *Das Wunder von Mailand* startete als *Der gute Totò*; und das Drehbuch des schon erwähnten Streifens *Für eine Handvoll Dollar* hieß ursprünglich *Der wundersame Fremde*. Beispiele gäbe es noch und nöcher, darum will ich hier mit der Auflistung aufhören, aber betonen, dass ein treffender Titel ein wahres Geschenk des Himmels ist. Ich selbst habe, wann immer ich konnte, mir einen Spaß daraus gemacht, selbst einen

---

[28] *In der deutschen Fassung wurden die Personen umbenannt, um an den Erfolg von Sergio Corbuccis* ***Django*** *(1966) anzuknüpfen. Daher lautet der deutsche Titel:* ***Gott vergibt ... Django nie!.***

Titel für meine Filme zu finden (*Banana Joe, Vier Fäuste gegen Rio*[29]; *Der Große mit seinem außerirdischen Kleinen*[30]).

Der treffende Titel allein ist jedoch keine ausreichende Erklärung für die über zwei Milliarden Lire, die *Gott vergibt ...* einspielte, ganz abgesehen von den später folgenden Wiederaufführungen. Colizzis Regie funktionierte – er hatte mit Leone gearbeitet und legte wie dieser sehr viel Wert auf gute Kameraeinstellungen. Er setzte die Musik geschickt ein, und sein Drehbuch war gut geschrieben. Colizzi hatte als Vorbereitung viele Bücher über den Wilden Westen gewälzt.

»Bud Spencer« wurde mit diesem Film geboren: Es war damals unter den Schauspielern üblich, einen amerikanischen Namen zu wählen, um die Western leichter exportieren zu können, und angesichts meines Körperbaus kam ich fast automatisch auf den Namen »Bud«, was im Englischen »Knospe« bedeutet. Dagegen war »Spencer« eine Hommage an meinen Lieblingsschauspieler Spencer Tracy. Nie hätte ich mir erträumt, dass dieser Name eine derartige Beliebtheit erlangen würde. Die Öffentlichkeit vergaß sogar, dass ich der ehemalige Schwimm-Champion Carlo Pedersoli bin, wobei der, nebenbei bemerkt, keinerlei physische Ähnlichkeit mit Bud Spencer mehr aufwies.

Für mich war damals das Drehen jenes Films, wie gesagt, nur eine einmalige Sache, um an etwas Geld zu kommen. So rasierte ich mir meinen Bart, den ich mir auf Anweisung des Regisseurs hatte wachsen lassen müssen, gleich nach Ende der Dreharbei-

---

[29] *Der Originaltitel* ***Non c'è due senza quattro*** *ist eine etwas absurde Abwandlung des italienischen Sprichworts »Es gibt nicht zwei ohne drei« (Bedeutung etwa: Wenn etwas zweimal passiert, dann passiert es sicher auch ein drittes Mal) in »Es gibt nicht zwei ohne vier«. Bud Spencer und Terence Hill spielten Doppelrollen in diesem Film.*

[30] *Den italienischen Original-Filmtitel* ***Uno sceriffo extraterrestre ... poco extra e molto terrestre*** *könnte man in etwa so übersetzen: »Ein außerirdischer Sheriff – wenig außer und sehr irdisch«.*

ten wieder ab. Dieser Film, der in jenem Jahr der erfolgreichste in Italien überhaupt war, rettete übrigens auch meine Ehe, die durch meine Dickköpfigkeit in Schieflage geraten war, weil ich es strikt ablehnte, von meiner Frau finanziell unterstützt zu werden. Ich wollte weder von Verwandten noch von Freunden Geld annehmen.

Die Exzesse, die ich manchmal um mich herum wahrnahm, machten mich sprachlos. Ich erinnere mich an einen befreundeten Millionär, auch er aus Neapel stammend, der mir sagte: »Carlo, ich habe in der *Esquair* (er meinte wohl den *Esquire*) eine schöne Krawatte gesehen, die mir sehr gefällt. Begleite mich doch nach New York, damit ich sie kaufe.«

»Entschuldige mal«, antwortete ich, »warum rufst du nicht an und lässt sie dir schicken?«

»Aber nein«, antwortete der Freund entrüstet, »ich will sie persönlich sehen.«

Mit demselben exzentrischen Herrn gingen wir ein anderes Mal zu dem berühmten Klavierhändler Ciampi: Er wollte einen Konzertflügel erwerben, einen Steinway, um genau zu sein. Klassisch schwarz war aber gar nicht nach seinem Geschmack – er wollte ihn in Weiß. Aber er konnte sich solche Marotten leisten, da er 1.200.000 Lire pro Tag einnahm, während seine Sekretärin im Monat 18.000 Lire verdiente.

Colizzi und seine Filme

Giuseppe Colizzi war ein tüchtiger Mensch und obwohl er ein gebildeter Mann, Erfolgs-Regisseur und Autor mehrerer Bücher war, die in ganz Italien erschienen, geriet er in Vergessenheit. Er starb mit gerade einmal fünfzig Jahren wegen einer Lungenerkrankung, an der er schon immer gelitten hatte. Für mich war er ohne jeden Zweifel einer der besten italienischen Regisseure, der einen ganz eigenen Stil hatte, auch wenn er kommerzielles Kino gemacht hat und keine Autorenfilme. Trotzdem möchte ich anmerken, dass er viel Erfahrung im Autorenfilm gesammelt hatte, da er als Produktionsleiter in Filmen wie *Nachtschatten* von Antonio Pietrangeli und *Die Schwindler* von Federico Fellini gearbeitet hatte.

Regisseure wie Olmi, Visconti oder Fellini waren Genies mit bestimmten Eigentümlichkeiten, die sie uns unvergesslich gemacht haben. Ihre Filme spiegeln ihre Sicht der Welt wider. Colizzi war genial im Produzieren von Kassenschlagern mit eigenem wiedererkennbaren Stil, der den amerikanischen Vermarktern sehr gefiel. So wie Sergio Leone drehte er diverse Klappen mit verschiedenen Einstellungen und Objektiven; daraus konnte er einen Montage-Film schaffen, was immer das Ass im Ärmel eines Regisseurs ist. Nicht zufällig begannen einige der größten Regisseure beim Schnitt, wie zum Beispiel David Lean: Bevor er seine Meisterwerke *Die Brücke am Kwai* oder *Lawrence von Arabien* schuf, arbeitete er als einer der besten Cutter Englands.

»Peppe« Colizzi war kein Autorenfilmer wie Ermanno Olmi und hatte nie die gigantischen Budgets eines Lean, aber er verstand es, mit einem kleinen Budget wundervolle Filme zu realisieren. Er zog es vor, wenige, aber dafür gute Western zu machen, obwohl er am laufenden Band hätte drehen können, wenn er nur ans Geld gedacht hätte. Deswegen erinnere ich mich an ihn nicht nur als einen »Handwerker«, sondern auch als einen Künstler. Denn wenn man die eigene Persönlichkeit sogar in einen kommerziellen Film einzubringen vermag, dann bedeutet dies, dass dem Ganzen eine Seele innewohnt und es nicht bloß ums Geschäft geht.

Bud Spencer versus Lee Van Cleef

Als ich vom Regisseur Giorgio Stegani für eine Rolle in dem Spaghetti-Western *Die letzte Rechnung zahlst du selbst* engagiert wurde, hatte ich mir, wie gesagt, bereits den Bart abrasiert, da ich dachte, dass der Film mit Colizzi mein letzter Auftritt als Schauspieler sein würde. Da nicht genügend Zeit blieb, um mir wieder einen Bart wachsen zu lassen, und weil mir die Vorstellung eines künstlichen Barts zuwider war, musste es auch ohne gehen. Übrigens war auch die Rolle eine völlig andere: Ich spielte keinen harten Revolverhelden, sondern einen unredlichen Bankier, eine unangenehme und ängstliche Figur.

Der Star des Filmes war Lee Van Cleef, der über ein herrliches Charaktergesicht verfügte und dank des Fortsetzungsfilms *Für ein paar Dollar mehr* des genialen Sergio Leone sein Glück in Italien gefunden hatte.

Infolge eines Autounfalls und seiner Alkoholsucht war die Karriere Van Cleefs schon praktisch am Ende gewesen. Er hatte die Krankenschwester geheiratet, von der er gepflegt worden war und die ihn nun von der Flasche so gut es ging fernhielt. Zum Set von Stegani kam er aber immer zu spät und war bereits angetrunken.

Er genoss seinen unerwarteten Erfolg und war nun genauso kapriziös, wie er es als junger Schauspieler bei den Stars in Hollywood beobachtet hatte. So konnte es nicht weitergehen: Wir anderen kamen schon frühmorgens ans Set, wohingegen er sich erst ab zwei Uhr nachmittags blicken ließ und zwar sturzbetrunken, bis ich ihm mal kräftig die Meinung geigte. Mit entschlossener Miene – wenn auch etwas abgemildert durch mein Makkaroni-Englisch – sagte ich ihm, dass ich alles hinschmeißen würde, wenn er am nächsten Tag nicht wie wir anderen bei Morgengrauen am Set auftauchen würde.

Na gut, in Wahrheit sagte ich ihm, dass ich ihm vor meiner Heimkehr noch einen ordentlichen rechten Haken verpassen würde, und er verstand meinen Gesichtsausdruck noch sehr viel besser als meine Worte. Es war ein instinktiver Wutausbruch, und als Reaktion von Van Cleef hätte ich ein »Fuck you!« erwartet oder aber, aus dem Cast geworfen zu werden. Stattdessen kam Van Cleef am Tag darauf frühmorgens und frisch wie eine Rose am Set an. Einerseits freute es mich, aber andererseits fühlte ich mich angeschmiert: Denn eigentlich hatte ich auf einen Rausschmiss gehofft, denn ich war wie ein Lackaffe angezogen und dazu zeigte ich dieses riesige Gesicht, das ohne Bart in diesem Part ein wenig idiotisch aussah – und das alles in einer Nebenrolle, die mir wenig Geld einbrachte. Kurz und gut, ich fühlte mich ziemlich unwohl in meiner Haut und dachte, dass ich dank einer tätlichen Bedrohung des Hauptdarstellers rausfliegen würde. Aber so sollte es nicht kommen.

Zum Cast des Films gehörten auch der kräftige Antonio Sabato und der außergewöhnliche Charakterdarsteller Lionel Stander, ein Komödiant des Vaudeville[31] und des amerikanischen Kinos, der aus Hollywood verjagt worden war, weil er den Senator McCarthy und dessen Kommunisten-Verfolgungskommission zum Teufel gewünscht hatte. Stander wurde seine politisch linke Überzeugung nicht verziehen. Also war er nach Europa gekommen, wo er einige Filme der verschiedensten Genres drehte, insbesondere Western. Ich sollte ihm später am Set von *Hügel der blutigen Stiefel* erneut begegnen. Obwohl er nicht wie ein Adonis aussah, war er stets von Frauen umringt.

---

[31] *Eine etwa 1860 in den USA entstandene und zeitweilig sehr populäre Form des Unterhaltungstheaters, die aus einer temporeichen Zusammenstellung verschiedenster Nummern besteht und Ähnlichkeiten mit dem Varieté oder Zirkus aufweist.*

Die letzte Rechnung zahlst du selbst war ein Erfolg und brachte über eine Milliarde Lire ein, aber da ich selbst nur kurz am Set war, habe ich keine besonderen Erinnerungen daran. Für mich war es wieder bloß ein kleiner Job, mit dem ich Geld verdienen konnte, bis ich einen ernsthaften Beruf hatte. Jeder Film war für mich mein letzter!

Bud wird wieder mit Terence vereint

Angesichts des sagenhaften Erfolgs von *Gott vergibt … Django nie!* hatte Colizzi etwas geplant, was man heute ein »Sequel« nennen würde: *Vier für ein Ave Maria.* Vielleicht irre ich mich bei der genauen Chronologie, aber ich glaube, das war mein dritter Western und der zweite zusammen mit Terence Hill. Es wäre aber zu viel gesagt, wenn ich behaupten würde, dass wir zu jener Zeit bereits als »Duo« etabliert gewesen wären.

Mit uns spielte der legendäre Eli Wallach. Jeden Morgen um fünf klopfte Wallach an meinen Wohnwagen, um mit mir das Drehbuch und die Dialoge durchzugehen, die wir zusammen hatten. Dabei half er mir bei der Aussprache und besonders bei der Gestik.

»Das ist nett von dir«, sagte ich ihm.

»Das tue ich nicht für dich, sondern für mich. Denn wenn du schlecht schauspielerst, spiele ich auch schlecht. Denke daran, dass ein Amerikaner nicht so läuft, und bewege dich nicht so hektisch, denn auf der Leinwand bist du noch viel größer. Dein Gesicht wird 9 x 8 Meter groß sein! Die Zuschauer werden deine Reaktionen schon an den kleinsten Regungen erkennen.«

Er war ein Profi: einer, der nicht nur an seine eigene Leistung dachte, sondern auch den Rest unter Kontrolle haben wollte.

Diese gütige Seele hatte in mir etwas Gutes erkannt. Er wirkte wie ein übertriebener Darsteller, aber er wusste genau, was er tat, und verfiel nie in eine Karikatur. Er war eben ein echter Schauspieler.

Jahre später sah ich ihn in einem New Yorker Theater in einer Komödie zusammen mit seiner Frau spielen, und das gesamte Theater lag auf dem Boden vor Lachen. Er half mir, indem er mir einige Berufstricks beibrachte. Er hatte auch meinen Kniff bemerkt, mit dem ich meine mageren Englischkenntnisse verdecken wollte – die Western wurden auf Englisch gedreht und später wurden sie für den Auslandsmarkt synchronisiert. Mein Trick war simpel: Ich lernte meinen Part mit Hilfe des Dolmetschers, der uns bei der korrekten Aussprache half, auswendig. Jedoch hat ein Schauspieler, der eine Sprache nicht beherrscht (beziehungsweise der noch nicht mal ein Schauspieler ist, so wie in meinem Fall), folgendes Problem: Entweder konzentriert er sich auf den Text zu Lasten der Handlung oder aber nur auf die Handlung, worunter der Text leidet. Beides gleichzeitig gelang mir jedoch nicht: Ich konnte nicht natürlich wirken, denn ich beherrschte weder die Sprache noch die Technik.

Um diesem nicht gerade kleinen Problem vorzubeugen, konzentrierte ich mich auf den Anfang und das Ende eines Satzes. Den Mittelteil brummte ich irgendwie. Der Schauspieler mir gegenüber verstand den ganzen Satz nicht genau, aber hörte an meinem Satzende, dass er jetzt dran war. Und ich muss sagen, dass das mit den Amerikanern, die oft intelligente Schauspieler sind, immer funktionierte.

Eli hatte meinen Trick bemerkt, aber sprach mich nicht darauf an, da ihm meine Methode zupasskam – denn auch wenn ich nicht wirklich gut war, ruinierte ich zumindest nicht die Szene. Auch daran erkennt man einen wahren Schauspieler:

Er stellt weniger talentierte und erfahrene Kollegen nicht etwa bloß, sondern versucht, sie in einem besseren Licht erscheinen zu lassen.

Der Vierte im Bunde bei *Ave Maria,* der Afroamerikaner Brock Peters, war ein großartiger Theaterschauspieler, der einen herausragenden Part in dem Thriller *Incident … und sie kannten kein Erbarmen* gespielt hatte.

Den Bösen spielte Kevin McCarthy, der besonders durch seinen Auftritt bei *Invasion der Körperfresser* bekannt geworden war.

Es handelte sich also um einen echten Profi-Cast (mich selbst ausgenommen). Im Ergebnis wurde Vier für ein *Ave Maria* zum zweiterfolgreichsten Western des Jahres 1968, der über zwei Milliarden Lire einspielte. Noch erfolgreicher war nur *Spiel mir das Lied vom Tod* des Großmeisters Sergio Leone.

Im Jahr der Studentenproteste und Massenunruhen ging es in den Italowestern oftmals um (mexikanische) Revolutionen, welche die gesellschaftlichen Umbrüche widerspiegelten. Jemand wie Damiano Damiani entschied sich mit *Töte Amigo* für eine Mischung aus Unterhaltung und Anklage, doch vor allem war der Western gleichbedeutend mit dem Abenteuer und – wie Pier Paolo Pasolini es einmal formulierte – er bot fast immer gutes Kino.

Hügel der blutigen Stiefel war der dritte und letzte Western mit Colizzi, der auch hier eine originelle Idee einbaute: den Wanderzirkus. Ein ungewöhnlicher Schauplatz, so wie auch das Casino, wo sich der Showdown des vorherigen Films *Vier für ein Ave Maria* abgespielt hatte. »Boot Hill« (auf Deutsch »Hügel der Stiefel«) war im Wilden Westen eine Bezeichnung für den Friedhof, denn oft starben die Menschen, wenn sie noch in ihren Stiefeln steckten, sprich in einer Schießerei. Unter den Schauspielern waren der beeindruckende Woody Strode, der »schwarze Glatzkopf«, der in verschiedenen Western von John Ford gespielt hatte, und der schon erwähnte Lionel Stander. Und natürlich Terence und ich, in denselben Rollen wie in den ersten beiden Western des Regisseurs, mit verschiedenen gemeinsamen Szenen, aber wir waren immer noch »Gefangene« des ernsten Western-Klischees.

Unterdessen bekam ich nun immer öfter Filmangebote und spielte in zwei weiteren Western mit. Der erste war *Heute ich ... morgen du!,* den Tonino Cervi, der Sohn des großen Gino Cervi, mit einem beeindruckenden Cast, zu dem sogar Tatsuya Nakadai, der Samurai aus den Filmen von Kurosawa, gehörte, drehte. Bei dem zweiten handelte es sich um *Die fünf Gefürchteten* von Don Taylor, in dem auch Peter Graves mitwirkte, der später in der Serie *Mission: Impossible* berühmt wurde.

Dagegen war *Gott mit uns* von Giuliano Montaldo ein Kriegsfilm, der in einem Kriegsgefangenenlager spielte. Hauptdarsteller war der Western-Held Franco Nero, der schon damals ein internationaler Star war. Ich spielte einen gutherzigen Corporal, der für die Verpflegung zuständig ist.

Seltsamerweise kamen all diese Filme, in denen ich keine Hauptrolle spielte, Jahre später erneut auf den Markt, wobei bei dieser Gelegenheit der Name Bud Spencer deutlich hervorgehoben wurde. In Italien wirft man schließlich nichts weg! Das war ein üblicher Trick der Filmverleihe: Wenn ein Film Erfolg hatte oder wenn in der Besetzung jemand war, der später aus anderen Gründen Berühmtheit erlangt hatte, wurde derselbe Film mit einem anderen Titel neu vermarktet. Das geschah zum Beispiel auch bei *Die fünf Gefürchteten,* einem Film, der später als *Mesito* – der Name meiner Rolle – zum zweiten Mal herauskam. Wenn die Filmfigur wichtiger als der Schauspieler wird, versucht man gern, das Publikum zu täuschen, damit man noch mehr Geld machen kann.

Es musste aber erst jemand wie der ehemalige Kameramann Enzo Barboni mit dem Künstlernamen E. B. Clucher, der Erfinder des »komischen Westerns«, kommen, um endgültig das Filmduo Terence Hill & Bud Spencer zu schaffen und sie zu Publikumslieblingen zu machen.

8. KAPITEL

DAS DUO BUD & TERENCE

»Es spielt keine Rolle, ob du nur langsam vorankommst, wichtig ist, dass du nicht stehen bleibst.«

KONFUZIUS

»Wenn alles Wirklichkeit wäre, wäre alles virtuell. Wenn alles virtuell wäre, wäre alles Wirklichkeit.«

BUD SPENCER

Trinity

Die Geschichte des Kinos ist voll von großen Erfolgsfilmen, die anfangs niemand realisieren wollte, und auch *Die rechte und die linke Hand des Teufels* fällt unter diese Kategorie. Ich hatte mit dem heute schon verstorbenen Regisseur Enzo Barboni Bekanntschaft gemacht, als er noch ein Kameramann war, aber so richtig lernten wir uns erst kennen, als wir zusammen den Film *Die rechte und die linke Hand des Teufels* drehten. Er war ein großes Genie und brachte seine römische Herkunft in den schelmischen und sarkastischen Charakter dieses Films mit ein. Anfangs war meine Rolle im Drehbuch gar nicht vorgesehen. Es gab nur »Trinity«, den Vagabunden, der ebenso flink mit seinem Colt zugange war, wie er vor Seife flüchtete. Barboni brachte das Drehbuch ins Büro des Produzenten Italo Zingarelli, eines weiteren »Schwergewichts«, sowohl beim Film als auch bei Tische.

Zingarelli bat mich, es zu lesen, und am Ende schufen wir dann das Brüderpaar: den »müden Joe« (im Original: »Trinità« beziehungsweise »Trinity«) und »den Kleinen« (»Bambino« beziehungsweise »Bambi«).[32] Wir waren »die rechte und die linke Hand des Teufels«. In diesem Moment entstand offiziell das Duo, das zuvor nur aufgrund einer Eingebung von Colizzi in groben Zügen skizziert worden war.

Das Drehbuch war schon von mehreren großen Produzenten abgelehnt worden, denn damals dominierte noch sehr stark das von Leone geschaffene Ambiente voller blutiger Gewalt, weswegen so etwas wie ein komischer Western als absurd abgetan

---

[32] *Im Nachfolgefilm* ***Vier Fäuste für ein Halleluja*** *heißen die Hauptdarsteller in der zweiten deutschen Synchronfassung vom Anfang der Achtzigerjahre »Trinity« und »Bambi«, womit man sich den Original-Namen annäherte; in diesem ersten von zwei Filmen jedoch gibt es nur die Namen »müder Joe« und »der Kleine«.*

wurde. Obwohl sie ernst gemeint waren, hatten die Western von Colizzi bereits etwas Comicartiges und Groteskes an sich, das wir später in »Trinity« weiter ausbauen sollten. Wir ließen bloß die Toten und das Blut weg.

Wenn man sich die Italowestern der frühen Siebzigerjahre anschaut, muss man sich ehrlicherweise eingestehen, dass dieses Genre bereits reichlich ausgeschlachtet worden war. Das Abdriften in die Farce war daher nur noch eine Frage der Zeit. Wenn Filme mit Titeln wie *Sartana - Bete für Deinen Tod* herauskommen, dann bedeutet das - auch wenn die Einnahmen trotzdem gut sind -, dass man am Ende der Fahnenstange angekommen ist. Im Übrigen wurde sogar in den Western von Leone schon gewaltig dick aufgetragen.

Wir betonten also die Farce, das Komische: So hatte ich meinen typischen genervten Gesichtsausdruck, den ich aufsetzte, wenn Terence etwas sagte oder tat, das ich missbilligte, direkt von Oliver Hardy kopiert, der dieses Gesicht machte, wenn Stan Laurel ihn ärgerte. Jedoch standen am Anfang dieses Experiments nicht etwa sorgfältige Ausdrucksstudien und kein bewusstes Revolutionieren einer Formel. Am Anfang standen vielmehr die Wechsel: vier Stück, von denen jeder zehn Millionen Lire wert war. Der Produzent willigte ein, sie mir zu zahlen, und so willigte ich ein, beim Film mitzuspielen.

Aber dieser nüchterne Grund schien wieder eine List des Schicksals zu sein, das nun ein für allemal das Duo zusammenführte: Terence Hill / Mario Girotti, ein wohlorganisierter, professioneller Schauspieler, und Bud Spencer / Carlo Pedersoli, ein naiver Typ mit einer gewissen »Scheiß drauf«-Haltung. Wir hatten keinerlei Rivalitäts- oder Egoprobleme. Ganz im Gegenteil: Wir fühlten uns zusammen so wohl, dass wir uns sogar noch einige Spinnereien und komische Situationen ausdachten, die nicht im Drehbuch vorgesehen waren, angeführt von einem

Barboni in Hochform. Wenn die Macher eines Filmes die Ersten sind, die bei seiner Herstellung Spaß haben und sich gut verstehen, spürt das Publikum diese Harmonie: Genau dann versprüht man von der Leinwand aus eine positive Energie, die weder Drehbücher noch Budgets garantieren können, sondern nur die Freundschaft.

Bambino wird groß

In *Die rechte und die linke Hand des Teufels,* dem ersten der »Trinity«-Filme, entdeckten wir unbewusst die komische Seite der Gestik, die ursprünglich aus dem Komödien-Genre stammt, die wir aber in den Western transportiert und dann weiter ausgebaut haben. Die Kamera fing das Ohrfeigengesicht vom »müden Joe« ein, mit seinen hellen Augen und dem schlauen Lächeln, und als Kontrast erschien dann mein dümmliches und verärgertes Gesicht, und die Leute lachten da schon, weil sie genau wussten, was ich tun würde, noch bevor ich es tat.

Der Mechanismus ist so simpel wie unwiderstehlich: Terence redet, ich grunze genervt; er ist gelenkig, ich gleiche einem Bulldozer; er baut Mist und zieht mich dann mit hinein, was ich überhaupt nicht leiden kann. Ich verabscheue ihn so sehr, dass ich, wenn ich erfahre, dass er in eine Schießerei verwickelt worden ist, mit erwartungsvollem Lächeln nachfrage: »Ist er dabei draufgegangen?«

Der Dicke und der Dünne, der Gewitzte und der Trottel, der Kopf und der Arm, die Liebe und der Hass. Diese Dichotomie, die schon seit der Geburt des Kinos funktioniert, wurde zusätzlich durch die gute Chemie zwischen uns verstärkt. Übrigens spielte die Tatsache, dass ich nur per Zufall Schauspieler geworden war, während Mario diesen Beruf bewusst ausgewählt hatte, überhaupt keine Rolle. Im Sinne der Dichotomie halfen uns auch unsere gegensätzlichen körperlichen Staturen, die am deutlichsten ins Auge stachen, sowie unsere unterschiedlichen Lebensgewohnheiten: Denn während ich fröhlich alles Mögliche futterte (das musste ich gar nicht schauspielern, weil ich genau so auch in Wirklichkeit war), achtete Terence während der gesamten Dreharbeiten sehr genau auf sein Gewicht.

Wenn dann der Film fertig war, kam er mit zu mir nach Hause, ich kochte ihm Spaghetti mit Knoblauch und Tomaten, und er konnte sich endlich entspannen. Seine Mama war Deutsche, weswegen er eine strenge Erziehung genossen hatte. So hatte sie Terence eine große Gewissenhaftigkeit und auch bestimmte menschliche Werte vermittelt, die meinen eigenen ähnlich waren. Während dieser »Spaghetti-Gelage« fand ich dann heraus, dass Mario und Carlo ein ähnliches Erlebnis verband: Wie ich als Junge wie durch ein Wunder dem Bombardement von San Lorenzo entkam, war auch er mit grade sechs Jahren zusammen mit seiner Mutter beim Luftangriff auf Dresden 1945 nur knapp dem Tode entronnen. Ich glaube, ganz egal, wie alt man ist, wenn man aus solchen Katastrophen lebend herauskommt, verspürt man eine noch viel stärkere Liebe zum Leben, die sich in unserem Fall auch in unserer Fröhlichkeit und positiven Lebenseinstellung ausdrückte, die wir als Duo dem Publikum vermittelten. Auch deswegen sind Bud und Terence das einzige Film-Duo, das sich nie gestritten hat.

Zahlreiche Elemente der von Colizzi, Barboni, Fondato und Corbucci umgesetzten und für unseren Erfolg so wichtigen Drehbücher waren von Comics, Stummfilmkomödien und anderen Filmen abgeschaut. Es gibt übrigens kaum Filme, die nicht von anderen angeregt worden wären. Vielleicht waren es nur die großen Stummfilmkomiker, die Neues schufen, anstatt zu kopieren, aber selbst sie orientierten sich an Büchern oder Theaterstücken. Charlie Chaplin war der Autor aller (oder zumindest fast aller) seiner Filme. Stan Laurel und Oliver Hardy – zwei geniale Schauspieler, die in bescheidenen Verhältnissen lebten, während ihr Produzent reich wurde und erst vor wenigen Jahren hundertjährig verstarb – zogen stets an einem Strang. Sie improvisierten ihre Gags oder bereiteten sie haargenau vor, ohne sich aber zu viele Gedanken um die Regie zu machen. Es waren natürlich keine verbalen Gags, sondern sie alle lebten von der Mimik, der Situation und dem richtigen Timing. Hier in Italien könnte ich das großartige Duo Totò und Peppino nennen – mit einem Peppino, der sich manchmal von seiner Rolle als »Sidekick« gefährlich löste und riskierte, dem unvergesslichen Schauspieler Totò die Schau zu stehlen. Sie waren zwei Meister des witzigen Schlagabtauschs und auch der Mimik. Ihnen gelang es schon durch das bloße Zucken mit der Augenbraue, das Publikum zum Lachen zu bringen!

Wir versuchten, im Western das Gleiche zu machen wie Laurel und Hardy, aber mit genau umgekehrten Merkmalen: Terence spielte eine Art Olli, der allerdings gut aussehend, schlank und gewitzt war, während ich einen 130 Kilo schweren Stan mimte, der alles mit den Fäusten wieder in Ordnung brachte – mit Hilfe von Terence, der es stets schaffte, mich »aufzuziehen«, als hätte ich eine Triebfeder in meinem Rücken.

Natürlich wäre alles nur bei einer Idee geblieben, wenn wir nicht diese große Schar von Akrobaten und Doubles an unserer Seite gehabt hätten. Der Erfolg des Filmes, den die US-Amerikaner abwertend als »Bohnen-Western« bezeichneten, wurde nicht zuletzt von der Riesenschlägerei am Ende besiegelt, in der es – statt wie bei Ringo und Django tödliche Kugeln – Ohrfeigen und Schläge hagelte.

Vom Duell zur Schlägerei

Der Italowestern hatte in puncto Qualität den entscheidenden großen Sprung nach vorn gemacht (oder auch zurück, je nach Sichtweise). Ein Duell gab es immer noch, aber dieses wurde so ins Lächerliche gezogen, dass die Leute im Kinosaal lachten und pfiffen. Kein Bösewicht kam dabei ums Leben. Wenn überhaupt, trug er einen Dachschaden davon, weil ihm meine Fäuste beim »Dampfhammer« auf den Kopf krachten. Dies gefiel den Kindern natürlich, während die »ernsten« Western für Kinder nicht geeignet waren, auch wenn sie keiner Altersbeschränkung unterlagen. Die italienischen Familien gingen daher gemeinsam ins Kino, um sich *Die rechte und die linke Hand des Teufels* anzuschauen – es war einfach ein großes Kinovergnügen für Jung und Alt.

Der Erfolg widerlegte all jene, die es abgelehnt hatten, den Film zu produzieren, weil sie aus nachvollziehbaren Gründen überzeugt gewesen waren, dass ein Western ohne Ströme von Blut sich nicht durchsetzen könne. Der Film kam am 15. Dezember 1970 in die Kinosäle, wurde das Weihnachtsvergnügen schlechthin für Groß und Klein und lief auch fast das gesamte Folgejahr hervorragend. Nachdem er bis zur Erschöpfung gezeigt worden war, hatte er mehr als drei Milliarden Lire eingespielt, ohne die Aufführungen in den Kinos der Stadtränder und Vororte mitzurechnen – und das zu einer Zeit, als das Kinoticket für eine Erstaufführung 1.200 Lire kostete. Man darf nicht vergessen, dass damals die Filme nicht wie heute an zwei Wochenenden »verheizt« wurden, während derer sie flächendeckend in Hunderten von Kinos liefen, sondern dass sie viele Monate lang an verschiedenen Orten im Umlauf blieben. Den Snobs und den Filmkritikern schmeckte dieser Erfolg natürlich überhaupt nicht, weswegen sie den Streifen als Zufallstreffer und schlechten Scherz abtaten, der von Fortuna geküsst worden war. Doch mit dieser Einschätzung täuschten sie sich gewaltig!

Trinity und Bambi – der müde Joe und der Kleine

Nichts von dem enormen Erfolg ahnend, den *Die rechte und die linke Hand des Teufels* haben würde, spielte ich nach Abschluss der Dreharbeiten bei anderen Filmen mit, die mit dem Western-Genre nicht das Geringste zu tun hatten. Ich hatte ja nichts zu verlieren.

In *Freibeuter der Meere*, in dem Terence der Hauptdarsteller war, wurde ich von Regisseur Vincent Thomas (Pseudonym von Vincenzo Gicca Palli) widerwillig gerade so geduldet. Ich konnte ihn verstehen: Ich war kein Schauspieler, sondern eine »Maske«, eine bloße körperliche Präsenz. Der Streifen war von eher durchschnittlicher Qualität, und wie viele andere Filme wurde auch er ein paar Jahre später nochmals herausgebracht, um die Bekanntheit des komischen Duos (das hier aber überhaupt nicht komisch war) auszunutzen.

Doch dann wiederholte sich das Wunder vom müden Joe und seinem Bruder, dem Kleinen! *Vier Fäuste für ein Halleluja* kam 1971 raus und spielte doppelt so viel ein wie der erste Teil. Mit Einnahmen von über sechs Milliarden Lire an den Kinokassen machte er Barboni zum »König des Spaghetti-Westerns«, der damit Leone entthronte. Der Name von Terence Hill erschien zum ersten Mal über dem Titel, meiner stand darunter. Aber das war so für mich völlig in Ordnung.

Der zweite »Trinity«-Film übertraf noch die Zahl der grotesken und akrobatischen Elemente des ersten: In einer Schlägerei von einer Minute steckte manchmal eine ganze Woche Arbeit, bei acht oder neun Stunden pro Tag am Filmset. Für die finale Schlägerei im Kloster dachten wir uns zusammen mit unserem »Kampfszenen-Trainer« Giorgio Ubaldi eine Art Rugby-Einlage aus, in der Terence und ich uns die Beute zuspielten und in Mönchskutten gekleidet zwischen Dutzenden von Gegnern hindurchliefen und dabei links und rechts Ohrfeigen verteilten. Jeden Tag überlegten wir mit unserem Kampf-Trainer, wie man die Szenen noch lebendiger gestalten könnte.

Nur zwei Stuntmen waren in der Lage, einen Salto rückwärts aus dem Stand zu machen und dann zu Boden zu fallen: Clemente Ukmar und Alberto Dell'Acqua, der in der Szene auch als »Ridolini« bekannt war. Sie waren einfach fantastisch! Mit Alberto erfanden wir den kräftigen Faustschlag von oben, der das bemitleidenswerte Opfer sich einmal um sich selbst drehen lässt. Terence hatte seine eigenen akrobatischen Stuntmen für seine Szenen, die sportlicher und eleganter waren.

Jedes Mal, wenn wir einen neuen Film drehten, wussten die Stuntmen gleich, dass es für sie sehr viel Arbeit und sehr viel Geld geben würde. Das führte sogar dazu, dass ich eines Tages an einem Filmset … eine Morddrohung bekam, als ich dem Wucher einen Riegel vorschieben wollte! Da Terence und ich immer ganz bestimmte Akrobaten brauchten, und zwar jene, dic als einzige in der Lage waren, sich in den Actionszenen genau mit uns zu koordinieren, hatte sich eine Art »Clan« gebildet, der es sich leisten konnte, Summen zu verlangen, die zwei oder drei Mal so hoch wie die von anderen Akrobaten waren. Dies schien auf eine Erpressung der Produzenten hinauszulaufen. So versammelte ich eines Tages die Mitglieder der »Sekte der gebrochenen Knochen« und sagte ihnen unverblümt, dass sie ihre Preise senken müssten; andernfalls würde unser Arbeitsverhältnis zu Ende gehen. Das Ergebnis: Ich bekam einen »anonymen« Brief (so lautete die Überschrift), in dem ich bedroht wurde, falls ich weiter den Forderungen der Akrobaten im Wege stehen sollte. Aber in dem Brief gab es ein Detail, das einfach zu komisch war, als dass ich mich ernsthaft hätte ärgern können. Am Morgen darauf wedelte ich vor versammelter Mannschaft am Filmset mit dem Brief herum und fragte laut: »Entschuldigung, aber wie kann man bloß einen anonymen Brief verfassen und ihn dann unterschreiben?« Ich schwöre, es ist wirklich wahr: Sie hatten zwar »Anonymer Brief« geschrieben, doch am Ende hatte ihn jeder eifrig unterschrieben. Diese Großmäuler kamen sich wohl irre raffiniert vor! Ich zerriss den Brief vor den Augen aller und unter lautem Gelächter schlossen wir wieder Frieden. Der Brief war ein solcher Gag, dass er es verdient hätte, in einem Film von uns verarbeitet zu werden – ein Beispiel, wo die Wirklichkeit das Kino nicht nur imitiert, sondern sogar übertrifft.

Zwei Himmelhunde heben ab

Von Fortuna derart geküsst zu werden brachte sowohl die Zuneigung der Leute, die einen auf der Straße anhalten, als auch wirtschaftliche Sicherheit mit sich. Ob man dem einen oder dem anderen mehr Wert beimisst, hängt vom eigenen Charakter ab: Für Mario Girotti und mich waren das Lachen der Kinder und die Tatsache, dass ihre Eltern unbesorgt mit ihnen ins Kino gehen konnten, da sie wussten, dass es in unseren Filmen kein Blut, keinen Sex und nichts Vulgäres geben würde, nicht etwa eine nette Nebensächlichkeit, sondern ein zentraler Wert, auf den wir unsere Arbeitsphilosophie gründeten.

Als uns Colizzi, der uns als Duo entdeckt hatte, Rollen in seinem neuen Film anbot, bei dem er gleichzeitig Produzent war, sagten wir freudig zu, auch wenn er zu der Zeit in großen finanziellen Schwierigkeiten steckte und uns deshalb nicht viel Geld anbieten konnte. Wir schuldeten ihm einfach zu viel auf beruflicher und menschlicher Ebene, als dass wir ihn hätten im Stich lassen können. Das Geld kommt und geht, aber Zuneigung und Respekt sind schwierig zurückzugewinnen, wenn man sie einmal verspielt hat.

Zwei Himmelhunde auf dem Weg zur Hölle spielte im Jahr 1974 fünf Milliarden Lire ein. Das Lächeln von Giuseppe und seine Erleichterung, dass er finanziell wieder auf sicheren Beinen stand, zeigte uns, dass ein gutes Verhältnis so etwas wie ein Barscheck sein kann, der sich dir immer wieder neu auszahlt, und zwar mit etwas, das du ein Leben lang in deinem Herzen trägst.

Leider ist Giuseppe sehr früh von uns gegangen, im Jahr 1978. Es war mir immer ein Trost und eine wichtige Erinnerung, sein Freund und Weggefährte gewesen zu sein, und ich bin mir absolut sicher, dass dies auch für Terence gilt.

Hinzu kam noch, dass mich *Zwei Himmelhunde auf dem Weg zur Hölle* zurück in das wunderschöne und gefährliche Amazonas-Gebiet brachte, das ich schon als Auswanderer kennengelernt hatte und das ich nun mit unveränderter Begeisterung wiederentdeckte. Die Sonnenauf- und Sonnenuntergänge in der »grünen Hölle« boten immer noch ein wundersames »Schauspiel im Schauspiel«. Das erfolgreiche Titellied von »Oliver Onions« alias Guido und Maurizio De Angelis war das i-Tüpfelchen des Films. Wenn *Die rechte und die linke Hand des Teufels* Barbonis Meisterwerk war, dann war *Zwei Himmelhunde auf dem Weg zur Hölle* das Meisterwerk des bewundernswerten Cineasten Giuseppe Colizzi.

Terence und ich verließen dafür den Western und drehten zum ersten Mal einen in der Gegenwart angelegten Abenteuerfilm, in dem die Schauspielkunst und Werte wie Menschlichkeit und Freundschaft eine größere Rolle spielten, was dem Ganzen mehr Intensität verlieh, auch wenn das Publikum von uns natürlich vor allem Schlägereien erwartete. Er war »Plata«, ich war »Salud«, und wir stachelten uns ununterbrochen so lange gegenseitig an, bis es zwischen uns zu einer gewaltigen Keilerei kam, die von Sonnenaufgang bis Sonnenuntergang dauerte, weswegen wir am Ende derart fix und fertig waren, dass wir uns gerade noch gegenseitig schubsen konnten.

Cyril Cusack, der die Rolle des »alten Irren« spielte, war ein ganz außergewöhnlicher Schauspieler! Ich erinnere mich an die Szene, in der wir in der Hütte sind und wo er mit offenen Augen träumt: Er hatte diese blauen und unglaublich ausdrucksvollen Augen, die es schafften, der Szene auch ohne Dialog einen Sinn zu geben.

Cusack arbeitete viel in Italien und war für die Regisseure immer ein echtes Juwel, unabhängig von der Art des Films, denn er vermochte es, stets glaubwürdig zu wirken, ganz gleich, ob er den »Guten« oder den »Bösen«, wie zum Beispiel im Krimi-Meisterwerk *Das Syndikat* von Stefano Vanzina aus demselben Jahr, verkörperte.

Zwei Himmelhunde auf dem Weg zur Hölle brachte mich auch auf die Idee, meinen Pilotenschein zu machen: Die Fliegerei hatte mich schon fasziniert, seit ich 1949 das erste Mal als Passagier in ein Flugzeug gestiegen war. Es war nur ein kurzer Flug von 25 Minuten über den Río de la Plata. Niemals wäre es mir in den Sinn gekommen, dass ich einmal selbst ein Flugzeug steuern könnte, da ich kurzsichtig bin. Aber während der Dreharbeiten standen uns am Filmset verschiedene Flugzeuge zur Verfügung: das Düsenflugzeug aus der Szene mit dem Gouverneur, eine DC-3 für den Zwischenfall beim Flughafen von Bogotá (die waghalsigen Manöver wurden von völlig irren Piloten durchgeführt!) und noch andere Modelle. Als ich herausfand, dass ich mit Brille gestochen scharf sehen konnte, entschloss ich mich, Pilot zu werden.

Abends brachte uns immer ein zweimotoriges Flugzeug vom verlassenen Flughafen an der Grenze zu Kolumbien zum Hotel, in dem wir schliefen. Wenn wir in der Luft waren, überließ mir der Pilot oft den Steuerknüppel, da ich mich durch mein vieles Fragen und genaues Zuschauen etwas schlau gemacht hatte. Eines Morgens während einer Szene, in der ich nur auf der Startbahn hätte rollen sollen, um dann vom Piloten, meinem Double, ersetzt zu werden, nahm ich all meinen Mut zusammen und schob den Steuerknüppel des Flugzeugs nach vorn. Ich war halt ein echter, unerschrockener Neapolitaner! So hob ich in den Himmel ab und allen blieb vor Staunen der Mund offen stehen. Ich hatte Colizzi vorher nichts gesagt, ich machte es einfach. Und da er ein professioneller Regisseur war, stoppte er die Aufnahmen nicht und alles lief glatt.

Im Übrigen gab es viel ernstere Gefahren. Als wir die Aufnahmen beendet hatten, war das Flugzeug, das uns immer zum Hotel gebracht hatte, nicht mehr da, und so mussten wir auf einem Lieferwagen zurückkehren. Wir befanden uns im Norden Kolumbiens, dem Reich der Guerillakämpfer, Schmuggler und Halsabschneider jeder Art. Auf dem Lieferwagen waren der Fahrer, Riccardo Pizzuti (der blonde Stuntman mit dem Schnurrbart und dem eckigen Kiefer) und ich. Wir wurden ordentlich durchgerüttelt auf dieser hundert Kilometer langen Strecke, die bei den vorhandenen Straßenverhältnissen drei Stunden Fahrt bedeutete – vorbei an heruntergekommenen Dörfern, in denen man tunlichst nicht anhalten sollte.

Plötzlich stoppte der Fahrer vor einer Hütte, und heraus trat ein riesiger schwarzer Mann, der mit einer Kalaschnikow bewaffnet war! Der kolumbianische Fahrer und der bewaffnete Räuber hatten sich abgesprochen. Um weiterfahren zu können, mussten wir ein »Wegegeld« zahlen. Das waren Leute, die dich schon für eine Armbanduhr hätten umbringen können. Es handelte sich hier nicht um Kriminelle, sondern um halb verhungerte Menschen, und das machte sie noch viel gefährlicher.

Die Sache ging am Ende glimpflich aus, aber die Furcht war groß: Schließlich hatte ich mit diesem Menschenschlag schon zu tun gehabt, als ich wegen der Arbeit dorthin ausgewandert war, und ich wusste genau, dass diese Typen nicht scherzten. Man darf nicht vergessen, dass diese Orte, so schön sie auch auf der Kinoleinwand und auf Postkarten wirken, vom Lebensstandard her extrem rückständig waren: Zum Beispiel wurde Autotreibstoff verwendet, weil es kein Flugzeugbenzin gab; mit einer Suppenkelle gossen sie ihn ins Flugzeug, dessen Motor sie dann unter Knallen und Scheppern anließen. Ich muss sagen, dass wir mehr als einmal nur wie durch ein Wunder am Leben blieben.

Ich erinnere mich aber auch an »seltsame Besuche«: Eines Nachts schliefen meine Frau und ich in einem Bungalow; Tür und Fenster hatten wir wegen der unerträglichen Hitze offen gelassen. Im Morgengrauen erblickte ich eine beeindruckende Silhouette, mehr als zwei Meter lang, die hereinkam, innehielt und uns anstarrte. Ich setzte meine Brille auf und bemerkte, dass es sich um einen Leguan handelte, der »nur« einen Meter lang war und der sich wohl bloß mal umschauen wollte – was eigentlich auch sein gutes Recht war, denn er war ja schon lange vor uns dort gewesen.

»Was ist das?«, fragte meine Frau, die nur, weil sie noch schlaftrunken war, nicht laut aufschrie.

»Das musst du mir sagen, ich bin doch kurzsichtig!«, antwortete ich.

Der Leguan zog schließlich desinteressiert wieder von dannen. Es handelte sich um ein vollkommen harmloses Tier, aber ich muss zugeben, dass es im ersten Moment schon beängstigend war, ihn so im Schlafzimmer vor sich stehen zu sehen, besonders in einer derartigen Größe, die ihm eine Rolle in *Jurassic Park* hätte einbringen können.

Diese und auch andere Anekdoten kennzeichneten jenen Streifen; es hat sich wirklich gelohnt, jede einzelne davon zu erleben. Noch heute ist *Zwei Himmelhunde auf dem Weg zur Hölle* einer der zehn oder elf Filme des Duos Hill & Spencer, die in der Hitliste der italienischen Filme mit den höchsten Einnahmen aller Zeiten stehen. Noch dazu wird er besonders wegen seiner vielen menschlichen Untertöne geliebt. Wieder einmal hatten wir Colizzi zu danken: Er war es, der unser Duo außerhalb des Wilden Westens platzierte. So konnten wir endlich aus dem »hausgemachten« Western aussteigen, gerade noch rechtzeitig, um nicht mit ihm zusammen unterzugehen.

Jenseits des Wilden Westens ...

Jetzt wussten wir, dass wir auch außerhalb des Westerns von unserem gütigen Publikum geliebt wurden, weil diese Magie zwischen Terence und mir, die auf der Leinwand Form annahm, nicht etwas Technisches war, sondern eine echte Gabe, die nicht imitiert werden konnte: Wir hatten tatsächlich viele Nachahmer, aber nie hatten sie Erfolg.

Und falls irgendjemand noch Zweifel daran gehabt haben sollte – auch der zweite »moderne« Film des Duos, *Zwei wie Pech und Schwefel*, in dem Marcello Fondato die Regie führte, spielte 1974 wieder Rekordeinnahmen ein. Das »Duo der befeindeten Freunde«, das sich oberflächlich betrachtet nicht ausstehen konnte, gegen überhebliche Bösewichte jedoch eisern zusammenhielt, war zurückgekehrt.

In der Geschichte gab es wahre Ohrwurm-Songs: Heute noch werde ich von einem Lied regelrecht verfolgt, das ich auch unter Zuhilfenahme meiner Finger sang, mit denen ich mir über die Lippen fuhr, während der Auftragskiller mit den eiskalten Augen erfolglos versuchte, uns umzubringen. Der große Chor, in dem wir »untergetaucht« waren, verwirrte ihn. Seit Jahrzehnten treffe ich überall Menschen, die mir dieses Lied des »Feuerwehrleute-Chors« vorsingen, und es ist kaum zu fassen, dass es vierzig Jahre später einer der beliebtesten Handy-Klingeltöne ist. Das ist das große Verdienst der Brüder Guido und Maurizio De Angelis alias »Oliver Onions«, die schon bei *Vier Fäuste für ein Halleluja* und *Zwei Himmelhunde auf dem Weg zur Hölle* mitgewirkt hatten.

Der alberne Bösewicht, der wie ein verzogenes Kind hüpfte, war der 1992 verstorbene John Sharp, ein ausgezeichneter englischer Charakterdarsteller, der in seiner Heimat auch im Theater sehr aktiv war. Ich hätte ihn gern für *Charleston* gewonnen, aber er war damals bereits mit einem anderen Film beschäftigt. Der Auftragskiller Paganini war Manuel De Blas, ein sehr gefragter spanischer Schauspieler, der heute immer noch im Filmgeschäft aktiv ist (in Spanien hat er mehr als hundert Filme gedreht!) und bei unserem Film Kontaktlinsen trug, die ihm diesen unheimlichen Blick verliehen. Aber das i-Tüpfelchen war der unbezahlbare Donald Pleasence, der in der Rolle des deutschen infernalischen Psychologen einen Großteil der Lacher abstaubte (auch dank der italienischen Synchronisierung von Oreste Lionello). Der Film spielte mehr als sechs Milliarden Lire ein – ein enormer Erfolg.

Allerdings brachten all diese Erfolge für Terence und mich nicht so große finanzielle Vorteile mit sich, wie man vielleicht meinen könnte, denn wir wurden nicht über die tatsächlichen Einnahmen und die weltweiten Verkäufe informiert; so begnügten wir uns mit den Summen, die man uns anbot. Wir nagten natürlich auch nicht am Hungertuch, sondern hatten eigentlich großes Glück – aber wir hatten eben keinen genauen Durchblick bei den ganzen Geschäften, die sich um uns herum abspielten.

Außerdem hatten die Filmproduzenten auch immer irgendwelche Ausreden parat: »Na ja, wir haben schon ganz gut eingenommen, aber wir haben auch sehr viel für Werbung ausgegeben, und außerdem stecken wir ja in der Krise! Kommt uns entgegen. Das Wichtigste ist doch, Arbeit zu haben …« Sie wurden ganz bewusst immer gleich pathetisch, und in ihrer »Schauspielkunst« standen sie den besten Schauspielern in nichts nach: Das ganze Theater hatte nur den Zweck, uns möglichst wenig zahlen zu müssen! Aus taktischen Gründen gaben sie uns zu verstehen, dass wir ja bereits privilegiert seien, weil wir spielen konnten, und dass es doch schon ein Geschenk sei, wenn uns der Film finanziert wurde. Ganz offen gesprochen, schien das für mich wirklich wie ein Wunder: Für mich war es fast so, als hätte ich das Geld auf unehrliche Art und Weise erhalten, da ich ja nur »versehentlich« Schauspieler geworden war. Aber wenn man unsere damaligen Einnahmen mit den heutigen Gehältern von Fußballspielern und Fernsehmoderatoren vergleicht, waren wir nichts als zwei Schmierenkomödianten. Zwei Straßenkünstler. Zwei Saisonarbeiter.

Der mangelnde Verdienst wurde aber durch die Liebe und Zuneigung, die uns die Menschen auf der Straße entgegenbrachten, mehr als ausgeglichen. Wir hatten ein völlig gemischtes Publikum – von den Arbeitern (die ganz besonders!) bis zu den Angestellten, von den Studenten bis zu den Hausfrauen –, das aber nur Terence und mich wollte. Sonst hätten auch andere Duos ähnliche Erfolge verbucht. So wie »Michael Coby« alias Antonio Cantafora und Paul Smith (den manche noch von seiner Rolle als Gefängnis-Folterknecht im berühmten Film *12 Uhr nachts – Midnight Express* kennen). Zusammen mit Regisseur Frank Kramer (Gianfranco Parolini) drehten sie ein paar nette Western und Abenteuerfilme, die unseren eigenen sehr ähnlich waren, nur dass sie längst nicht unsere Rekordeinnahmen verbuchen konnten und auch bei Weitem nicht so populär waren.

Durch Nachahmung wird das Original stets gewürdigt. Leone imitierte die amerikanischen Western (und die Filme von Kurosawa) und wurde seinerseits der Wegbereiter und das Vorbild für alle, die im Italowestern nach ihm kamen. Unsere Polizeifilme der Siebzigerjahre imitierten amerikanische Filme wie beispielsweise *Dirty Harry* oder *Bullitt*.

Der Film als solcher ist zyklisch, periodisch. Die Genres wiederholen sich, nur in anderer Aufmachung. Unser Duo imitierte den Western nicht etwa, sondern stellte ihn komplett auf den Kopf und verwandelte ihn in eine Farce – was überhaupt nur möglich war, weil dieses Genre im Sterben lag. Dann wurden wir selbst nachgemacht, doch nicht ins Lächerliche gezogen: Wir waren schließlich selbst schon komisch.

Als Krönung hätte man uns höchstens für einen dramatischen Film engagieren können, wie es zum Beispiel Franco Franchi und Ciccio Ingrassia passierte, die dank der Vermittlung von Pasolini, den Brüdern Taviani, Elio Petri und Fellini die Möglichkeit erhielten, sich zu beweisen, sowohl jeder einzeln als auch beide zusammen. Als grandiose Schauspieler wurden sie vom Publikum bereits geliebt, aber von den Filmkritikern lange nicht geschätzt.

*

A propos, wie sahen die Kritiker uns eigentlich? Ganz einfach: Sie taten ihre Arbeit – und kritisierten. Anfangs ignorierten sie uns vollends, später dann schrieben sie in wenigen Sätzen, dass die »Trinity«-Filme eine Art Rückfall in kindliche Verhaltensmuster seien. So stellten sie indirekt Millionen Menschen auf der ganzen Welt als Idioten dar. Später schauten sie mit süffisanter Belustigung auf uns herab.

Zwei Missionare war ein Streifen aus dem Jahr 1974, der die Kritiker uns gegenüber etwas milder stimmte. Wir drehten ihn mit Franco Rossi, einem Film- und Fernsehregisseur, der zuvor schon mit dem TV-Mehrteiler *Die Odyssee* viel Kritiker- und Publikumslob eingeheimst hatte. Vielleicht hatten wir Vorteile dadurch, dass hinter der Kamera nun ein »anspruchsvoller« Autor stand oder zumindest einer, der nicht von den verhassten Spaghetti-Western kam. Außerdem behandelte der Film ungeachtet seiner komischen und launigen Machart ein dramatisches und reales Thema: das des Kolonialismus und der Sklaverei in Zentralamerika.

In der Tat war dies eine etwas andere Art von Story, welche die menschlichen Zwischentöne, die schon in *Zwei Himmelhunde auf dem Weg zur Hölle* angeklungen waren, noch weiter vertiefte, und dies in einem genau dokumentierten Kontext vom Ende des 19. Jahrhunderts. Pater Blauauge und Pater Pedro, Terence und ich, steckten in den Kleidern zweier Ordensbrüder, waren jedoch wenig geneigt, das göttliche Gebot aus dem italienischen Originaltitel *Halte auch die andere Wange hin* zu befolgen. Jetzt waren wir keine fröhlichen, faulenzenden Pferdediebe und Abenteurer mehr, sondern zwei Männer, die wegen ihrer institutionellen Pflicht (und nicht nur ihres Gewissens wegen) die Armen verteidigten. Also hatten wir einen wichtigen Grund mehr, um den tyrannischen adligen Herrschaften Ohrfeigen zu verpassen. Diese wurden hier durch den Marquis Gonzaga vertreten, gespielt vom bekannten Schauspieler Robert Loggia, dessen finsteres und perfektes Gesicht sich so stark im Gedächtnis festsetzt wie Al Pacinos in *Scarface*.

Ich freute mich aber vor allem, wieder in mein geliebtes Südamerika zurückzukehren, um dort zu arbeiten. Diesmal reiste ich nach Kolumbien. Wir drehten in Cartagena, einer Stadt, in der das Glücksspiel erlaubt war und die dank ihrer im spanischen Stil erbauten Gebäude weltweit als ein herausragendes architektonisches Juwel angesehen wird. In früheren Zeiten war der Ort ein Piratennest und davor eine spanische Festung. Gott sei Dank gibt es auch heute noch ein unberührtes Cartagena, wo die Zeit stehen geblieben ist und man sich durch die Straßen und Gebäude in das Jahr 1750 zurückversetzt fühlt. Gleich daneben wird man jedoch mit der himmelschreienden Verunstaltung durch moderne Gebäude konfrontiert. Im Hafen liegen bis heute die schweren Ketten unter Wasser, die man nutzte, um unerwünschte Segelschiffe zu blockieren. Die Ketten erstrecken sich von Turm zu Turm und konnten angehoben oder herabgelassen werden, um die Zufahrt zu verweigern oder zu gewähren. Im Falle eines Krieges konnte man so die Schiffe bombardieren, während sie zwischen den Ketten gefangen waren. Wir drehten auch in Santa Marta, Barranquilla und anderen Orten entlang der karibischen Küste, an denen wegen ihrer charakteristischen Schönheit oft gefilmt wird.

Eine Besonderheit stellte Leticia dar, eine Stadt, die sich am Amazonas nur über ein paar Hundert Meter erstreckt und direkt an der Grenze zu Ecuador und Venezuela liegt. Dort lebte ein Amerikaner, der steinreich geworden war, indem er Kinder beauftragte, für zehn Cent farbige Fische zu fangen, die er dann in großen Mengen und zum Preis von zwei Dollar pro Stück an Aquariumsliebhaber nach Amerika verkaufte.

Bud Spencer muss sterben

Ich war komplett versunken im Tagesgeschäft der wochenlangen mühsamen Dreharbeiten, die nur manchmal von Besuchen der oben genannten wunderbaren Orte und gemeinsamen Mahlzeiten mit Terence und der Filmtruppe unterbrochen wurden, als es plötzlich geschah.

Eines Morgens war Blut in meinem Urin. Ich war perplex, aber nicht übermäßig besorgt, und sprach darüber mit der Produktion (Dino De Laurentiis und Goffredo Lombardo). Dino telefonierte sofort mit dem berühmten amerikanischen Chirurgen Dr. Robert Pincus. Ich entschloss mich, über das Wochenende in die USA zu fliegen, um keine Verzögerungen bei den Dreharbeiten zu verursachen, und dort die Ärzte im Mount Sinai Hospital zu treffen.

Nach vorherigen Untersuchungen musste ich mich einer Operation mit Hightech-Sonden unterziehen. Dino und Goffredo verbrachten die Nacht an meiner Seite. Diese Geste berührt mich heute noch sehr: Natürlich hing von meiner Gesundheit das Gelingen des Filmes ab, aber sie hätten mich auch der Pflege des sehr professionellen Ärzteteams von Dr. Pincus überlassen können. Es war ein Zeichen ihres tiefen Respekts, und das werde ich ihnen nie vergessen.

Ich bekam eine Epiduralspritze zwischen zwei Wirbel direkt ins Knochenmark gesetzt. Es war so schmerzhaft, dass ich von sechs Leuten festgehalten werden musste! Wenn ich mich nicht irre, war es eines der ersten Male, dass man diese Methode ausprobierte; jedenfalls war es für mich das erste, wenn auch leider nicht das letzte Mal. Nach drei Tagen (Freitag, Samstag und Sonntag) kehrte ich am Montag wieder ans Filmset zurück, jedoch mit einem Urteil in der Tasche, das einem schon beim Lesen das Herz stillstehen ließ: Ich hatte einen bösartigen Tumor.

Ich behielt jedoch das Ganze für mich und versuchte, den Film zu Ende zu drehen, ohne dort Schläge abzubekommen, wo ich operiert worden war. Mir war die Arbeit jetzt sehr willkommen, um mich abzulenken. Ich musste das Publikum zum Lachen bringen, auch wenn ich wusste, dass ich nicht älter als 45 Jahre werden sollte, aber dank der Harmonie am Filmset zwischen Terence Hill und mir, den Gags und der guten Stimmung, die immer dort entstand, wo wir als Duo zusammenarbeiteten, gelang es mir, nicht zu sehr daran zu denken.

Drei Monate später kehrte ich zur Kontrolle ins Mount Sinai zurück, wo der berühmte Arzt zwei neugebildete Papillome, also gutartige Tumore, entdeckte. Er verschrieb mir eine Behandlung und empfahl mir, in sechs Monaten wiederzukommen, was ich auch tat.

Es war für mich nicht einfach, mein Leben einfach weiterzuführen, die Menschen, die ich liebte, meine Frau, meine Kinder, anzulächeln, immer auf Achse zu sein und all das zu machen, was ich immer tat – und gleichzeitig zu wissen, dass ich möglicherweise ein toter Mann war. Aus irgendeinem unerfindlichen Grund aber hatte ich keine Angst: Meine angeborene positive Lebenseinstellung ließ mich einfach nicht glauben, dass ich bereits mit 45 sterben sollte.

Bei der folgenden Untersuchung rief Dr. Pintus dann laut: »It's impossible!« Die Papillome waren tatsächlich verschwunden. Ich hatte keinen einzigen Tumor mehr.

Ich war überglücklich, denn dort oben liebte mich offenbar immer noch jemand, und meine Frau, die sich aufs Schlimmste gefasst gemacht hatte, war natürlich außer sich vor Freude, als ich ihr davon berichtete. Vielleicht war ich in all dieser Zeit, in der ich glauben musste, dem Tode geweiht zu sein, auch deshalb nicht völlig verzweifelt, weil ich eben tief in meinem Inneren ein *marziano* bin, der stets zu den aberwitzigsten Reaktionen fähig ist. Nicht dank meinem Mut, sondern dank meinem neapolitanischen Fatalismus, der mich sogar noch im Angesicht des Todes sagen lässt: »Scheiß drauf!«

Leider haben nicht alle Menschen mit einem Tumor so viel Glück wie ich. Ich glaube nicht, dass »die Besten immer zuerst sterben«, während die Schlechtesten übrig bleiben, oder etwa, dass jenen Menschen mit dem inbrünstigsten Glauben Wunder zuteil werden, die anderen versagt bleiben. Meiner Meinung nach unterteilt das Schicksal die Menschen nicht in die beiden Kategorien »gut« und »böse«. Mein Ende steht irgendwo anders geschrieben und anscheinend war mein Zeitpunkt noch nicht gekommen. Wer weiß, vielleicht werde ich einmal wie mein Vater von dieser Welt gehen, der plötzlich auf der Couch entschlief, während Pippo Baudo[33] im Fernsehen lief.

Die »bleiernen Jahre«[34]

Die Siebziger waren die goldenen Jahre unseres Duos, was erstaunlich ist, wenn man an das traurige Phänomen denkt, das ab der zweiten Hälfte des Jahrzehnts zu rückläufigen Einnahmen an den Kinokassen beitrug und worunter auch das gesellschaftliche Leben in unserem Land litt: den politischen Terrorismus.

Während der berüchtigten »bleiernen Jahre« hatten die Menschen verständlicherweise keine große Lust, viel auszugehen. Nachrichten über Blitz-Hinrichtungen, Schießereien und Ent-

---

33 *Ein sehr bekannter Entertainer und Moderator im italienischen Fernsehen.*

34 *Bezeichnung für die Zeit der Siebzigerjahre bis zum Anfang der Achtzigerjahre in Italien, in der dort der links- und rechtsextremistische Terrorismus so stark tobte wie in keinem anderen Land Europas.*

führungen durch Linksextremisten standen zum Leidwesen aller auf der Tagesordnung. Die Menschen hatten also Angst und blieben lieber zu Hause.

Die privaten TV-Sender fingen an, so stark zu wachsen, dass das Angebot die Nachfrage sogar überstieg. Trotz allem spielten unsere Filme weiterhin Rekordeinnahmen ein, vielleicht gerade, weil sich die Leute umso mehr nach Gelächter und Ablenkung sehnten, sozusagen als Heilmittel gegen die Angst.

Zwei außer Rand und Band (1977) war unser erstes Abenteuer in Miami, Florida, wo wir den kompletten Film drehten. Die Stadt sollte später zu meinem zweiten Zuhause werden, da ich dort auch noch einige Fernsehserien machte. Nach sechs Jahren arbeiteten wir nun auch wieder mit dem Regisseur Enzo Barboni zusammen, und durch diese »Reifezeit« hatte sich die Qualität unserer Gags und der gemeinsamen Rhythmik noch einmal verbessert.

Der Film knackte fast die 7-Milliarden-Lire-Grenze, was ein Zeichen dafür war, dass Barboni mit seiner Entscheidung, nicht noch einen weiteren »Trinity«-Film zu drehen, sondern die Handlung ins moderne Miami zu verlegen, ins Schwarze getroffen hatte. Klar, meine Parts auf »Makkaroni-Englisch«, die ich auswendig gelernt hatte und manchmal nur undeutlich daherbrummte, verursachten des Öfteren lustige Missverständnisse mit Terence, der die Sprache sehr gut beherrschte. Wenn ich mich versprach oder etwas völlig falsch aussprach, spielte er meist unbeirrt weiter und rettete damit die Szene. Manchmal aber konnte er nicht anders und brach in Gelächter aus. Ich muss sagen, dass ich wirklich einen geduldigen Partner hatte.

Wir kehrten im Jahr darauf wieder in die USA zurück, um *Zwei sind nicht zu bremsen* mit dem ebenso genialen Sergio Corbucci zu drehen, mit dem wir auch später wieder arbeiten sollten: Terence allein 1980 in *Der Supercop* und zusammen mit mir noch mal im Jahr 1981 in *Zwei Asse trumpfen auf.*

*

Doch die amerikanischen Locations verfügten nicht über den gleichen Reiz wie die naturbelassenen und wilden Sets, die zum Beispiel den Film *Das Krokodil und sein Nilpferd*, den wir 1979 in Südafrika drehten, auszeichneten. Das Nilpferd, das man zusammen mit mir in einer Szene sieht, war aber eine Attrappe, eine Schöpfung des großartigen Carlo Rambaldi, des späteren Vaters von »E.T.«. Es mag seltsam klingen, aber echte Nilpferde sind völlig unnahbar und trotz ihres massigen Körperbaus sehr schnell: Vor allem haben sie überhaupt keine Angst vor Menschen und anders als das Nashorn haben sie sehr gute Augen. Man sieht sie praktisch nie im Zirkus, da sie unbezähmbar sind, so wie der afrikanische Elefant (im Zirkus sieht man nur indische Elefanten), der sogar gefährlicher als ein Löwe ist.

Ich weiß noch, wie Terence und ich einmal nur mit einem Stock bewaffnet ins Löwengehege gingen. Da sie keine Menschen kennen, haben kürzlich gefangene Tiere erst einmal so große Angst, dass sie sich unterwürfig verhalten und mit Verzögerung reagieren. Unser Film stand für Umweltbewusstsein, er war eine Art »Tierschutz-Märchen«, als Tierschutz noch nicht in Mode war. Unser Duo verkaufte den Jägern Gewehre mit Platzpatronen. Wir entwickelten uns in unseren Filmen also weiter; der »müde Joe« und der »Kleine« wurden nun also erwachsen, auch wenn sie nicht auf Schlägereien verzichten wollten.

Weitere gemeinsame Erfolge

In den Achtzigern drehten wir fast jedes Jahr einen neuen Film, je nachdem, wie sich dies mit unseren sonstigen Verpflichtungen vereinbaren ließ. Für den Streifen *Zwei bärenstarke Typen*, bei dem wir 1983 wieder mit Enzo Barboni arbeiteten, gingen wir erneut in die USA, um dort eine Art Roadmovie zu drehen, in dem wir für CIA-Agenten gehalten und in einer »Undercover«-Aktion gegen eine Schmugglerbande eingesetzt werden.

Im darauffolgenden Jahr drehten wir zum letzten Mal zusammen mit Barboni. In *Vier Fäuste gegen Rio* spielten wir beide Doppelrollen: Wir waren zum einen ein Duo in der altbekannten Form und zum anderen ein etwas … »feminines« Duo. Wir veräppelten also unser eigenes Machotum.

Dann spielten wir in *Die Miami Cops*, einem Film, bei dem Bruno Corbucci Regie führte. Auch dieses Werk war erfolgreich, aber ich habe keine besonderen Erinnerungen daran. Vielleicht deshalb, weil mein Gedächtnis nicht gerade jünger geworden ist und weil Terence und ich im Grunde genommen immer das Gleiche spielten. Außerdem waren unsere Stuntmen bei diesem Streifen größtenteils Amerikaner. Nach *Die Miami Cops* legten wir jedenfalls eine Schaffenspause ein.

Wir befanden uns inzwischen inmitten der Achtzigerjahre, und die kommerziellen Fernsehsender bombardierten die Zuschauer mit unseren alten Filmen. Wir staunten nicht schlecht, als unsere Filme sehr gute Einschaltquoten hatten, was sich auch in den Neunzigern und bis heute nicht geändert hat: Wir hatten so viel gearbeitet, dass wir die neue Generation von Zuschauern, die vor den Fernsehgeräten saßen, fast nicht bemerkt hätten – es waren die Kinder derjenigen, die uns damals in den Kinosälen Beifall gespendet hatten.

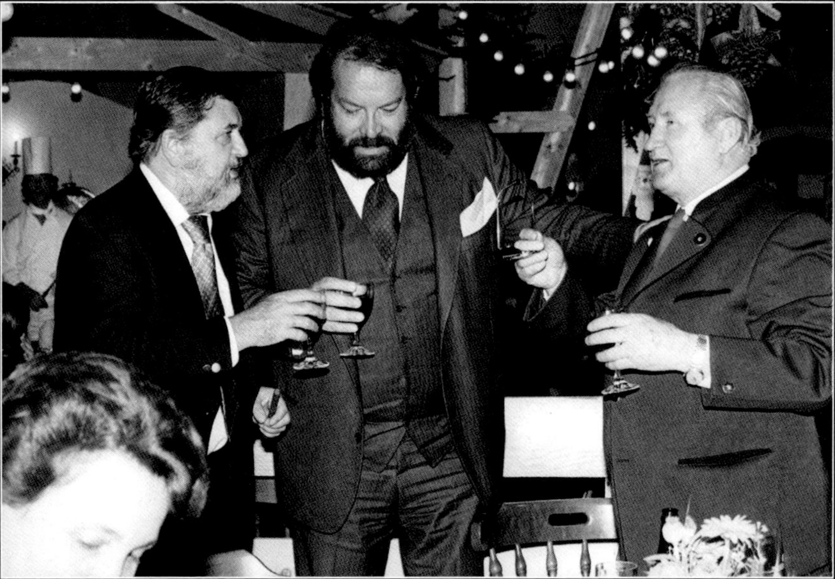

Horst Wendlandt, Bud Spencer und
»Luggi« Waldleitner auf dem Oktoberfest 1983.

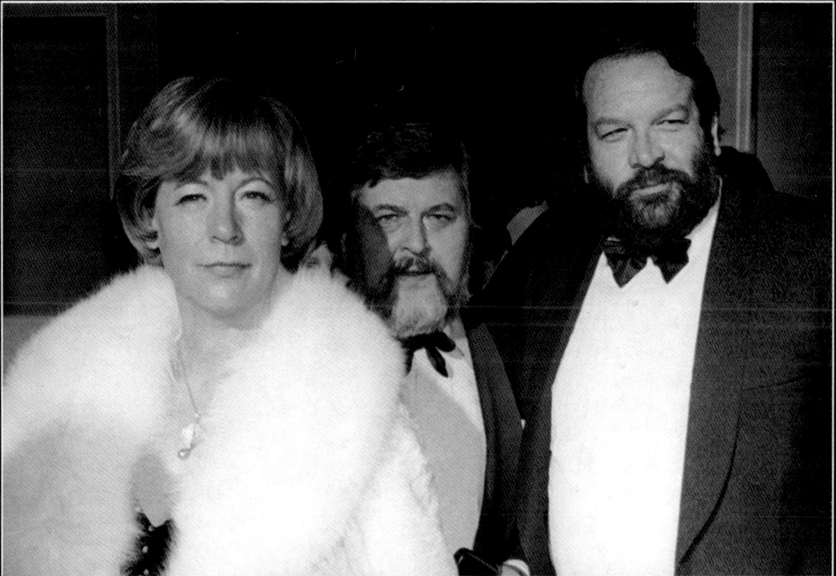

Bud Spencer mit dem Ehepaar Wendlandt
beim Deutschen Filmball in München.

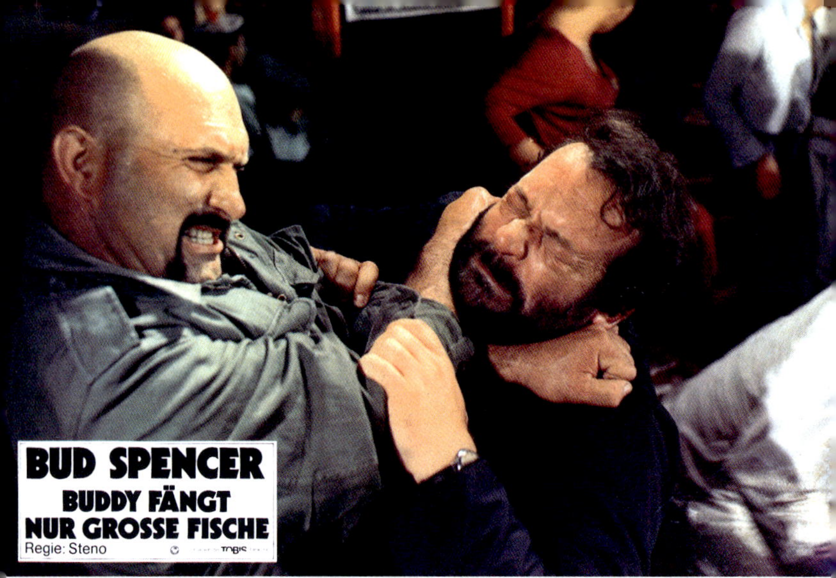

Die Emanzipation vom Western-Genre: Bud Spencer als raubeiniger neapolitanischer Polizei-Inspektor Rizzo, genannt Plattfuß.

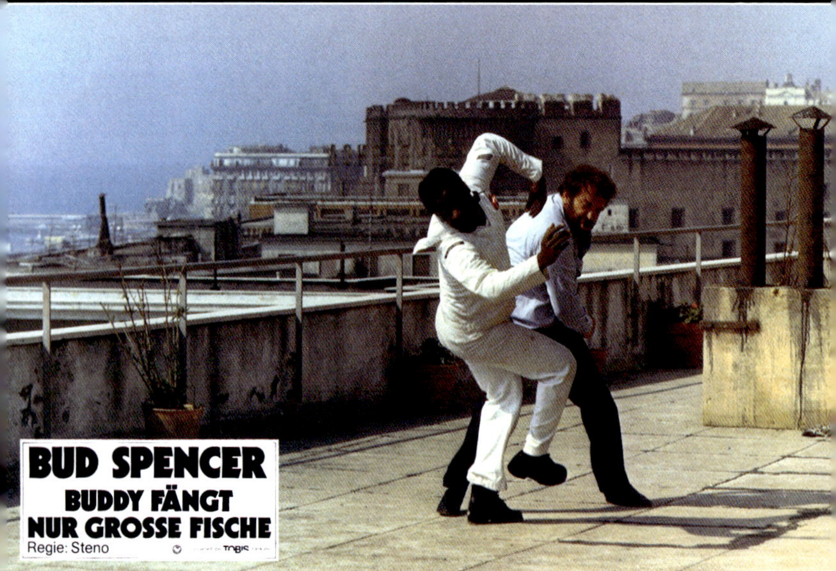

Bud Spencer, der normalerweise von Glauco Onorato synchronisiert wurde, konnte in den späteren Filmen der Plattfuß-Reihe seinem neapolitanischen Akzent freien Lauf lassen

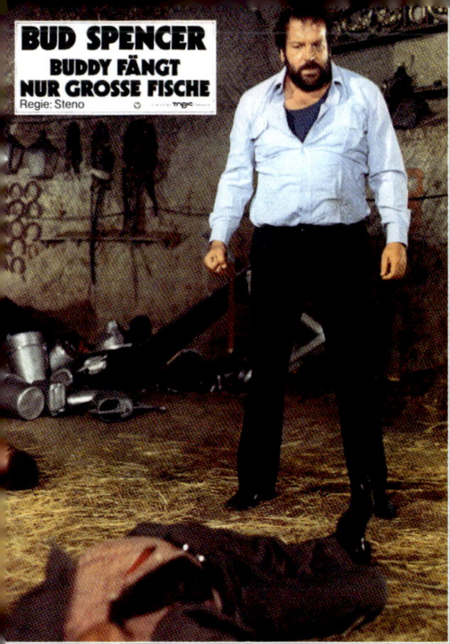

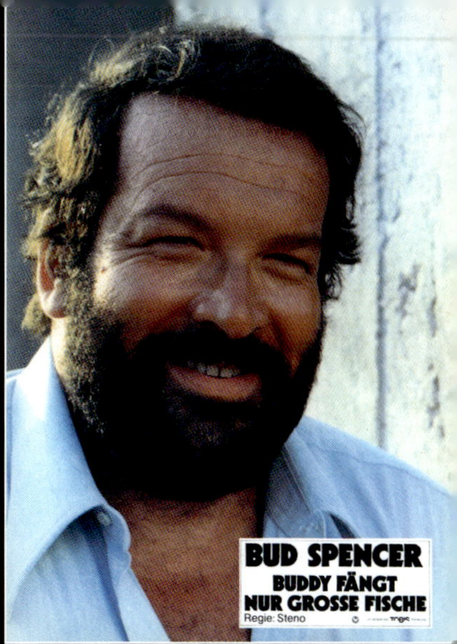

Sie nannten ihn Plattfuß (1973) kam 1982 unter dem Titel *Buddy fängt nur große Fische* erneut in die deutschen Kinos.

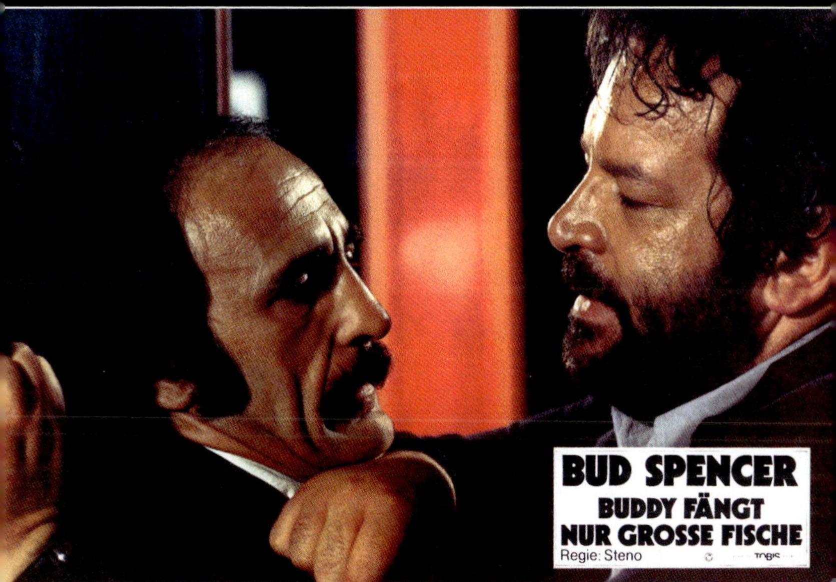

Von seiner Dienstwaffe hält Kommissar Rizzo wenig.

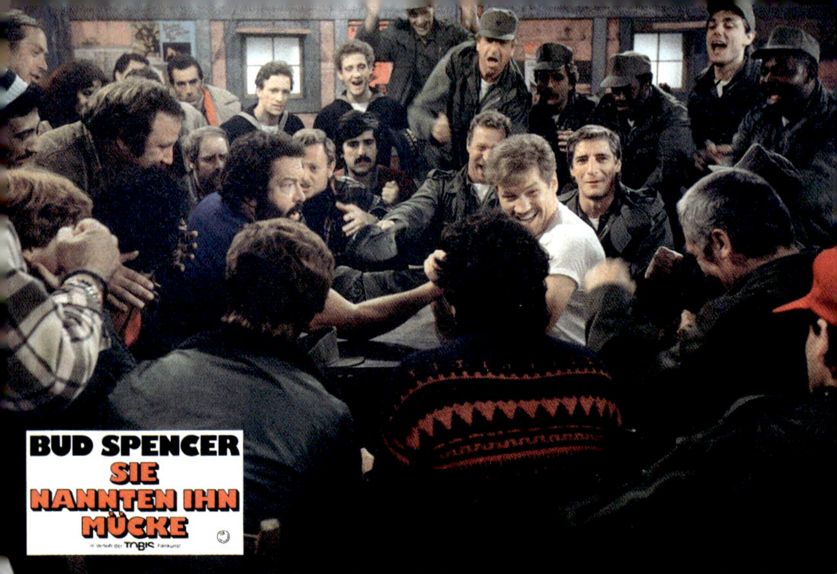

In *Sie nannten ihn Mücke* (1978) spielte Bud Spencer einen ehemaligen Footballspieler, der sich widerwillig zu einer Rückkehr zum Sport – diesmal als Trainer – überreden lässt. Er verhilft einer Gruppe junger Tagediebe zum Sieg gegen eine Mannschaft amerikanischer GIs.

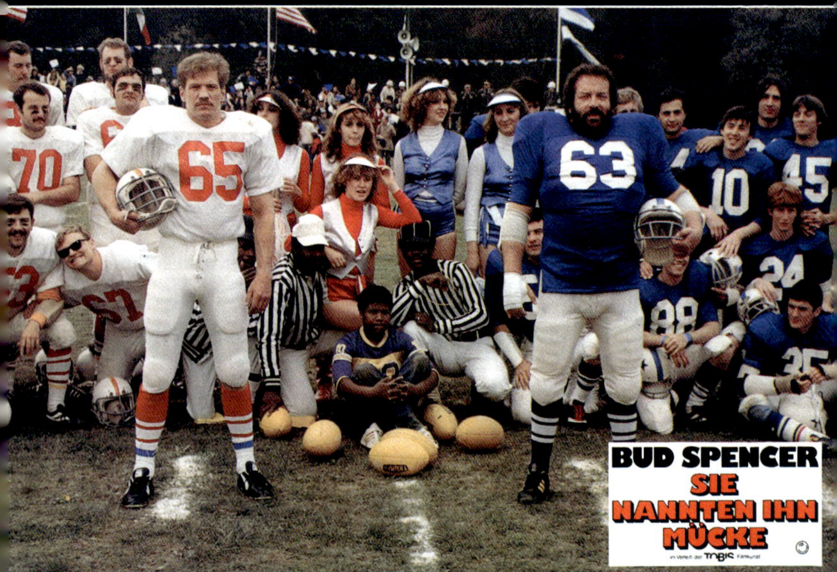

Am Ende kommt es zu einem Duell zwischen Mücke und seinem amerikanischen Widerpart Kempfer,

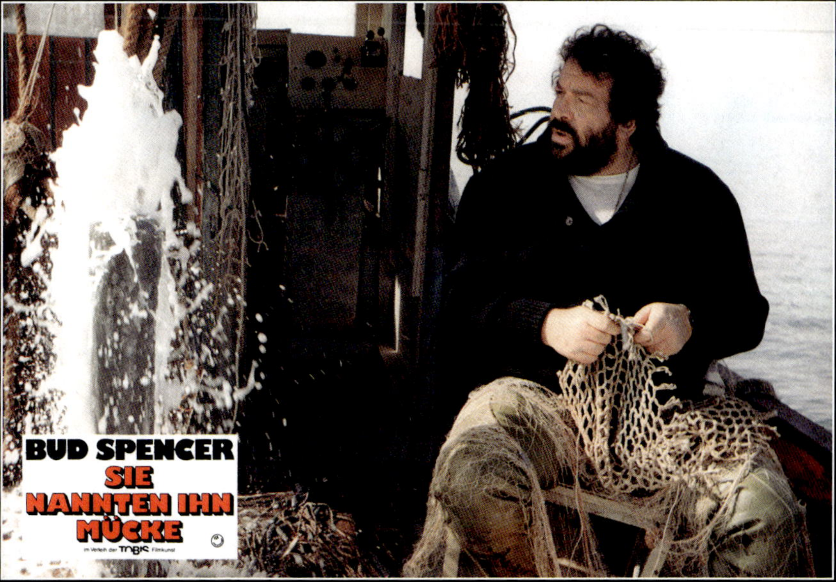

Sie nannten ihn Mücke wurde 1978 mit der »Goldenen Leinwand« für über drei Millionen Zuschauer ausgezeichnet. Bis heute erfreut sich der Film großer Beliebtheit.

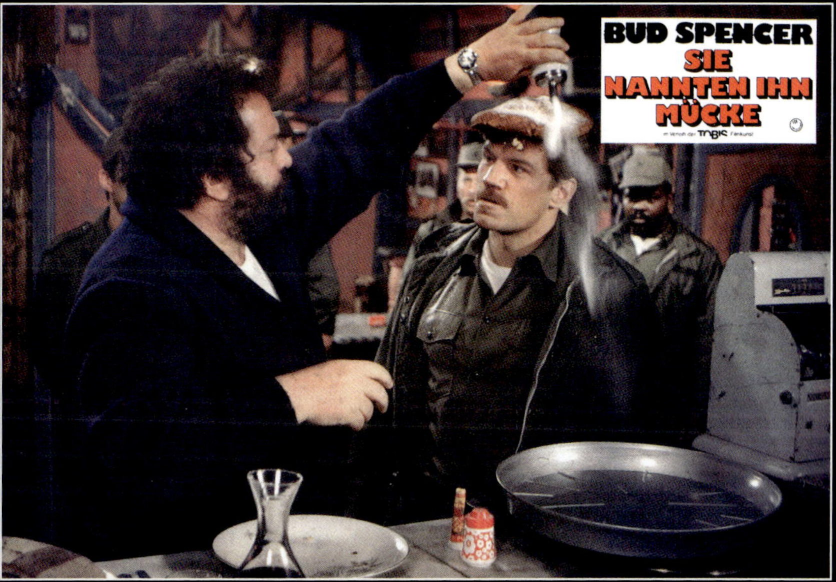

Der Streifen hat patriotische Untertöne:
Amerikanische Arroganz unterliegt italienischer Gerissenheit.

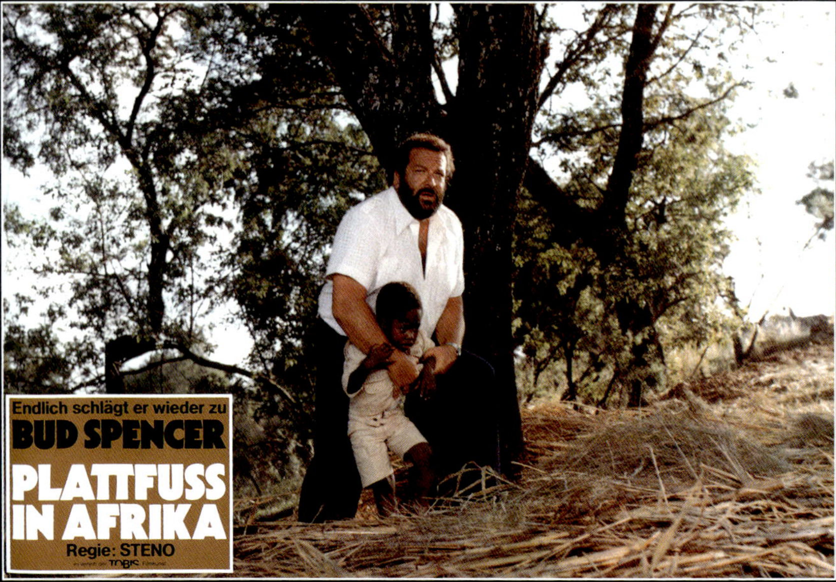

In *Plattfuß in Afrika* (1978) schlüpfte Bud Spencer wieder in die Rolle des Kommissar Rizzo aus Neapel.

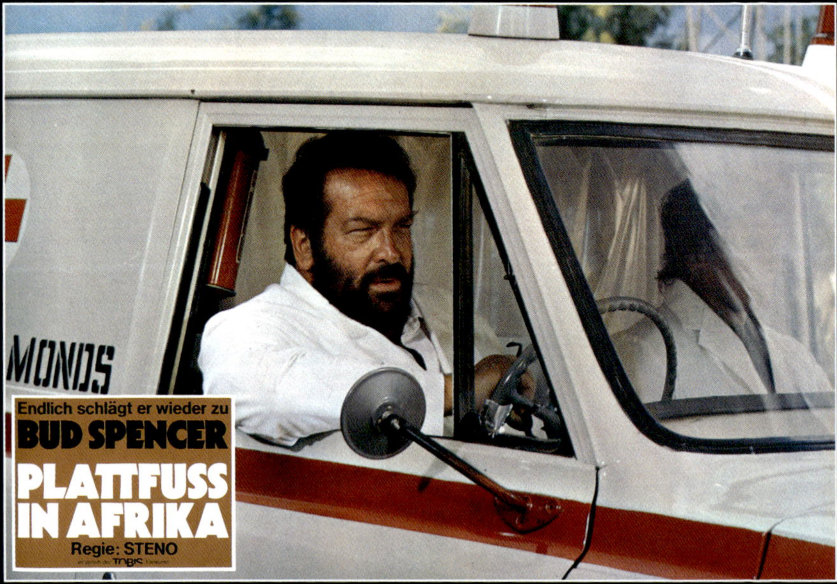

In *Plattfuß in Afrika* kommt Rizzo einer internationalen Rauschgiftschmugglerbande auf die Spur.

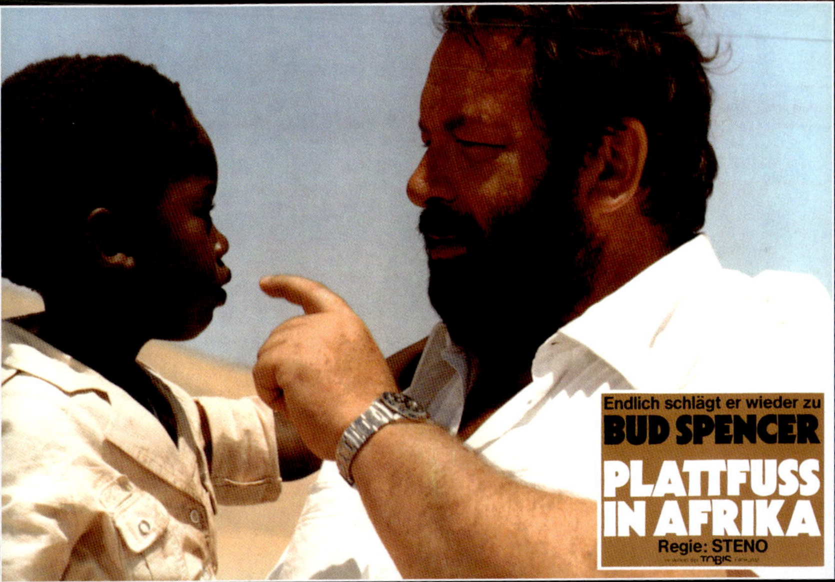

Der unverhohlene Rassismus des Apartheid-Regimes in Südafrika schockierte Bud Spencer während der Dreharbeiten. Man drohte ihm damit, dass er des Landes verwiesen würde, als er darauf bestand, seinen Co-Star, den kleinen Balwyn »Bodo« Dakile, mit in ein Restaurant zu nehmen.

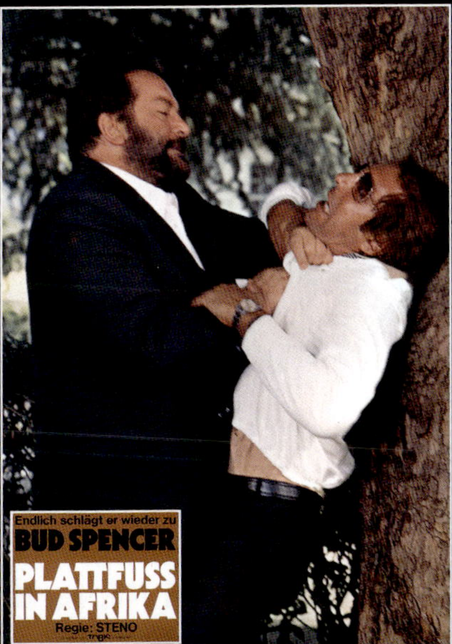

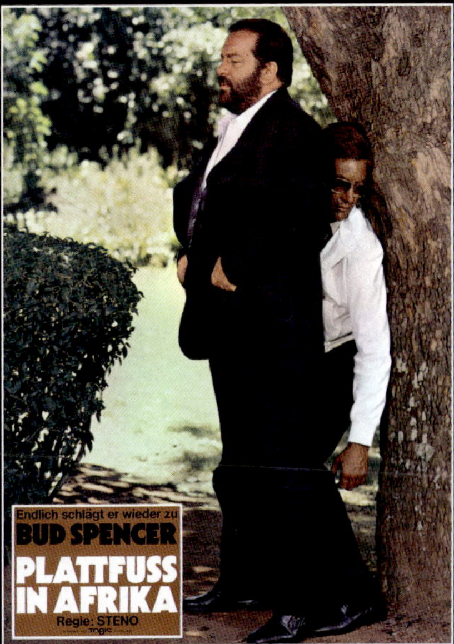

Am Ende kann Rizzo alle Gangster festnehmen und der örtlichen Polizei übergeben.

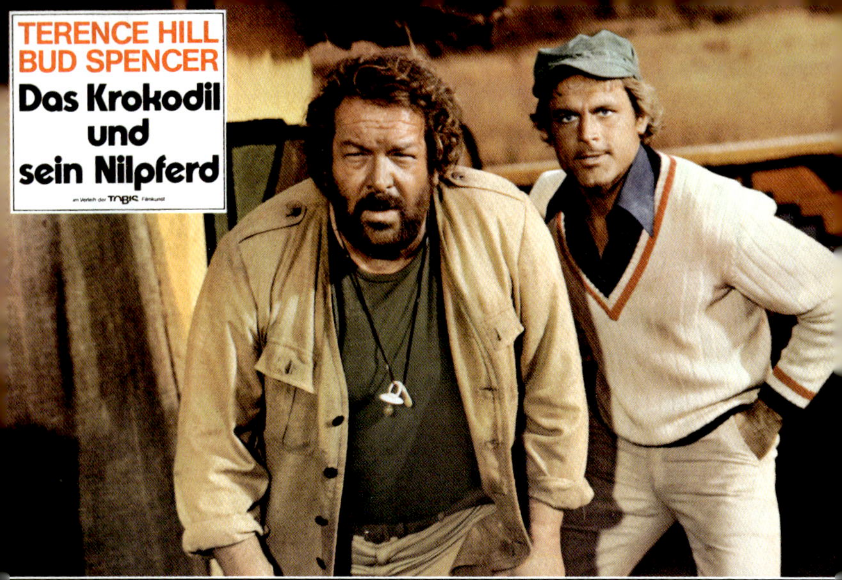

Das Krokodil und sein Nilpferd (1979) war das zwölfte Gemeinschaftsprojekt von Bud Spencer und Terence Hill.

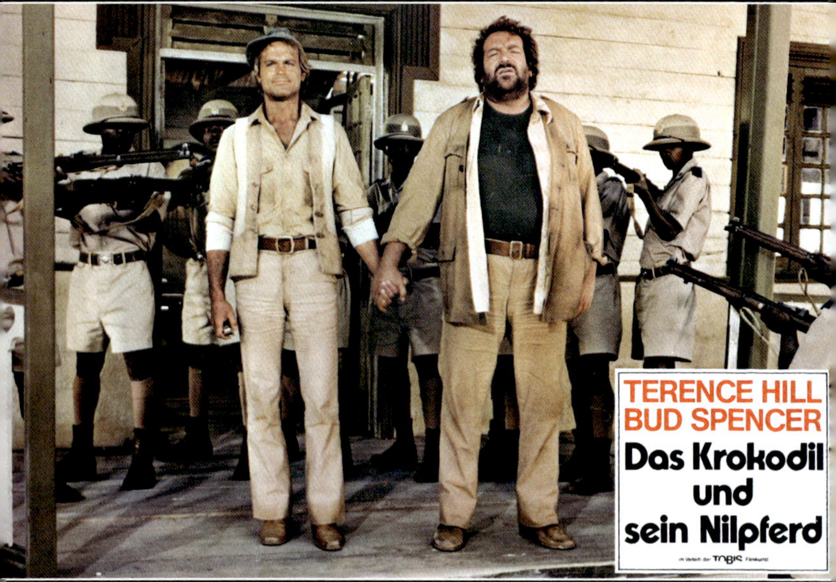

Tom (Bud Spencer), der wegen seines Aussehens Nilpferd genannt wird, organisiert Safaris für reiche Touristen und Großwildjäger. Als Tierfreund lädt er die Gewehre nur mit Platzpatronen

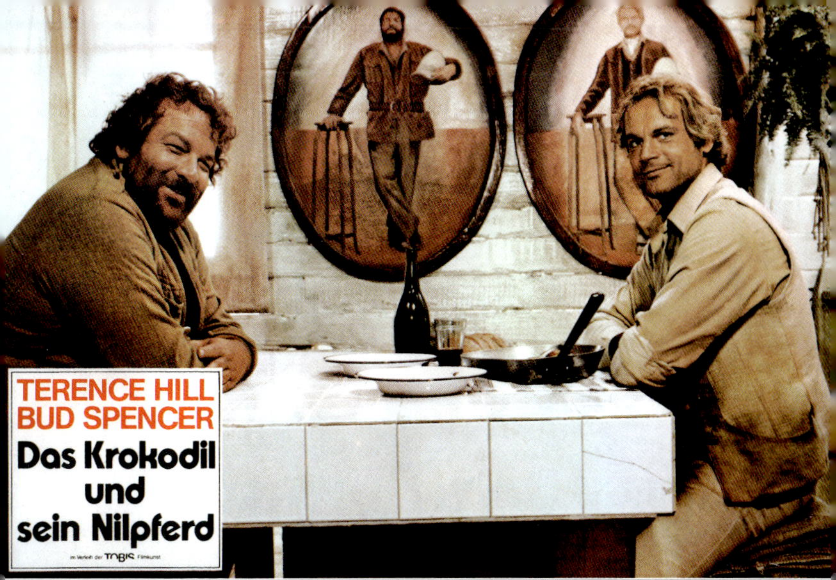

Gestört wird die afrikanische Idylle vom fiesen Spekulanten Ormond, der die einheimische Bevölkerung von ihrem Land vertreiben will. Doch das Nilpferd und sein Bruder Slim, genannt Krokodil, stellen sich den Bösewichten in den Weg.

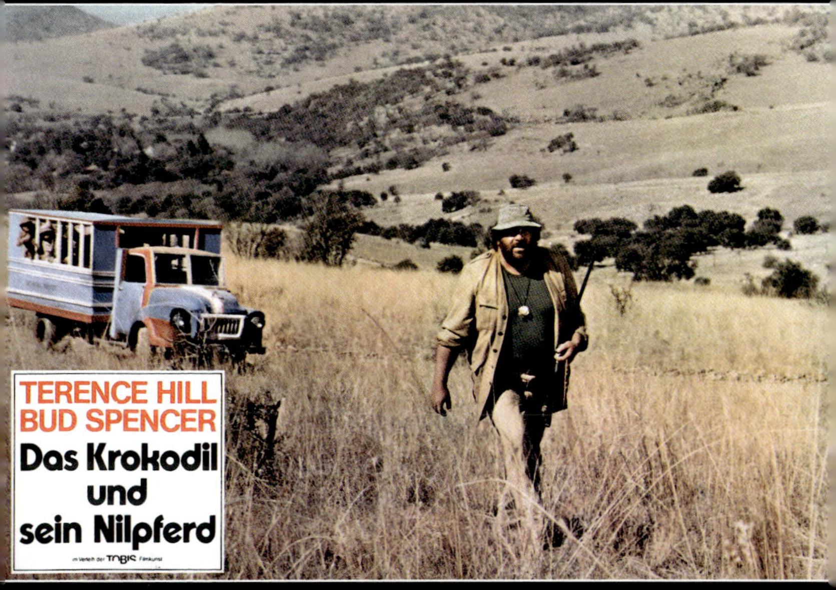

Das Krokodil und sein Nilpferd glänzt mit wunderschönen Landschafts- und Tieraufnahmen. Das Nilpferd, das man in einer Szene sieht, war aber eine Attrappe und stammte vom späteren »E.T.«-Schöpfer Carlo Rambaldi.

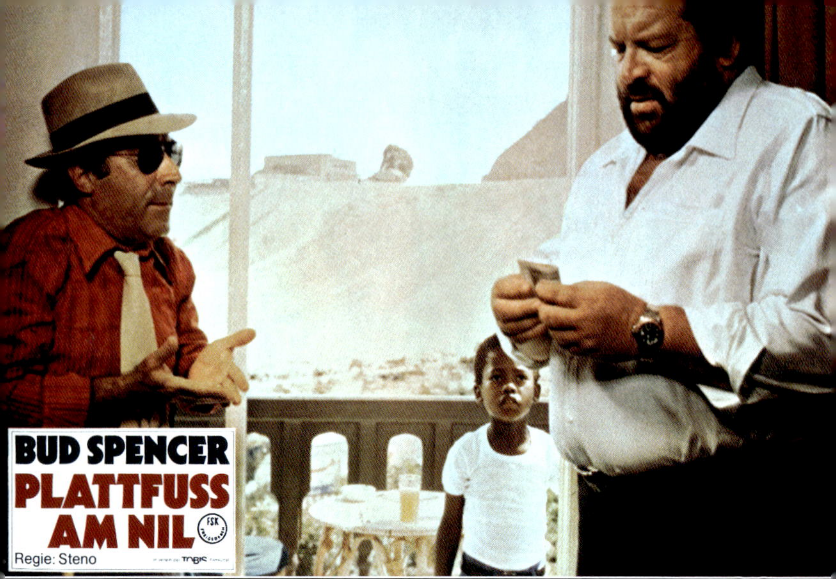

Plattfuß am Nil (1980) war der letzte von vier Filmen der erfolgreichen Plattfuß-Reihe.

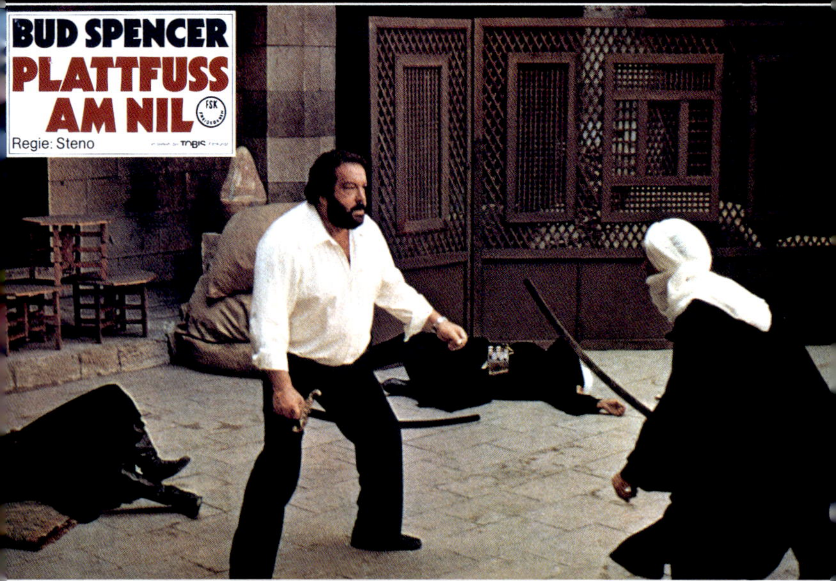

Kommissar Rizzo begibt sich auf die Suche nach einem entführten Insektenforscher in Ägypten und legt dabei einer Verbrecherbande das Handwerk, die mit Rauschgift und Öl dealt.

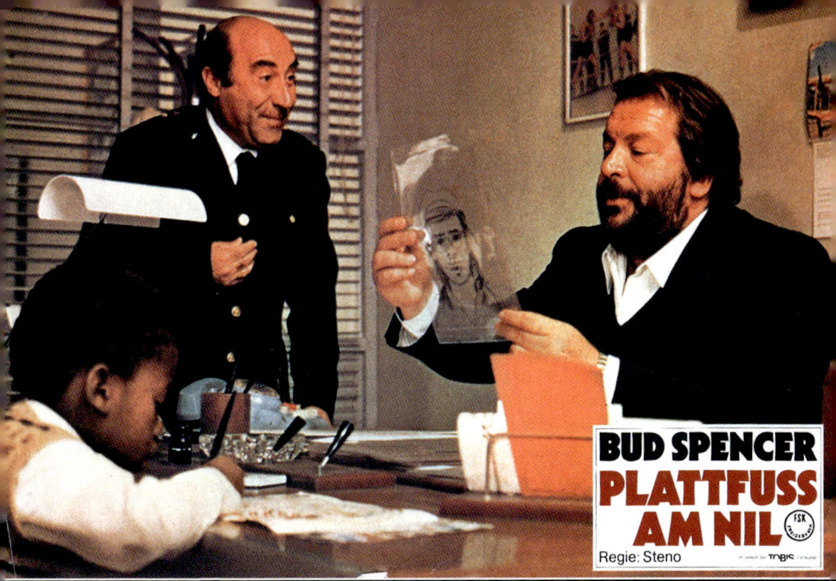

Mit von der Partie bei *Plattfuß am Nil* war einmal mehr der kleine südafrikanische Junge Baldwyn Dakile als Rizzos Adoptivsohn Bodo.

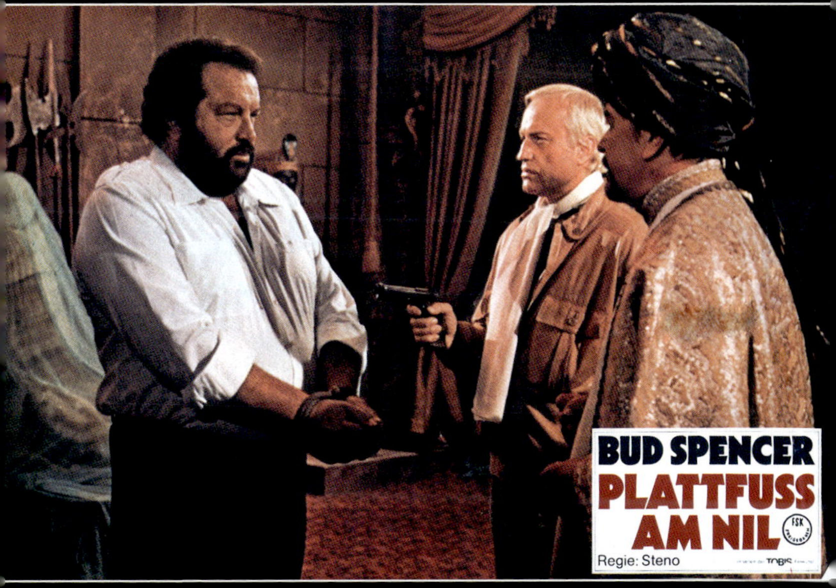

Geplant war ursprünglich auch ein fünfter Teil der Reihe. Aus der Idee entstand letztendlich *Vier Fäuste gegen Rio* mit Bud Spencer und Terence Hill.

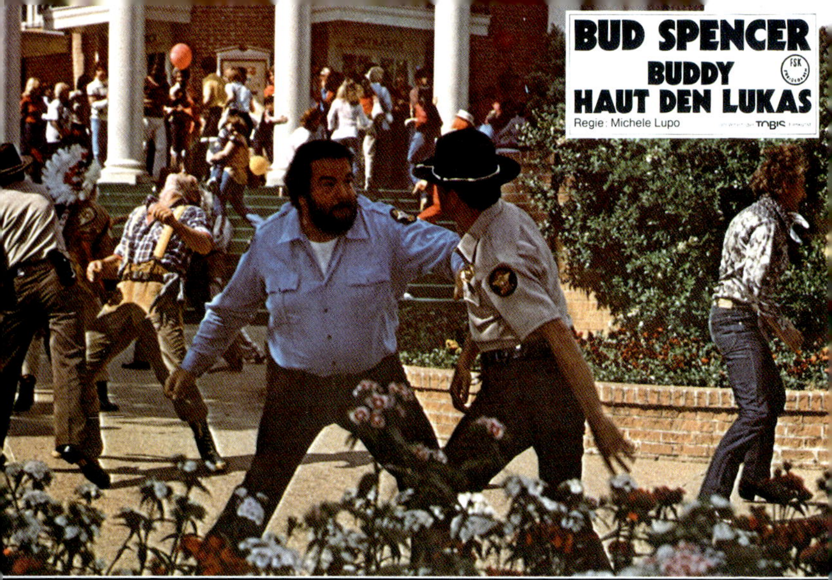

Buddy haut den Lukas (1980) war die Fortsetzung zu *Der Große mit seinem außerirdischen Kleinen*. Bud Spencer beschützt darin einen außerirdischen Jungen, durch dessen ungewöhnliche Kräfte sie immer wieder in Schwierigkeiten geraten.

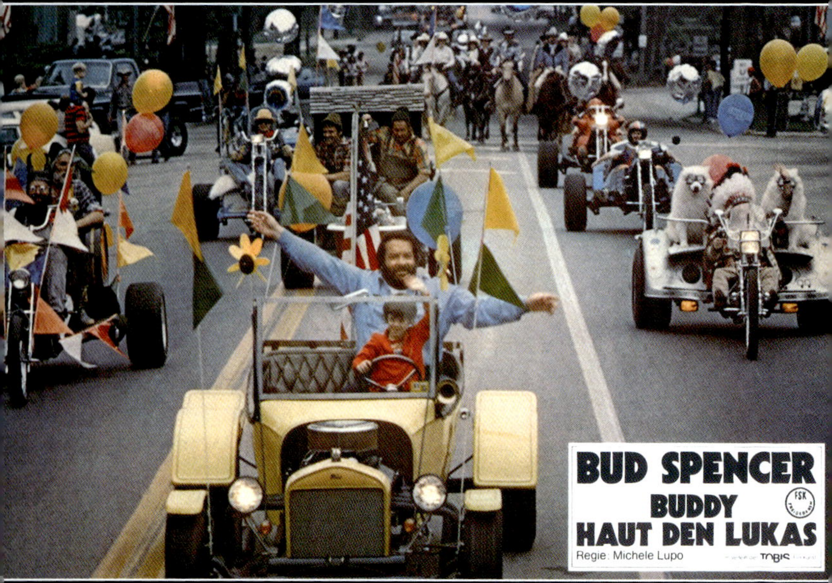

Beide Produktionen schwammen auf der Welle der modernen Science-Fiction-Filme, die Steven Spielbergs *Unheimliche Begegnung der dritten Art* (1978) und George Lucas' *Krieg der Sterne* (1977) ausgelöst hatte

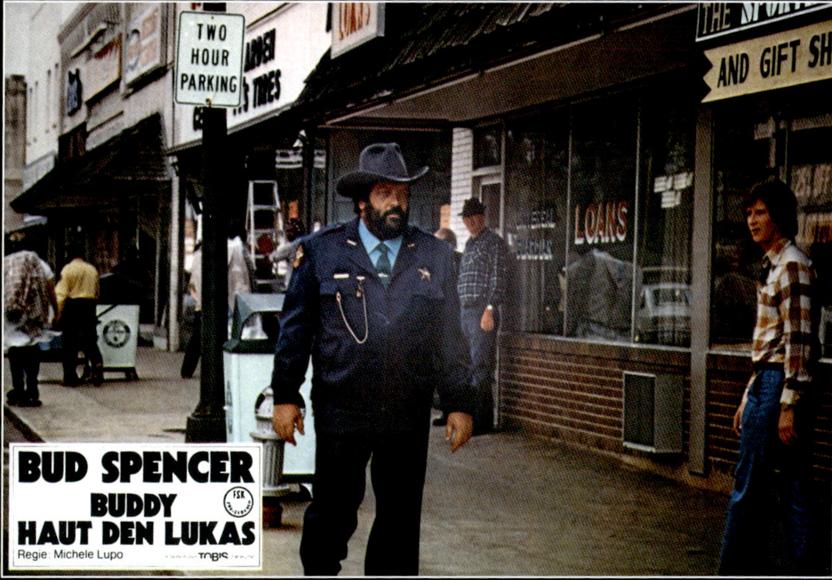

Bud Spencer spielte in *Buddy haut den Lukas* einen Kleinstadtsheriff, dessen Fäuste die örtlichen Ganoven in die Schranken weisen und der sich gleichzeitig gegen bösartige Aliens aus einer fremden Galaxie durchsetzen muss.

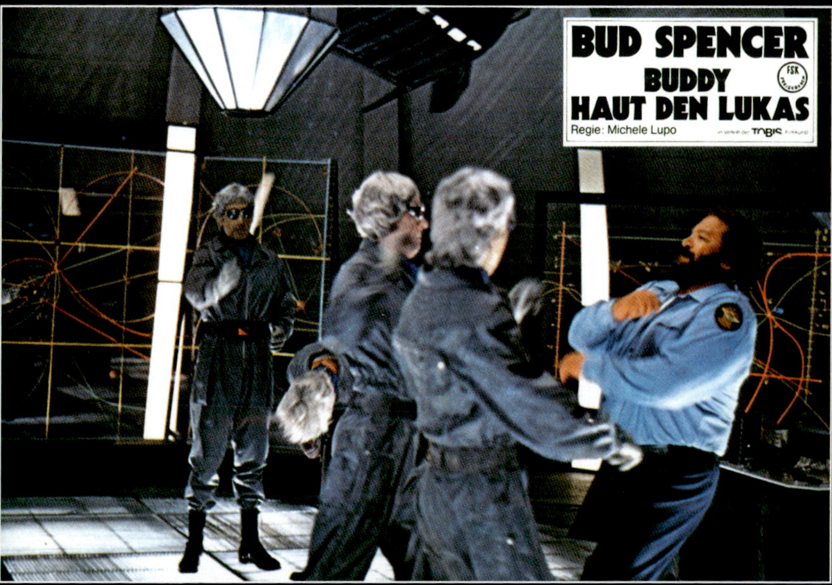

Obwohl sich der Streifen am Science-Fiction-Kino orientierte, durften auch hier die üblichen Prügelszenen nicht fehlen.

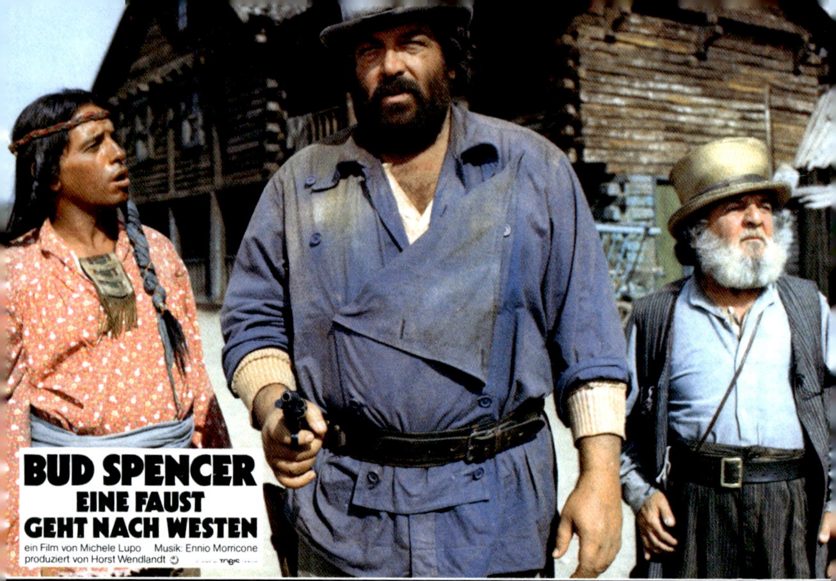

Eine Faust geht nach Westen (1981) war Bud Spencers Comeback im Western-Genre nach einer Pause von neun Jahren.

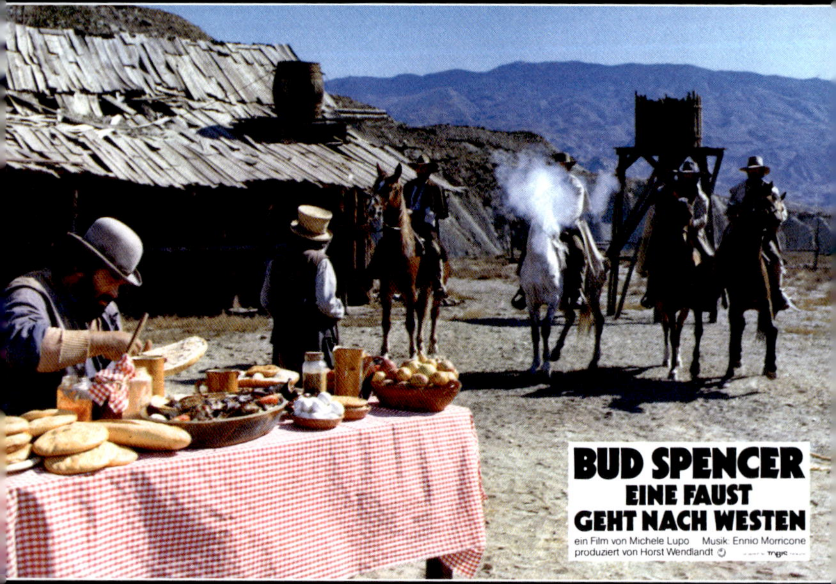

Ein beleibter Kleinganove (Bud Spencer) landet im Provinznest Yucca, wo er als der lang erwartete Arzt begrüßt wird und sich mit dem örtlichen Sheriff anlegt, der es auf eine Goldmine abgesehen hat.

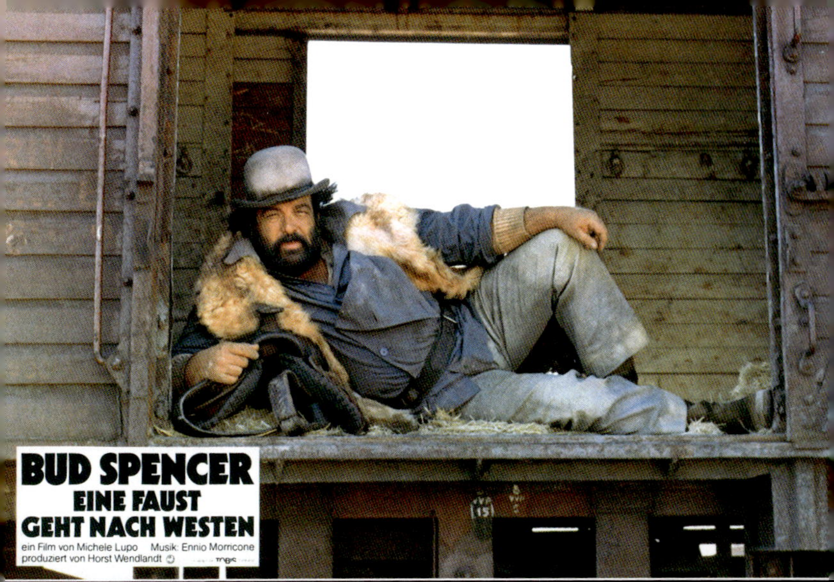

Drei große Filmschaffende, die mit Sergio Leone zusammengearbeitet hatten, waren an diesem Streifen beteiligt: Claudio Mancini übernahm neben Horst Wendlandt die Produktion, Sergio Donati schrieb das Drehbuch und der legendäre Ennio Morricone steuerte die Filmmusik bei.

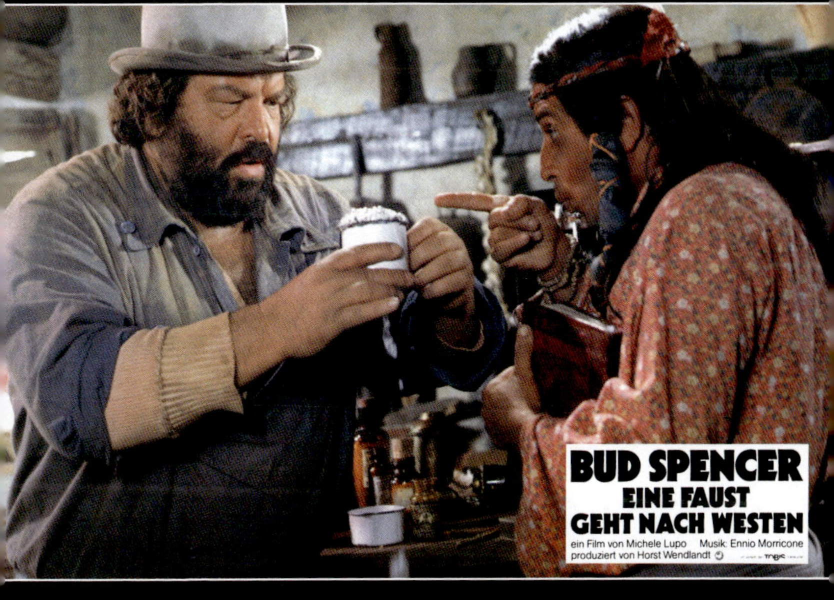

An Bud Spencers Seite spielte der französische Schauspieler Amidou den Indianer »Donnernder Adler«. Die Freundschaft zwischen »Doc« und »Donnernder Adler« erinnert an die Karl-May-Filme

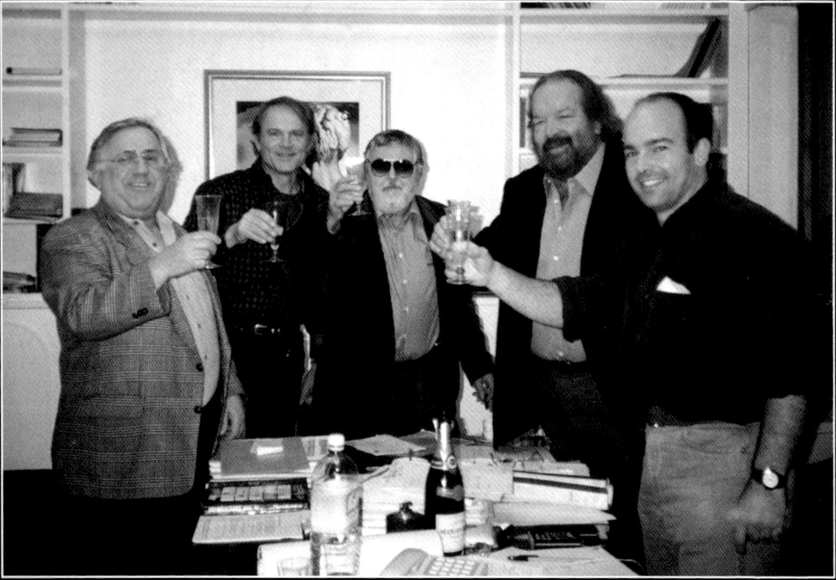

Im Büro von Giuseppe Pedersoli, dem Sohn von Bud Spencer, in Rom. Herstellungsleiter Willy Egger, Terence Hill, Horst Wendlandt, Bud Spencer und Giuseppe Pedersoli stoßen auf die Vertragsunterzeichnung von *Die Troublemaker* an. Dieser Film von 1995 ist das letzte Gemeinschaftsprojekt von Bud Spencer und Terence Hill. Mit ihm kehrten sie zu ihren Genre-Wurzeln im Western zurück.

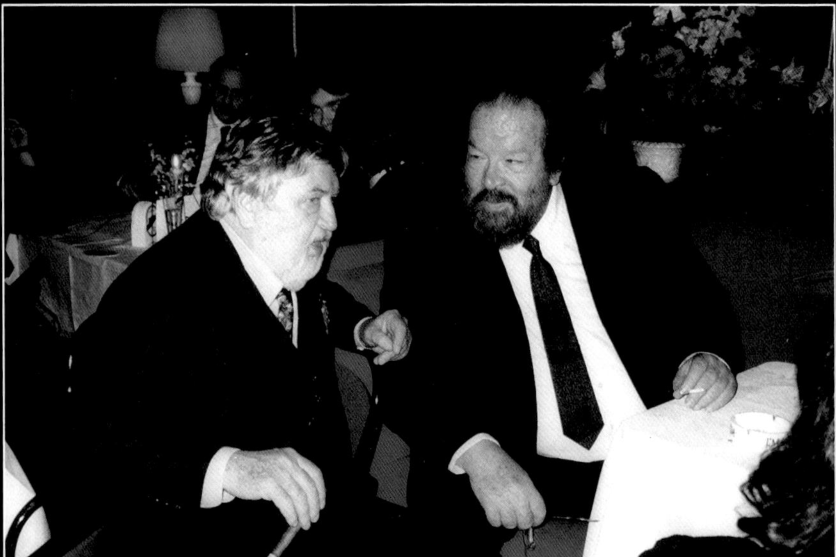

Bud Spencer an seinem 70. Geburtstag mit Horst Wendlandt.

Dies hatte aber auch folgende Nebenwirkung: Die Krise, die von einigen unbesonnenen Leuten immer wieder beklagt worden war – obwohl man ja damals noch 200 bis 300 Filme im Jahr produzierte –, war jetzt wirklich da, und die Gelder für neue Filme kamen nun immer öfter vom Fernsehen. Für das Fernsehen wiederum erschien es lohnender, unsere alten Filme wie *Die rechte und die linke Hand des Teufels* oder *Zwei wie Pech und Schwefel* zum abertausendsten Mal zu senden, weil sie damit Millionen Menschen vor der Glotze fesselten. Das war viel einträchtiger, als Gelder lockerzumachen, um uns einen neuen kostspieligen Film zu finanzieren. Terence und ich entschlossen daraufhin, uns in aller Freundschaft zu trennen, um andere Projekte zu realisieren. Wir waren aber stets bereit, wieder zusammenzuarbeiten, falls es sich lohnen würde. Wir hörten nun vielleicht auf, als Duo zu drehen, doch ein Duo blieben wir für immer.

Noch einmal mit Terence

Zehn Jahre mussten ins Land ziehen, bevor wir wieder zusammenkamen: *Die Troublemaker* von 1995 war ein Familienprojekt mit Terence als Regisseur und seinem Sohn Jess als Drehbuchautor. Ich hätte eigentlich lieber ein Remake von *Don Quijote* gedreht, mit mir als Sancho Panza und Terence in der Titelrolle. Natürlich hätten wir den Text gründlich überarbeitet und für unser Duo adaptiert. Der bereits verstorbene Furio Scarpelli hatte das Drehbuch dazu geschrieben und die Eröffnungsszene hätte im alten Spanien gespielt, wie es uns Cervantes überliefert hat. Terence wollte aber auf Nummer sicher gehen und ging zurück zu unseren Wurzeln: zum Western.

Die Troublemaker wurde in der Wüste von New Mexico gedreht, wo man früher mit den ersten Atombomben experimentiert hatte. Nicht weit davon entfernt lebten Mestizen. Sie nahmen jeden Tag den Bus, um von ihrem Reservat aus in die Stadt zu fahren, wo sie ihre eigenen Erzeugnisse verkauften und Einkäufe erledigten. Was diesen Ort jedoch besonders macht, ist der Umstand, dass sich irgendwo in der Nähe eine geheime Militärbasis befinden soll, mit toten und lebendigen Außerirdischen. Ich habe der Legende über die »Area 51« und das UFO, das in Roswell in den Vierzigerjahren vom Himmel gefallen sein soll, nie besonders viel Gewicht beigemessen, und zwar aus dem einfachen Grund, dass ich daran nichts Ungewöhnliches finden würde. Die dortigen Ureinwohner wurden jahrzehntelang Zeugen von ungewöhnlichen Phänomenen und für sie steht es außer Zweifel, dass es dort unten etwas viel Spektakuläreres und Geheimnisvolleres gibt, als man dem ersten Anschein nach vermuten würde. Während der wochenlangen Dreharbeiten gelangten Terence und ich zu derselben Überzeugung – waren wir nicht selbst zwei *marziani*, die ungeachtet ihres schon fortgeschrittenen Alters immer noch Cowboys spielten?

Die Magie unseres Duos hatte all die vielen Jahre unbeschadet überstanden, und am Set war es so, als wäre seit den »Trinity«-Filmen kein einziger Tag vergangen, und doch waren wir jetzt dem Jahr 2000 deutlich näher als den Siebzigern. Obwohl der Western leider gar nicht mehr »in« war, verkaufte sich *Die Troublemaker* nichtsdestotrotz in viele Länder.

Jemand hat einmal festgestellt, dass die Filme des Duos Spencer / Hill für die italienische Filmindustrie über 15 Jahre lang eine der wenigen sicheren Einnahmequellen darstellten. Kein einziger unserer Filme ist je zum Debakel für die Produzenten geworden. Es gibt Länder, wie zum Beispiel die USA, in denen wir unseren Ruhm vor allem dem Umstand verdanken, dass unsere Filme im Fernsehen liefen und auf Heimvideos verkauft wurden.

Mittlerweile sind Terence und ich Gegenstand von wissenschaftlichen Abschlussarbeiten und einigen Büchern geworden. Die kritische Neubewertung von Filmen oder zumindest von Genres, die den Spaghetti-Western, den Horror- und den *poliziottesco*-Filmen [35] zuteil wurde, kam auch unseren Werken zugute. Schön und gut, jedoch sollten unsere Filme das große Publikum unterhalten. Sie waren nicht für Festivals oder Cineasten-Clubs gedreht worden – obwohl in den letzten Jahren einige Kino- und Kulturvereine Retrospektiven unserer Filme gezeigt haben. Im Nachhinein ist man immer klüger.

Die Freundschaft mit Terence Hill

Nun komme ich endlich zu dem Punkt, der die meisten von denen, die mir bis hierher geduldig gefolgt sind, am brennendsten interessiert: die »Tatsache hinter der Legende«. Wie hat es John Ford in *Der Mann, der Liberty Valance erschoss* doch so schön ausgedrückt: »Unsere Legenden wollen wir bewahren. Sie sind für uns wahr geworden.«

Das Publikum stellt sich vor, wie Mario Girotti / Terence Hill und ich 24 Stunden am Tag aufeinanderhocken, mit riesigen Fressgelagen, viel Gelächter und vielleicht auch so mancher echten kleinen Prügelei. Man sieht uns so, wie wir auf der Leinwand waren: von einer Hassliebe fest aneinandergebunden, zwei Brüder und zwei Feinde, die sich dauernd prügeln wollen, aber auch bereit sind, für den anderen ihr Leben zu lassen.

---

[35] *Genuin italienisches Genre des »harten Polizeifilms« mit vielen Gewaltszenen.*

Natürlich ist es nicht so und auch deshalb können wir uns damit brüsten, das einzige Film-Duo zu sein, das sich nie zerstritten hat, so wie es beispielsweise in den Fünfzigerjahren bei Dean Martin und Jerry Lewis der Fall war. Ich will über niemanden urteilen, aber ich würde sagen, dass ein solches Auseinanderdriften völlig normal ist: Eine enge Verbindung zweier Künstler ist wie eine Ehe; irgendwann fängt man an, mit dem Partner zu streiten, und manchmal endet das dann auch mit der Scheidung.

Bevor Terence mit mir zu arbeiten begann, hatte er in Deutschland und in Italien schon etliche Filme gedreht. Er zollte meinen sportlichen Erfolgen großen Respekt, und ich empfand das Gleiche für seine schauspielerischen Erfolge. Aufgrund seiner Lebenserfahrung und seines Charakters ist Mario Girotti in erster Linie ein Mensch, für den seine Familie und menschliche Werte an allererster Stelle stehen, und erst danach ist er ein Schauspieler.

Bud Spencer und Terence Hill sind Freunde, die durch dick und dünn gehen; Carlo Pedersoli und Mario Girotti sind Freunde, die die gleichen Werte und so manche gemeinsame Erfahrung teilen, aber wenn die Drehs beendet waren, führte jeder sein Leben fort und kehrte zu seiner Familie zurück. Wir haben nie den Fehler gemacht, uns in die Privatsphäre des anderen hineinzudrängen. Freundschaft ist wie Liebe ohne Sex, und eine Liebe, die sich in ein Gefängnis verwandelt, zerstört die Freundschaft.

Die Beziehung zwischen Mario und mir ist zufällig entstanden, auch wenn, wie schon gesagt, das Schicksal sich große Mühe gegeben hat, uns zusammenzuführen. Mit der Zeit haben wir entdeckt, dass wir uns auf menschlicher Ebene sehr nahestehen, wenn auch mit all den Unterschieden, die jeden Menschen besonders und einzigartig machen.

Mario Girotti ist ein Profischauspieler, ein hochanständiger Mensch von untadeliger Lebensart und ein Träger von Werten, an die auch ich glaube. Nach fast vierzig Jahren gemeinsam gedrehter Filme verstehen wir uns blind. Wir liegen einfach auf der gleichen Wellenlänge.

Terence hat die typischen Angewohnheiten, die einen Profischauspieler auszeichnen: Wenn wir im Ausland drehten, belegten wir oft Hotelzimmer nebeneinander, und so hörte ich ihn häufig spät am Abend, wie er noch mit seiner Sprachtrainerin arbeitete, um seine englische Aussprache zu perfektionieren, während ich mit diesem »Schlaflied« in den Ohren ganz sanft einschlummerte.

Einen so talentierten und humorvollen Kollegen zu haben, war das Allerbeste, was dem naiven »Bud Spencer« passieren konnte.

Nach der Trennung des Duos hätten die Paparazzi sicher alles für einen Schnappschuss gegeben, auf dem wir uns eine echte Schlägerei vor einem Lokal liefern. Pech für sie, denn wir sind außerhalb der Leinwand absolut keine Streithähne und wir verabscheuen uns auch nicht, wie es beim »müden Joe« und dem »Kleinen« der Fall war. Von uns hat die Klatschpresse immer wenig gehabt, weil wir überhaupt keine Typen sind, die um jeden Preis auf den Titelblättern erscheinen wollen, was sogar dazu führte, dass lange Zeit viele gar nicht wussten, dass wir Italiener sind. Unsere Landsleute dachten tatsächlich, dass wir Ausländer seien.

Wir konzentrierten uns darauf, gute Filme zu machen, und jeder eventuelle Missklang oder Zweifel wurde von unserem gemeinsamen Ziel, die Zuschauer zum Lachen zu bringen, schnell zerstreut.

Manchmal fragte mich Mario am Set: »Carlo, wie steht mir dieser Hut?«

»Ach Mario, zieh dir doch an, was du willst«, antwortete ich dann schulterzuckend. »Hauptsache wir drehen!« Mit seinen blauen Augen und seinem Talent konnte er jeden Hut tragen und jeden Part verkörpern, der ihm gefiel. Ich dagegen konnte höchstens mich selbst spielen.

Wir sind zwei entgegengesetzte Pole, die sich gegenseitig anziehen, und die Anziehung zwischen uns hat es möglich gemacht, dass wir viele Jahre lang auch noch einen dritten Pol anzogen: das Publikum auf der ganzen Welt. Vielleicht liegt unser Erfolg darin begründet, dass wir unsere Fans nie betrogen und stets mit offenen Karten gespielt haben.

9. KAPITEL

BUD ALS SOLO-DARSTELLER

Andere Erfahrungen

Wenn sich dir eine Tür ins Unbekannte auftut und dies in einem Moment, wo du nichts zu verlieren hast, ist es nur gut und billig, diesen Weg einzuschlagen. Als ich nach den ersten erfolgreichen Western weitere Filmangebote in mir noch unbekannten Genres erhielt, wie beispielsweise für Polizei- oder sogar Kriegsfilme, sagte ich deshalb in der Regel sofort zu. Auch wenn der Lohn dafür niedrig war und es sich nur um Nebenrollen handelte.

Der Charakter »Bud Spencer« war im kollektiven Bewusstsein noch nicht verfestigt, also konnte ich es mir erlauben, etwas »herumzuspringen«, wie ein kleiner Ball, der gegen verschiedene Wände prallt, bis er irgendwo liegen bleibt – und der zum Glück bis heute noch nie irgendwo lange liegen geblieben ist.

Den Film *Vier Fliegen auf grauem Samt* von 1971 drehte ich, weil ich Dario Argento bereits als Autor verschiedener Western kannte, in denen ich gespielt hatte. Argento – Sohn eines Produzenten und einst Filmkritiker bei der Tageszeitung *Paese Sera* – wertschätzte ganz unverhohlen etwas, was in jenen Jahren von der offiziellen Kritik rundherum abgelehnt wurde: das Genrekino. Ein Jahr davor hatte er seinen Durchbruch mit *Das Geheimnis der schwarzen Handschuhe* gehabt und bereitete sich nun darauf vor, diesen Erfolg zu wiederholen. Er bat mich, eine kleine Rolle für wenig Geld zu spielen, aber bereits der Name meines Charakters in *Vier Fliegen auf grauem Samt* klang verlockend und anspruchsvoll: »God«, Abkürzung von »Godfrey«.[36] Ich sagte sofort zu: Denn noch war ich nicht auf die Rolle des »gutmütigen Riesen« festgelegt, und außerdem war es auch

---

[36] *Im Original: »Dio« (= »Gott«) als Abkürzung von »Diomede« (= »Diomedes«). Diomedes ist ein griechischer Männervorname aus der Antike.*

nicht gerade so, dass die Regisseure bei mir Schlange standen. – Ich freute mich auch, eine Nebenrolle von einem damals schon so wichtigen Regisseur wie Carlo Lizzani angeboten zu bekommen, und zwar im Polizeifilm *Der Sizilianer*.

Sowohl vor dem unglaublichen Publikumserfolg der beiden »Trinity«-Filme als auch danach betrachtete ich jeden Film, der mir angeboten wurde, als wäre er mein letzter. Auch auf die Gefahr hin, mich zu wiederholen: Ich war fest davon überzeugt, dass meine Film-Aktivitäten nicht von Dauer sein könnten. Sei es deshalb, weil der Italowestern irgendwann nicht mehr »in« sein würde, sei es, weil die verschiedenen Genres nur kurzlebige Phänomene darstellen. Der Italowestern war mit seinem Erfolg, der beinahe zehn Jahre währte, eine echte Ausnahmeerscheinung. Normalerweise waren solche »Trends« schneller überholt. Also hätte dieses unerwartete Glück sehr bald vorbei sein können, und mir war völlig klar, dass ich nicht über die notwendigen Qualitäten verfügte, um danach zu einer ganz anderen Rolle wechseln zu können.

Ich war ja schließlich nicht jemand wie James Stewart, der vor dem Krieg Komödien drehte und nach dem Krieg den dramatischen Western-Helden gab; oder Spencer Tracy, der es vermochte, einerseits den perversen Mr Hyde und andererseits den barmherzigen Priester in *Teufelskerle* zu spielen. Deswegen nahm ich alles mit, was mir angeboten wurde.

Sterne Hollywoods

1972 ging ich für einen weiteren Western nach Spanien, jedoch wieder nicht als Hauptdarsteller: *Sie verkaufen den Tod*, unter der Regie des hervorragenden Tonino Valerii, mit dem Terence

1973 den wunderbaren Streifen *Mein Name ist Nobody* drehen sollte, der von Leone produziert worden war.

Der Plot von *Sie verkaufen den Tod* ähnelte dem, der bereits im Kriegsfilm *Das dreckige Dutzend* von Robert Aldrich erprobt worden war: eine Schar Galgenvögel auf einer selbstmörderischen Mission. An ihrer Spitze steht ein Nordstaaten-Soldat, der in Ungnade gefallen ist und nun ein Fort aus den Händen eines verhassten Südstaatlers zurückerobern muss. Der Nordstaatler war der großartige James Coburn, während sein Gegenspieler der charismatische Telly Savalas war (der auch bereits zum Cast von *Das dreckige Dutzend* gehört hatte). Ich spielte den Ganoven Eli (der Name war eine Hommage an Wallach).

Telly Savalas war der klassische amerikanische Schauspieler, gleichzeitig gerissen und naiv. Gerissen, weil er anderen immer die Schau stehlen wollte; naiv, weil er wie viele amerikanische Schauspieler, die stets auf sich selbst fokussiert sind, ziemlich leichtgläubig war. Eines Tages war er sehr darauf konzentriert, eine ganze Szene an sich zu reißen. Sein Charakter sollte mir zuhören, während ich sprach, aber er, gerissen wie er war, baute in die Szene trickreich Mimiken und Körperbewegungen mit ein, die nicht im Drehbuch standen. Gleichzeitig bemerkte er nicht, wie ich ihn veralberte. Nicht aufgrund meines schauspielerischen Gespürs, sondern dank meines neapolitanischen Instinkts war mir klar, was Savalas vorhatte. So stellte ich ihn zufrieden und sprach meinen Part mit dem Rücken zur Kamera, während er Herr der Bildeinstellung blieb. Die Schauspielertruppe und der Regisseur kicherten. Alle hatten erkannt, dass ich es absichtlich machte – alle außer dem divenhaften Amerikaner, der vollkommen in seine Tricks vertieft war.

Vielleicht sind einige große Schauspieler zu unsicher und glauben, sich dieser Spielchen bedienen zu müssen, wenn sie sich »bedroht« fühlen: Auch Glenn Ford versuchte, als er mit

Brando einen Film drehte (*Das kleine Teehaus*), diesem mit ähnlichen Tricks die Schau zu stehlen. Aber mein Gott, das war eben Marlon Brando! In diesem Fall kann ich es nachvollziehen. Wer weiß, vielleicht glaubte Savalas ja, dass meine imposante Statur das Publikum von ihm ablenken könnte.

Ganz anders James Coburn, der viel vergeistigter war: Wenn er nicht drehte, spielte er Flöte und schien in eine zenartige Innerlichkeit zu versinken. Damals konnte ich noch nicht wissen, dass er Freund und Schüler von Bruce Lee war, woher seine Neigung zu fernöstlichen Weisheiten rührte. Nachdem der Film abgedreht war, kam er zu mir und sagte: »You're a good surprise for us.« (»Du bist für uns eine positive Überraschung.«) Ich lächelte geschmeichelt und antwortete mit falscher Unbescheidenheit: »You too.« (»Ihr auch.«)

Der Film wurde ein Erfolg und spielte damals zirka zwei Milliarden Lire ein. Auch der schöne Soundtrack von Riz Ortolani trug dazu bei. Die Musik hatte stets einen nicht zu vernachlässigenden Anteil am Erfolg der Italowestern.

Halleluja ... Amigo wurde von Maurizio Lucidi inszeniert. In diesem Film beschützte ich den kleinen Renato Cestié, einen Kinderdarsteller, der meist herzergreifende Rollen spielte (wie zum Beispiel in *Der letzte Schnee des Frühlings*), die zu jener Zeit in Mode waren. Jack Palance (echter Name: Wolodymyr Iwanowitsch Palagnjuk) spielte meinen Freund, der gleichzeitig mein Feind war. Seine Figur stand mir gegen die Bösewichte bei, damit ich seine Schwester heiraten konnte. Palance war ein anderer »harter« Hollywood-Charakter: Er war mit der Rolle des grinsenden Killers in *Mein großer Freund Shane* aus dem Jahre 1953 berühmt geworden, und seither hatte es für ihn kein Halten mehr gegeben. Er war ein Schauspieler mit großer körperlicher Ausdruckskraft und vielen anderen Qualitäten. Als er 1991 den Oscar für die Rolle des alten Cowboys in *City Slickers – Die*

Großstadt-Helden erhielt, war ein wenig in Vergessenheit geraten, dass er nicht nur »ein Sattel mit zwei Augen in der Mitte« sein konnte (wie ihn der witzige Billy Crystal einmal beschrieb), sondern auch ein selbstreflektierter Schauspieler. Er sprach sechs Sprachen, war Maler und Dichter; und er war vor Beginn seiner Kino-Karriere ein ziemlich guter Boxer gewesen. Aber nicht nur das, er war auch ein lustiger Schauspieler. Im Ernst: Trotz seiner Mörder-Visage liebte er es zu scherzen. Am Set war er ein großer Spaßvogel und mir sagte er immer: »Bud, I am a comic actor.« Er wusste, dass er ein ausgezeichneter Komiker sein konnte, aber wegen seines Gesichts und seines Erfolgs war er auf eine bestimmte Rolle festgelegt.

Plattfuß

1973, zu einem Zeitpunkt, als Terence mit anderen Dingen beschäftigt war, bot mir Enzo Barboni eine Rolle in *Auch die Engel essen Bohnen* an, diesmal mit dem Namen Giuliano Gemma über dem Titel und meinem wie gehabt darunter.

Als der Film herauskam, war das öffentliche Gedränge so groß, dass die Kassiererin des Odeon-Kinos am Corso Umberto in Mailand aus der Vorhalle herausgedrängt wurde und am Ende mit der Kasse in den Händen vor dem Gebäude auf der Piazza del Duomo stand. So massiv war der Ansturm derer, die hineinwollten.

Dem Produzenten Italo Zingarelli schwante nun langsam, dass möglicherweise auch Bud Spencer als Solist keine »Eintagsfliege« war. Mir wurde gesagt, dass mein Name beim nächsten Film endlich über dem Titel stehen würde. Darüber freute ich mich, hätte aber mehr davon gehabt, wenn sie meinen Namen dort gelassen hätten, wo er immer stand, und mir dafür mehr gezahlt hätten.

Auch auf die Gefahr hin, meine Leser zu langweilen, wiederhole ich es noch mal: Der Erfolg eines Schauspielers ist ein Geschenk des Himmels, und die Zuschauer können dir ihre Gunst jederzeit wieder entziehen. Für dich als Privatmensch interessieren sie sich keinen Deut, sondern sie gestehen dir den Erfolg nur deshalb zu, weil du auf der Leinwand jemanden für sie darstellst, der sie in der Realität auch gern wären. In meinem Fall war der Identifikationsmechanismus sehr elementar: Ich war der Starke, der den arroganten Bösewichten Ohrfeigen verpasst und so die Schwachen rächt. An meiner Seite waren die Kinder, die Alten und die Frauen sowie die Furchtsamen und die Schüchternen sicher vor den Wichtigtuern, da in den Geschichten von Bud Spencer die Ohrfeigen genau dort landeten, wo Worte und Gebete nicht weiterhalfen.

Aufgrund dieser Überlegungen entstand *Sie nannten ihn Plattfuß*. Es war der Film, der mich wieder nach Hause brachte: nach Neapel, mit seiner Größe, seinem Elend, seiner Genialität sowie seiner Kunst, in den Tag hineinzuleben und gleichzeitig erfinderisch zu sein, um über die Runden zu kommen. In den Fortsetzungen der Plattfuß-Reihe sprach ich sogar mich selbst (normalerweise wurde ich in Italien von dem hervorragenden Glauco Onorato synchronisiert). So konnte ich meinem neapolitanischen Akzent freien Lauf lassen, denn auch Kommissar Rizzo war Neapolitaner.

An dieser Stelle erinnere ich mich an eine Anekdote. Es war Sommer und wir drehten gerade das Finale im Stadtviertel Sanità, wo »Zweifinger-Joe« (der Chef der Camorra, gespielt von Mario Pilar) auf mich trifft. Steno [37] rief: »Ruhe! Kamera … Ac-

---

[37] *Künstlername des in Italien berühmten Regisseurs Stefano Vanzina.*

tion!« Doch die Szene wurde jäh von einem unvorhergesehenen Zwischenfall vermasselt: Und zwar vom langgezogenen und nervtötenden Quietschen eines Fensters, das geöffnet wurde. Ein Mann schaute heraus. Sie baten ihn, das Fenster wieder zu schließen, da gerade ein Film gedreht werde, aber er antwortete im neapolitanischen Dialekt: »Tengo càvero!« (»Mir ist heiß!«). Man schaffte dadurch Abhilfe, dass man ihm Geld zusteckte, und so blieb er brav und störte nicht mehr. Okay, also zurück zur Arbeit: »Kamera … Action!«

Da ertönte wieder ein Quietschen, verursacht durch ein weiteres Fenster, das geöffnet wurde: Einem anderen Bewohner aus der Nachbarschaft war es offensichtlich auch »zu heiß«, um die Fenster geschlossen zu halten. Es hatte in genau diesem Quadratkilometer anscheinend einen plötzlichen Hitzeanstieg an jenem Nachmittag gegeben. Steno wurde klar, dass man nicht drehen konnte, bevor man sich nicht mit »jemandem« einigt: Und in der Tat kam er mit dem zuständigen Mafia-Capo des Stadtviertels überein, indem er ihm 100.000 Lire (was damals nicht wenig Geld war) anbot. Erst jetzt, mit dem Segen des lokalen Bosses, konnten wir ungestört drehen. Das war eben Neapel!

Plattfuß grüßt aus China!

Der große Erfolg des Filmes hatte einiges Geld in die Kassen der Filmproduktionsfirma Titanus gespült, deren Chef Goffredo Lombardo sehr viel für das Kino geleistet hatte und der zuvor knapp bei Kasse gewesen war. Und da Titanus genau im selben Jahr, 1973, mit *Todesgrüße aus Shanghai* den legendären Bruce Lee auf den italienischen Markt gebracht hatte, sprangen Steno und Goffredo mit *Plattfuß räumt auf*, der in Hongkong spielt, auf den Erfolgszug auf. In diesem Film standen mir dieselben Stuntmen zur Seite wie Bruce Lee in seinen Filmen. Ich hätte ihn gern kennengelernt, aber Lee war leider kurz zuvor gestorben, und das in sehr jungen Jahren und auf dem Gipfel seines Erfolges.

Das Schöne an Hongkong ist, dass diese Stadt, deren Filmindustrie 300 Filme im Jahr hervorbringt, aus einer Halbinsel und sehr vielen kleinen Inseln besteht – ein chaotischer Ort, sehr laut, am Meer gelegen und voller Gegensätze, eigentlich sehr »neapolitanisch«. Ich fühlte mich dort fast wie zu Hause.

Die Landung auf dem Flughafen von Kai Tak war ganz besonders beeindruckend. Später konnten wir darüber lachen, aber währenddessen war es dramatisch: Die DC-10, mit der wir flogen, führte immer tiefere Flugmanöver aus, so tief, dass man aus dem Fenster die Leute auf ihren Balkonen und Terrassen sehen konnte. Plötzlich wurde das Flugzeug scharf herumgerissen und wir befanden uns vor einer großen Wand mit einem blinkenden Signalpfeil. Das Flugzeug ging noch weiter herunter. Wir konnten jetzt die Chinesen durch die Fenster in ihren Häusern sehen! Dann landeten wir endlich und es machte sich eine unglaubliche Erleichterung breit.

Den Film drehten wir im Hotel Peninsula und am Hafen, inmitten von bettelarmen Menschen und Flüchtlingen aus Vietnam, die in Dschunken hausten, welche im Hafen fest vor Anker lagen. Wir drehten auch in Bangkok und in Macao, einer ehemaligen portugiesischen Kolonie, wo das Glücksspiel erlaubt war. Ich erinnere mich an diese große Spielhalle, in der wir eine Kampfszene drehten, und ich muss sagen, dass das echt eine schäbige Umgebung war, überhaupt nicht zu vergleichen mit den gepflegten Casinos in San Remo.

Auch wenn der Film im Polizeimilieu spielte und viele Morde darin vorkamen, drehte sich am Ende doch alles um meine

Schlägereien. Aber unsere Art, eine Actionszene zu choreografieren, stand in Konflikt mit der so blitzschnellen Art der Stuntmen von Bruce Lee. Aufgrund ihrer Fähigkeiten waren sie die besten Stuntleute der Welt. Während jedoch in den chinesischen Kampfszenen die Schnelligkeit an erster Stelle stand, war unser Tempo viel langsamer, damit das Publikum auch erkennen konnte, wer eigentlich wem eine Ohrfeige verpasste. Doch diese Akrobaten, vor allem ihr Stunt Coordinator (der knochige und schielende kleine Chinese, der mich ständig angreift), waren derart begnadet, dass sie schnell lernten. Um ihm klarzumachen, dass er das Tempo verringern sollte, blockierte ich ihn, wenn er mir einen Schlag versetzte. Ich schubste ihn hin und her und gewann so etwas Zeit.

Es gab auch eine Sumo-Szene. Sumoringer spielen eigentlich nie in Kinofilmen, im Fernsehen oder in der Werbung mit, denn sie werden in der japanischen Gesellschaft als heilige Figuren angesehen (oder zumindest war es einmal so); diejenigen, die man in Filmen sieht, sind keine echten, sondern entweder Schauspieler oder gescheiterte Sumoringer. Das Mindestgewicht eines Ringers liegt bei etwa 200 Kilogramm. Er weiß daher, dass er jung sterben wird, aber er nimmt dieses Schicksal als Ehre an. Der Sumoringer, gegen den ich im Film kämpfte, war ein gescheiterter und etwas frustrierter Kämpfer, und deshalb schlug er richtig fest zu. Er wollte zeigen, dass er in Wahrheit viel stärker als ein Weißer war. Am Ende hatte ich es satt, packte ihn und haute ihn aus dem Ring. Ich war zwar schon über 45 und wog weniger als er – aber dafür war ich doch schließlich Bud Spencer, oder?

Abgesehen von solchen kleinen Zwischenfällen waren es sehr unterhaltsame Wochen, die mit noch einer weiteren und ganz besonderen Überraschung aufwarteten. Während wir am Hafen drehten, legte ein amerikanischer Flugzeugträger an, der aus Vietnam zurückgekehrt war. Zu meiner Überraschung versammelte sich auf einmal die gesamte Mannschaft an Deck und salutierte vor uns. Der Grund dafür war einfach: An Bord hatten sie kurz zuvor die beiden »Trinity«-Filme gesehen! Daher kannten mich die amerikanischen Matrosen, und der Admiral lud mich sogar zum Abendessen ein. Ich versuchte, mich in eine Pilotenkabine eines ihrer F-16-Kampfjets hineinzuzwängen, aber ohne Erfolg. Ein Pilot dieses Flugzeugtyps muss schlank und klein gebaut sein (deshalb gab Tom Cruise in *Top Gun* auch so eine gute Figur ab!).

Ritterrüstung und Melone

Zurück in Italien, kam Pasquale Festa Campanile auf mich zu, ein großartiger Komödienregisseur, der sehr gern Kostümfilme drehte: So kam es, dass wir 1976 den auf mich zugeschnittenen Streifen *Hector, der Ritter ohne Furcht und Tadel* realisierten. Er stellte ein reales historisches Ereignis dar, und zwar die legendäre »Herausforderung von Barletta«[38], wo der tapfere Hector Fieramosca den Franzosen ordentlich Saures gibt.

Diese Produktion gehörte neben *Zwei Missionare* und dem unlängst gedrehten *Cantando dietro i paraventi*[39] von Ermanno Olmi zu den wenigen »historischen« Filmen, bei denen ich mitgewirkt habe. In Erinnerung geblieben ist mir vor allem der eindrucksvolle Cast mit vielen Charakterdarstellern und Thea-

38 *Diese historische Begebenheit von 1503, bei der die unbeliebten Franzosen eine empfindliche Niederlage einstecken mussten, ist in Italien bis heute sehr stark im nationalen Bewusstsein verankert.*

39 *Auf Deutsch etwa: »Singen hinter den Wandschirmen«, ein Film von 2003 (I/GB/F) mit Bud Spencer in der Hauptrolle, von dem bislang keine deutsche Fassung existiert.*

terschauspielern. Dazu gehörten Enzo Cannavale (ein spektakulärer Charakterdarsteller, der vom Teatro di Eduardo[40] kam und der mit mir schon in den »Plattfuß«-Filmen vor der Kamera gestanden hatte); Philippe Leroy, der zuvor seinen großen Fernseherfolg als treuer Yanez in *Sandokan* gefeiert hatte; der französische Komiker Jacques Dufilho, der italienische Kabarettist Oreste Lionello, Angelo Infanti sowie viele große Theaterdarsteller wie Mario Scaccia, Mariano Sigillo und Eros Pagni; nicht zu vergessen Pizzuti, Bastianoni, Cianfriglia und all die anderen Stuntmen. Es war wirklich ein prächtiger Film, der sehr akkurat das Italien von 1503 samt der historischen Kostüme wieder aufleben ließ. Es entstand das Bild eines Landes, das durch französische, spanische und arabische Einflüsse tief gespalten war und in dem es vor Abenteurern und Söldnern nur so wimmelte. Kurz: Der Streifen war ein großer Erfolg.

Aber ich hatte eine heimliche Achillessehne, die mich immer wieder einholte: mein Englisch. Der darauffolgende Film *Charleston,* der mich erneut mit dem Regisseur Marcello Fondato zusammenführte, bot mir die Möglichkeit, mit einem Cast von namhaften britischen Schauspielern zu arbeiten. Das war ein Ausflug in ein »anspruchsvolles« Genre (hier sind Anführungszeichen notwendig, denn die Ohrfeigen kamen trotzdem vor), sogar mit Tanz- und Gesangseinlagen und solch typisch britischen Utensilien wie Spazierstöcken und Melonen. Wir drehten in London und mit internationaler Besetzung, unter anderem mit Herbert Lom (dem Chefinspektor in der Serie *Der rosarote Panther*). Mich rettete der Umstand, dass ich einen polnischen Immigranten spielte, was meinen starken Akzent recht-

---

[40] *Berühmte italienische Schauspieltruppe, die 1945 vom Theaterschauspieler und -autor Eduardo De Filippo gegründet wurde.*

fertigte. Daher klappten sogar die Ton-Direktaufnahmen ganz gut, auch wenn ich kein Engländer war.

Es war einmal in Südafrika

Der Orient, die Vereinigten Staaten, Spanien, England, das Amazonas-Gebiet: Eine der schönsten Seiten des Schauspi… pardon, ich meine natürlich des »Charakterdarsteller«-Berufs, ist, dass man in der ganzen Welt herumkommt. Die folgende Episode als Solo-Darsteller in *Plattfuß in Afrika* führte mich und meinen treuen Gehilfen Caputo (Cannavale) nach Südafrika, wo wir Diamanten- und Drogenschmuggler jagten.

Ich würde mich nun gern über die touristische Schönheit Südafrikas auslassen, aber wenn man von jenem Land zu jener Zeit spricht, muss man leider von Rassismus und Apartheid reden.

Während einer Drehpause gingen Steno, ein paar Kollegen und ich in ein Restaurant in Johannesburg, um etwas zu essen, und für mich war es völlig normal, dass Baldwyn »Bodo« Dakile, das farbige Kind, das ich im Film beschützte, mitkam. Als wir eintraten, eilte uns der Empfangschef ganz verlegen entgegen: »Mr Spencer, es ist uns eine sehr große Ehre, Sie hier zum Essen begrüßen zu dürfen, aber Schwarze dürfen nicht eintreten.« Nachdem ich den ersten Schrecken überwunden hatte, packte mich der Zorn und ich weigerte mich, dort zu essen. Wir gingen also woandershin, doch bei meiner Rückkehr ins Hotel wartete schon der lokale Polizeichef auf mich, der mich zur Seite nahm und mir klipp und klar sagte, dass wir sofort als ungebetene Gäste des Landes verwiesen werden würden, falls ich noch einmal ein solches Verhalten an den Tag legte.

Ich war mir dessen damals überhaupt nicht bewusst, aber unsere Entscheidung, mit einem Schwarzen in dieses edle Restaurant zu gehen und darauf zu bestehen, dass er dort ebenfalls bedient würde, barg politischen Sprengstoff: Die Nachricht verbreitete sich im Nu und eine Gruppe von Schwarzen, die mein Verhalten als Vorbild für Courage und Solidarität sahen, versammelte sich auf der Straße, um gegen die Diskriminierung zu demonstrieren. Ich wurde daraufhin Zeuge der folgenden aufwühlenden Szene: Es fuhren Lastwagen vor, aus denen Dobermänner herausgelassen wurden, die speziell darauf abgerichtet worden waren, Schwarze anzugreifen. Weiße beachteten sie überhaupt nicht. Sie streckten den Menschen ihre furchterregenden Mäuler entgegen und knurrten und kläfften sie an.

Es waren gesellschaftliche Verhältnisse, die eine weiße und reiche Minderheit aus Angst einer riesigen und armen schwarzen Mehrheit aufzwangen. Das Paradoxe war, dass damals ein Schwarzer, wenn er Milliardär war und einen amerikanischen Pass hatte, dort von allen hofiert wurde. Es waren die Jahre, als der spätere Präsident des Landes Nelson Mandela, ein politischer Aktivist mit »adligem« Stammeshintergrund und offener Feind des Regimes von Pretoria, zu lebenslanger Haft verurteilt im Gefängnis saß. Erst 1990 sollte der Richterspruch aufgehoben werden.

Aber Diskriminierung gab es nicht nur dort. Im Argentinien Peróns hatte ich viele Jahre zuvor festgestellt, dass man keine Schwarzen auf der Straße sah; höchstens ein paar Mestizen. Ich weiß noch, dass die lokalen Autoritäten sogar Louis Armstrong verboten, dort ein Konzert zu geben.

Gold!

Südafrika war ein neuralgisches Gebiet, nicht zuletzt wegen seiner Bodenschätze. Ich hatte die Gelegenheit, Driefontein, eine der wichtigsten Goldminen der Welt, zu besichtigen. Tief unter der Erde arbeitete dort ein Heer von Schwarzen. Ich sah, wie die Arbeiter sowohl vor ihrem Abstieg unter Tage wie auch nach ihrer Rückkehr an die Oberfläche gymnastische Übungen machten, um sich aufzuwärmen. Wir kamen in eine Grotte, in der es dunkle Wände gab, die von langen leuchtenden Streifen durchzogen wurden. »Meine Güte, wie viel Gold!«, rief ich.

»Der helle Streifen ist kein Gold«, belehrte mich der Fremdenführer, »sondern Schwefelkies, wertloses Zeug. Das Gold ist die schwarze Fläche zwischen den hellen Streifen.«

Ich war verblüfft. Da ich an das gewöhnt war, was man in Filmen sieht, hatte ich keine Ahnung von der Realität: In Driefontein wird das dunkle, rohe Gold geschürft, in große zylindrische Behälter gefüllt, die in Aufzügen, die etwa fünfzig Meter in die Höhe gehen und ein paar Meter breit sind, nach oben befördert werden. Dann wird es gewaschen, um den Schwefelkies und den Schlamm von dem Edelmetall abzulösen. Der Fremdenführer machte mit uns ein Spielchen, das er offensichtlich mit allen Besuchern spielte: Er zeigte uns das Golddepot und versprach uns eine der kleinen Pyramiden, falls wir es schaffen sollten, diese an der Spitze zu fassen und anzuheben. Es versteht sich von selbst, dass wegen des Gewichts und der Dichte der Pyramide das niemandem gelang. Selbst wenn man sie am Boden gefasst hätte, wäre es nicht leicht gewesen, sie anzuheben. Das Gold wurde in einer Kammer aufbewahrt, die mit Sicherheitssystemen versehen war, welche verhinderten, dass jemand auch nur ein Körnchen mitnehmen konnte. Sie hatten sogar Röntgengeräte, um eventuelle Diebstähle der Arbeiter durch Hinunterschlucken aufzudecken. Diese »Minenfestung« liegt inmitten einer Wüste. Ich machte mir einen Spaß daraus, bei unserem Führer Zweifel zu säen, indem ich ihm sagte, dass die Sicherheitsmaßnahmen durchaus überwindbar seien: Unter dem Vorwand, einen Film zu drehen, könnte man dort mehrere Fahrzeuge für einige Wochen abstellen, und wenn man unter diesen in die Tiefe gräbt, könnte man bis zur Goldkammer gelangen. Der Fremdenführer gab zu, dass dies rein theoretisch möglich sei. Aber nach einem solchen »großen Coup« müsste man das schwere Diebesgut ja noch davonschaffen, und dazu bräuchte man mehrere Helikopter, die sehr laut und alles andere als unsichtbar wären.

Der Reiz des Goldes trübte mir aber keineswegs das Bewusstsein, dass ich mich in einem rassistischen Land befand. Zum Glück hat sich die Situation dort mittlerweile geändert: Vor wenigen Jahren kam Bodo mich besuchen. Aus dem kleinen Jungen aus *Plattfuß in Afrika* war ein bekannter Anwalt geworden – und das war ein »Finale«, das mich tief bewegte, und es war viel schöner als das Happy End in unserem Film.

Über Außerirdische

1978 arbeitete ich zum ersten Mal mit Michele Lupo in *Sie nannten ihn Mücke* zusammen. Lupo kam vom Genrekino, bis dato hatte er vor allem Western gedreht. Ich verstand mich so gut mit Michele Lupo, dass ich wenig später erneut mit ihm zusammenarbeitete, und zwar drehten wir *Der Große mit seinem außerirdischen Kleinen*. Dieser Streifen schwamm auf der Welle der modernen Science-Fiction-Filme, ausgelöst durch Steven Spielbergs *Unheimliche Begegnung der dritten Art*. Cary Guffey, das Kind in unserem Film, war derselbe Junge, der in Spielbergs Meisterwerk von den Aliens entführt worden war; bei uns dagegen war er ein Alien: Er war friedlich gesinnt, verfügte aber über Superkräfte, welche die Bösewichte vom Militär anlockten, vor denen ich ihn als Sheriff nach anfänglicher Skepsis beschützte.

Die starke Ähnlichkeit dieses Plots mit dem des später gedrehten Films *E.T. – Der Außerirdische* war kein Zufall: Guffey wohnte in der Nähe von Spielberg, der sich unseren Film anschaute, um zu sehen, wie sich der Junge, den er entdeckt hatte, so entwickelte. Und es liegt nahe, dass er sich hier die Inspiration für *E.T.* holte, doch natürlich verbesserte Spielberg, dieses große Film-Genie, die Anfangsidee noch.

Es kommt übrigens sehr häufig vor, dass sich die Amerikaner, die Herrscher über die Filmindustrie, von außeramerikanischen Filmen inspirieren lassen, nur dass sie dies damals nie öffentlich eingestanden hätten. Erst Tarantino und die auf ihn folgende Generation von Regisseuren gaben dies ganz offen zu.

Die Anfänge der Heimvideos

Wir drehten auch eine Fortsetzung namens *Buddy haut den Lukas* (1980), in dem ich den kleinen Außerirdischen diesmal vor erwachsenen und bösen Aliens beschützte. Zuvor aber gab es ein neues Abenteuer von Kommissar Rizzo, der diesmal auf den Spuren eines verschwundenen Wissenschaftlers war: *Plattfuß am Nil,* wieder gedreht von Stefano Vanzina, dem Vater der Serie. Neben mir standen die »üblichen Verdächtigen« vor der Kamera, und zwar der unbezahlbare Cannavale, Bodo Dakile und der Amerikaner Robert Loggia, der bereits in *Zwei Missionare* gespielt hatte.

Wir schrieben nun die Achtzigerjahre, das Zeitalter des allgegenwärtigen amerikanischen Monumentalfilms, der randvoll mit Spezialeffekten war, das Zeitalter der *Star Wars*-Filme und anderer Blockbuster von *Superman* über *Terminator* bis hin zu *Indiana Jones*. In all diesem Milliarden-Getümmel drehten wir weiter unsere Filme in Genres, die jedoch bereits im Aussterben begriffen beziehungsweise schon ausgestorben waren, wie auch der italienische Western, den Michele Lupo in seiner komödiantischen Variante wieder auf die Leinwände zurückbringen wollte: *Eine Faust geht nach Westen*. Drei große Akteure, die mit Sergio Leone verbunden waren, wirkten daran mit: Claudio Mancini übernahm die Produktion, Sergio Donati schrieb das Drehbuch und der Maestro Ennio Morricone die Filmmusik. Ich spielte die Rolle eines Gauners, der sich als Arzt ausgibt und von einem windigen Indianer unterstützt wird, der sich statt »Geronimo« »Girolamo« nennt (gespielt vom französischen Komiker Amidou, sehr bekannt in seinem Heimatland). Ich rettete die Schwachen vor den Raubzügen der üblichen Bösewichte, bestehend aus den mittlerweile bereits altbekannten Gesichtern von Riccardo Pizzuti, den Brüdern Dell'Acqua und weiteren Stuntmen, die mir seit den Zeiten von *Die rechte und die linke Hand des Teufels* gefolgt waren. Sogar der Schauplatz in der spanischen Region Almería war derselbe, an dem Leone seine Western einst gedreht hatte – und mit ihm viele andere Regisseure aus jener goldenen Ära des italienischen Films, welche die produktivste aller Zeiten war.

Banana Joe & Co.

Alles, was ich gemacht habe, habe ich mit viel Liebe getan, und ich bereue nichts. Aber es gab unter diesen vielen Filmen einen, an dem ich besonders hänge, so, als wäre es mein eigenes Kind: *Banana Joe,* für den ich Steno als Regisseur engagierte. Ich hatte *Candide oder der Optimismus* von Voltaire wiederentdeckt und mich davon inspirieren lassen. Da die Idee zur Story von mir stammte, spielte die Handlung im Dschungel des Amazonas-Gebietes. Es ist die Geschichte eines einfachen Mannes, der eine Handelslizenz braucht, um seinen Bananenhandel und seine große indigene Familie zu unterhalten. Dabei geht es im Wesentlichen um die Naivität und Ignoranz von Joe, seine Begegnungen und Zusammenstöße mit dem Fortschritt, dem Militärdienst, der Bürokratie und anderen Dingen, die im Dschungel völlig überflüssig sind. Von mir stammte auch das Titellied, das ich gemeinsam mit den Brüdern De Angelis komponierte. *Banana Joe* war ein kleiner Film, der aber dem Publikum überall auf Welt gut gefiel.

Der Bomber mit Jerry Calà als mein Filmpartner war eine Rückkehr zum klassischen Schema. Für die Regie war erneut der gewissenhafte Michele Lupo verantwortlich. Danach ging ich wieder nach Amerika, nach Miami, um diesmal mit einer wahren Ikone der »Polizeifilm-Komödie« zu drehen, und zwar mit dem hervorragenden Kubaner Tomás Milián, einem Vollblut-Schauspieler. In *Bud, der Ganovenschreck*, inszeniert von Bruno Corbucci, spielte er einen diebischen Gauner, den ich als Polizist erst verfolge und mit dem ich mich schließlich gegen die Mafia verbünde. Milián war wirklich ein großartiger Schauspieler, einer der besten, mit denen ich je zusammengearbeitet habe. Er war einfach fantastisch in den Filmen von Bolognini oder Antonioni, wie auch in der Serie *Monnezza* (die in Italien ihren Erfolg auch der Synchronisation durch den großartigen Ferruccio Amendola verdankte). Eigentlich hätte ich den Film mit Terence drehen sollen, der zu jener Zeit aber anderweitig beschäftigt war. Deshalb kam Milián zum Zuge. Interessanterweise lief *Bud, der Ganovenschreck* in den USA sogar noch besser als in Italien. Manchmal ist das Filmgeschäft schon echt seltsam.

Ebenfalls in Miami – zu jener Zeit war diese Stadt die übliche Film-Location für das italienische Exportkino – drehte ich *Aladin* (1986), wiederum mit Corbucci, in dem in einer Nebenrolle auch Diamante, eine meiner beiden Töchter, zu sehen war. Wir drehten viele Szenen von Motorbooten aus und mit (heute überholten) Spezialeffekten, um zu zeigen, wie der Junge und ich auf dem fliegenden Teppich durch die Lüfte glitten. Ich war ein Geist, der aus der klassischen Wunderlampe herauskam, um den Schwachen zu helfen. Aber viel mehr als aus der Lampe kam damals bereits aus dem Fernsehen: Und daher drehte Bud Spencer 1987 seine erste Fernsehserie, eine italienisch-französisch-deutsche Koproduktion unter der Regie des unermüdlichen Steno und mit dem Titel *Big Man*.

Die Serie umfasste sechs Episoden à eineinhalb Stunden (sie hatten also Spielfilmlänge), in denen ich einen Detektiv an der Côte d'Azur spielte, der engagiert wurde, um wegen Versicherungsbetruges und anderer Delikte zu ermitteln. Die fehlende Action wurde durch eine größere Sorgfalt in der Story kompensiert. Ich ging schließlich schon mit großen Schritten auf die sechzig zu und konnte nicht mehr alle Probleme mit Fausthieben aus dem Wege räumen. Die mitwirkenden Schauspieler waren wieder einmal absolut hochkarätig: Raymond Pellegrin, Mylène Demongeot, Raimund Harmstorf, Jacques Sernas, Nello Pazzafini, Isabel Russinowa, Michel Constantin und viele weitere. Ich hatte anfangs gefürchtet, viel zu dick zu sein, um auf einen Fernsehbildschirm zu passen, aber dank der Professionalität des Regisseurs wurden wir auch mit dieser Herausforderung fertig.

Anschließend wurde Bud Spencer ein Taxifahrer, der wegen plötzlichen Reichtums in Schwierigkeiten gerät, und zwar in *Wenn man vom Teufel spricht ...* von 1990 mit Enzo Barboni als Regisseur. Das Drehbuch war von seinem Sohn Marco Tullio und von meinem Sohn Giuseppe geschrieben worden. In dieser Geschichte gewann ich eine hohe Summe im Lotto (150 Millionen Dollar!), was zur Einmischung zweier überirdischer Wesen führte, dargestellt von der schönen, teuflischen Carol Alt und dem ehrlichen und ein wenig tollpatschigen Engel Thierry Lhermitte. Um das Ganze noch komplizierter zu machen, gab es zusätzlich Verwirrung um den Gewinnschein. Im Cast war auch der große irische Schauspieler Ian Bannen. Aber viel eher als ein Film »à la Bud Spencer« war dies eine leichte Komödie, zumindest leichter als meine Statur.

Ein Bud in »Extralarge«

Und so kamen wir in die Neunzigerjahre, in denen meine Figur fast völlig ins Fernsehen umzog – vor allem durch die ständigen Wiederholungen der alten Filme, sowohl der Soloprojekte als auch der Gemeinschaftsproduktionen mit Terence, an denen sich die Zuschauer nie sattsahen.

Unter der Regie von Enzo G. Castellari, dem Meister des Actionfilms (der kürzlich in Hollywood von keinem Geringeren als Quentin Tarantino persönlich geehrt wurde! [41]), drehten wir

[41] *Gemeint ist der Umstand, dass Tarantino ein großer Fan von Castellari ist und sein Film* ***Inglorious Basterds*** *sich stark an Castellaris* ***Inglorious Bastards*** *von 1978 anlehnt.*

1990 *Zwei Supertypen in Miami* für die RAI [42]. Die Serie spielte – wer hätte das gedacht – komplett in Miami.

Ich spielte den Privatdetektiv Jack Costello, der mit dem Playboy und Zeichner Dumas zusammenarbeitet, der von dem *Miami Vice*-Star Philip Michael Thomas verkörpert wurde – einer ganz außergewöhnlichen Person. Für ihn war es sozusagen »ein Heimspiel«. Er wurde überall von Scharen seiner Fans umschwärmt und hatte dort sogar sein eigenes Theater.

Castellari und ich kannten uns schon seit vierzig Jahren, auch wenn wir bis dato noch nie zusammengearbeitet hatten. Er sprach hervorragend englisch und war mit einer ganzen Reihe von amerikanischen Schauspielern sehr vertraut, die in jeder Episode mitspielten, von Erik »Chips« Estrada über Lou »Hulk« Ferrigno bis hin zu der legendären Sängerin Dionne Warwick, einer Cousine von Whitney Houston, die eine der schönsten Stimmen der USA hat.

Enzo ließ mich 14 Stunden pro Tag schuften, aber das Ergebnis konnte sich dafür auch sehen lassen: *Zwei Supertypen in Miami* feierte einen sensationellen Erfolg, mit durchschnittlich acht bis neun Millionen Zuschauern pro Sendung. Die Serie war nach Kinofilm-Manier gedreht worden und hatte eine »erwachsene« Handlung: Denn hier ergriff Bud Spencer zum ersten Mal seit seinen Western-Zeiten eine Pistole und schoss ernsthaft damit, womit ich natürlich das Image, das ich mir über die Jahre aufgebaut hatte, aufs Spiel setzte.

Aber die Serie spielte nicht nur traumhafte Quoten ein, sondern war auch eine der wenigen italienischen Produktionen, die sich hervorragend ins Ausland verkauften.

---

[42] *Die italienische öffentlich-rechtliche Rundfunkanstalt.*

Deshalb drehten wir anschließend gleich eine zweite Staffel über »Extralarge« (1992–93), diesmal für Mediaset[43] und unter der Regie meines Freundes Alessandro Capone (mit dem ich vor Kurzem ebenfalls für Mediaset *I delitti del cuoco*[44] gedreht habe). Meinen Partner spielte nun der Komiker Michael Winslow, der in seiner Rolle als Polizist in *Police Academy* und als lustiger »Geräuschemacher« bekannt geworden war.

Mit P. M. Thomas spielte ich später wieder in *Zwei Engel mit vier Fäusten* zusammen, einer RAI-Serie unter der Regie von Ruggero Deodato, die von zwei entflohenen Gefängnisinsassen handelt, die sich als Mönche verkleiden und in einer Mission im Dschungel von Costa Rica enden.

Mal angenommen, ich müsste heute aus irgendeinem Grund auswandern, dann würde ich mich für ebenjenes Land entscheiden: ein wunderschönes Fleckchen Erde, wo es kein Militär, sondern nur die Polizei auf der Straße gibt. Ich weiß noch, wie unser Location Manager für eine Szene, die in der amerikanischen Botschaft spielen sollte, eine schmucke und unbewohnte Villa entdeckte, vor der die costa-ricanische Fahne wehte. Der Wächter des Anwesens vermietete uns dieses auch ohne weitere Umstände. Natürlich wurde die costa-ricanische Flagge für den Dreh mit einer US-amerikanischen ausgetauscht. Wenig später hörte man schon das Sirenengeheul von etwa fünfzig Polizeiwagen, die in unser Set platzten: Ohne es zu wissen, hatten wir den Sitz des costa-ricanischen Parlaments gemietet! Zu der Zeit waren gerade Sitzungsferien und es war keine Menschenseele vor Ort, und so hatte der Wächter uns die Location heimlich für

---

[43] *Die größte Medien-Holding Italiens, an der die Familie Berlusconi 51 Prozent der Anteile hält.*

[44] *Auf Deutsch etwa: »Die Kriminalfälle des Kochs«. Von dieser Serie existiert bislang keine deutsche Fassung.*

die paar Tage vermieten wollen. Einige Anekdoten aus der Filmbranche sind eben noch verrückter und lustiger als die Filme selbst.

Mir passierten aber auch dramatische Begebenheiten, wie am Filmset von *Tre per sempre*[45] (»Drei für immer«). In dieser Serie ging es um drei Waisenkinder, die in einem von Klosterschwestern geführten Heim aufwachsen. Wir drehten mit ortsansässigen Schauspielern in Australien. (Übrigens war ich immer der Meinung gewesen, die vom Panorama her schönste Stadt der Welt sei Rio de Janeiro, bis ich Sydney kennenlernte!) Ich spielte einen fürsorglichen Großvater und war der einzige Italiener im Cast. Während wir eine Nachtszene drehten, in der ich rückwärts lief und dabei eines der Kinder an mich drückte, stolperte es plötzlich und ließ mich ebenfalls straucheln. Wir fielen beide hin, und weil ich es nicht unter meiner Körpermasse begraben wollte, drehte ich instinktiv meinen Oberkörper so unglücklich, dass ich mit dem Gesicht gegen einen Granitblock schlug. Das Ergebnis war eine Wunde, die mit sechzig Stichen genäht werden musste, nachdem ich zuvor zwei Liter Blut verloren hatte. In jenem Moment fürchtete ich um mein Leben, doch zum Glück verkraftete mein Körper auch diesen Unfall gut, ungeachtet meines Alters.

Ich bekam Bluttransfusionen, aber als die Ärzte sahen, wie schnell meine roten Blutkörperchen sich vermehrten, stellten sie die Behandlung ein und behielten mich nur zur Beobachtung da. Zwei Tage später wurde ich entlassen, aber mein Gesicht war ein einziges Hämatom – und so konnten wir natürlich nicht weiterdrehen. Ich kann mich noch gut an mein Spiegelbild erinnern: Mir schaute ein geschwollenes Gesicht entgegen, das von den Blutungen grün und blau angelaufen war. Die Produ-

---

[45] *Von diesem Film existiert bislang keine deutsche Fassung.*

zenten hofften schon gar nicht mehr, den Film überhaupt noch zu Ende drehen zu können, aber nach anderthalb Monaten der Genesung in Italien kehrte ich zurück, um die Dreharbeiten abzuschließen. Damals hatte ich mich auch um meinetwegen erschrocken, vor allem aber hatte ich eine riesige Angst, dieses Kind unter meiner Leibesmasse von 150 Kilogramm zu zerquetschen. Heute wiege ich übrigens »nur« 125 Kilo.

Ein Cameo-Auftritt

Unter den jüngeren Komikern habe ich stets Leonardo Pieraccioni bewundert, und das nicht nur, weil er es versteht, die Leute zum Lachen zu bringen, sondern auch wegen seiner liebenswürdigen und sanften Art, die niemals ins Vulgäre abgleitet. Er ist im echten Leben genauso wie in seinen Filmen: ein feiner Kerl. Pieraccioni erwiderte meine Sympathie, indem er mir einen Cameo-Auftritt in *Fuochi d'artificio*[46] (»Feuerwerk«) anbot. Als der Film in Florenz gedreht wurde, war ich dort gerade kurz zu Besuch und schaute bei ihm vorbei. Er sagte mir: »Wenn du heute Abend noch da bist, dann lass ich dich einen Cameo-Auftritt spielen. Das wäre mir wirklich ein großes Vergnügen.«

Und so entstand die Karikatur eines blinden Sängers mit Baskenmütze und Halstuch, der unter einem Balkon ein furchtbar schief klingendes Ständchen darbietet. Lieber Leonardo, glaube mir: Das Vergnügen war ganz auf meiner Seite.

---

[46] *Von diesem Film existiert bislang keine deutsche Fassung.*

Die Welt aus Sicht der Regie

Im Vergleich zu meinen anderen Filmen fiel der spanische Thriller *To the Limit – in den Armen der Bestie*, gedreht von Regisseur Eduardo Campoy im Jahre 1997, ziemlich aus dem Rahmen: Es handelte sich um eine Art Horrorfilm, der perfekt zu der damals aktuellen »Mode« blutrünstiger Filme passte, die von *Das Schweigen der Lämmer* initiiert worden war. In der Geschichte gelingt es einem mörderischen Psychopathen, per Anruf in eine Radio-Livesendung geschaltet zu werden (wer weiß, ob Giorgio Faletti den Film gesehen hat – sein Roman *Ich töte* hat haargenau den gleichen Anfang). Die Identität des Mörders ist den Zuschauern von Anfang an bekannt, und alles dreht sich darum, ob es dem von mir verkörperten Polizisten gelingt, den Killer zu stoppen, obwohl er über weniger Informationen als das Publikum verfügt. Auch hier war ich der einzige Italiener im Cast, der ansonsten aus hochkarätigen spanischen Schauspielern bestand, die in ihrer Heimat sehr bekannt waren.

Ebenso außergewöhnlich war der zweite Film, den ich mit Edoardo Campoy drehte, bei dem er jedoch nicht die Regie führte, sondern der Produzent war: In *Söhne des Windes* von Regisseur José Miguel Juarez spiele ich einen spanischen Schiffbrüchigen zu Zeiten der Konquistadoren und des aztekischen Herrschers Montezuma. Diese Rollen, die mich auch dank meines Alters immer weiter von meiner üblichen Paraderolle des »kindischen Riesen« entfernten, waren jedoch noch nichts im Vergleich zu der Rolle, die ich einige Jahre später im Film *Cantando dietro i paraventi* (»Singen hinter den Wandschirmen«) von Ermanno Olmi spielen sollte.

Es gibt Regisseure, die mit ihren Filmen vor allem ihre eigene poetische Welt zeigen wollen, ganz unabhängig vom Erfolg an den Kinokassen; Regisseure, die zwar nicht viele, aber dafür umso hochwertigere Filme drehen. Die Kritik liebt sie, die Filmgeschichte nimmt sie in ihre Annalen auf, das Publikum feiert sie oder auch nicht, doch die Regisseure selbst machen unbeirrt weiter, kämpfen jahrelang für ein Werk und zahlen oftmals einen hohen Preis für ihre menschliche und künstlerische Gradlinigkeit. Für sie ist jeder Film wie ihr eigenes Kind, ein intimer Ausdruck ihrer selbst, der viel Zeit in Anspruch nimmt. Heutzutage ist es schon schwer, die Finanzierung für kommerzielle Filme zu sichern – wie schwierig mag dies dann erst für Autorenfilme sein.

Ermanno Olmi, der Autor von Meisterwerken wie *Der Holzschuhbaum* und *Die Legende vom heiligen Trinker* ist einer dieser großen Regisseure. Niemals hätte ich gedacht, dass ein solcher Filmkünstler, den die Intellektuellen normalerweise in einem Atemzug mit Fellini und Antonioni aufzählen, jemals Bud Spencer engagieren würde! Olmi erzählte mir, dass ihm diese Idee gekommen war, als er im Krankenhaus, in das er nach einem Schlaganfall eingeliefert worden war, sich zum Zeitvertreib mal wieder meine Filme im Fernsehen angeschaut hatte. Und so kam es, dass er mich anrief, um mir die Rolle eines alten spanischen Kapitäns in einem Film, dessen Titel aus einem Erzählband von Borges stammte, anzubieten.

In der Geschichte helfe ich einer jungen chinesischen Piratin bei ihrem Kampf gegen den Kaiser. Aber wer nun an einen Abenteuerfilm denkt, liegt ganz falsch: Hier handelt es sich um ein meditatives und statisches Filmwerk, das keinerlei Zugeständnisse an das Spektakel macht, sondern den Zuschauern abverlangt, es selbst zu »erfassen«. In Wirklichkeit ist Olmi selbst der Star seiner Filme. Ich in der Rolle des Marinekapitäns bin sein Alter Ego, sein »griechischer Chor«, der fremde Beobachter in der chinesischen Welt. Olmi achtete sehr darauf, dass meine Bewegungen langsam und würdevoll waren sowie fast ohne Dialoge auskamen. Ich ließ mich von ihm führen und konnte die Bud-Spencer-Maske völlig fallen lassen. Und so kam es, dass ich nach über vierzig Jahren im Filmgeschäft erstmals als »Schauspieler« gefeiert wurde! Ich weiß noch, wie amüsiert und gleichzeitig perplex ich war, als eine Journalistin von *Le Figaro* mich voller Rührung auf einer Pressevorstellung umarmte.

Ich erinnere mich auch daran, wie sich Olmi während der Drehzeit bei jedem Abendessen auf liebenswürdige Art und Weise mit mir unterhielt, aber in Wirklichkeit »führte« er mich sogar in jenen Momenten, da er diese entspannte Vertrautheit dazu nutzte, um mich zu verstehen und zu studieren, um sich dann am folgenden Drehtag noch besser auf mich einlassen zu können. Ich war wie Wachs in seinen Händen, benötigte aber zwei Wochen, um zu begreifen, was genau ich eigentlich tun sollte.

Wie alle Genies lebt auch Ermanno in seiner eigenen Welt, und von jemandem wie ihm kann man sich ruhig führen lassen, ohne so tun zu müssen, als wüsste man schon alles – denn am Ende fügt sich alles in wundersamer Weise auf der Leinwand zusammen. Ermanno, ich danke dir für deine Unterstützung – auch dir habe ich den David di Donatello [47] zu verdanken, mit dem ich unlängst zusammen mit Terence Hill geehrt wurde.

Verschiedene Rollen

Abgesehen von dieser Rolle waren mir auch davor schon sogenannte »anspruchsvolle« Parts angeboten worden, aber aus Gründen des Anstands hatte ich diese dankend abgelehnt. Ein

[47] *Der bedeutendste italienische Filmpreis.*

Angebot kam von Fellini, der wollte, dass ich in seinem Film *Satyricon* den Trimalchio spiele, und zwar nackt in einer Wanne, mit Putten, die mir in den Hintern beißen. Alle hielten mich für verrückt, als ich Fellini absagte, denn es gab Schauspieler und Schauspielerinnen, die ihr Leben darum gegeben hätten, für den großen Meister spielen zu dürfen. Nun, »verrückt« bin ich nicht, sondern eher ein *marziano*, wie ich schon sagte. Und ich sah mich überhaupt nicht als Nacktdarsteller. Allein der Gedanke daran war mir unsäglich peinlich.

Nachdem ich berühmt geworden war, erhielt ich viele Rollenangebote, darunter auch völlig absurde: Aus London wurde ich als Gulliver angefragt – rein vom körperlichen Aspekt her hätte das vielleicht noch gepasst, aber inmitten von englischen Theaterschauspielern einen Engländer zu mimen, und das mit meinem miesen Akzent? Da wäre ich mir doch sehr deplatziert vorgekommen.

Ich war den Zuschauern ohnehin schon dankbar dafür, dass sie mich als den angenommen hatten, der ich tatsächlich war, und ihre Erwartungen wollte ich nun wirklich nicht enttäuschen, indem ich einen auf Laurence Olivier machte. Ein echter Profi mit mehr Ehrgeiz hätte sich vielleicht gesagt: »Okay, ich stürze mich jetzt voller Elan in den Englisch-, Schauspiel- und Aussprache-Privatunterricht.« Aber ich hatte keinerlei Interesse daran, in das Territorium der »echten« Schauspieler einzudringen. Ich ging ja sowieso schon etlichen Leuten in der Filmindustrie gehörig auf die Nerven.

Apropos, da fällt mir eine unglaubliche Geschichte ein, die mir in Paris widerfahren ist. Meine Frau und ich waren zu einer mondänen Kino-Gala eingeladen worden und fanden uns an einem Tisch mit Catherine Deneuve und Gérard Depardieu wieder. Die Deneuve, die ebenso wunderschön wie versnobt war, unterhielt sich den ganzen Abend lang mit ihrem Kollegen und

Landsmann und ignorierte uns und die anderen ausländischen Gäste am Tisch voll und ganz. Dazu gehörte auch der Afroamerikaner Brock Peters, der in *Vier für ein Ave Maria* mitgespielt hatte. Ungeachtet dessen, dass wir direkt neben ihr saßen und meine Frau perfekt französisch spricht (und übrigens auch russisch) und daher jedes Wort der Unterhaltung von Deneuve und Depardieu verfolgen konnte, waren wir für die beiden schlicht und ergreifend Luft.

Depardieu und die strahlende Deneuve wurden auf die Bühne gerufen, und die Anwesenden spendeten ihnen einen donnernden Applaus; dann wurde Bud Spencer aufgerufen, und auch ihm schenkten die Gäste stehende Ovationen. Auch wenn sie nicht besonders anspruchsvoll waren, hatten meine Filme, sowohl die Solopojekte als auch die im Duo mit Terence, in Frankreich großen Erfolg.

Manche Schauspieler gehen so weit, an den von ihnen gespielten Rollen wirklich zu leiden, und mögen ja zu Recht etwas verstimmt sein, wenn sie dann einen Abend mit jemandem verbringen müssen, der so gar nicht »leidet«, außer vielleicht wenn er Hunger hat. Aber nicht alle benehmen sich so – es gibt auch Schauspieler, die genug Größe besitzen, dass sie überhaupt nicht den Drang verspüren, den Snob zu spielen: beispielsweise Jane Fonda, mit der ich unlängst bei einer UNESCO-Gala an einem Tisch saß und die nicht nur den gesamten Abend an meiner Seite blieb, um nett mit mir zu plaudern, sondern die mir auch das Sushi, das ich nicht essen wollte, von meinem Teller stibitzte.

Sie war es auch, die mir von einem Buch von William Goldman – dem Autor von *Der Marathon-Mann* – erzählte, in dem irgendwo steht, dass Bud Spencer berühmter als Paul Newman sei.

Na, und wenn das die Fonda sagt …

Noch mal zum Thema Regie

Viele fragen mich, weshalb ich eigentlich angesichts der Erfahrungen, die ich – ob ich nun wollte oder nicht – im Laufe der Jahre gesammelt habe, nie selbst in die Rolle des Regisseurs geschlüpft bin. Aber wenn ich schon als »Schauspieler« stets dazu tendierte zu improvisieren, um mich nicht zu langweilen – wie sollte ich dann jemals die Gewissenhaftigkeit eines großen Planers aufbringen können?

Regie zu führen wäre für mich ein wenig so wie Musik zu machen: Aber mir fehlen die Grundkenntnisse, die man als Musiker braucht. Ich habe einfach nur ein gutes Gehör, und auf dieser Basis probiere ich es manchmal aus, ein Stück zu schreiben. Aber der Unterschied liegt auf der Hand: Wenn man ein misslungenes Lied von drei Minuten Länge komponiert, schadet man niemandem; scheitert man jedoch mit einem Film, setzt man damit eine Menge Kleingeld in den Sand. Außerdem muss man sich als Regisseur auch durchsetzen können, weil man sonst untergebuttert wird. Beispiele dafür gibt es zur Genüge, ich will hier nur eines in Erinnerung rufen: die harten Auseinandersetzungen zwischen Marlon Brando und Gillo Pontecorvo am Set von *Queimada – Insel des Schreckens*. Pontecorvo hatte kurz zuvor *Schlacht um Algier* abgedreht, einen großartigen und international erfolgreichen Film, der den algerischen Widerstand gegen den französischen Kolonialismus thematisierte und dabei auch dokumentarische Elemente einfließen ließ.

Und jetzt stand er dem größten Hollywood-Star seiner Zeit gegenüber: einem, der ganz allein bedeutender war als all die Filme, die er drehte. Ein chinesisches Sprichwort besagt, dass nicht zwei Tiger auf demselben Berg leben können. Gillo verfügte aber über eine ebenso starke Persönlichkeit wie Brando: Und so gab es Streit ohne Ende, bis es so weit kam, dass Brando vom Set verschwand und damit die Dreharbeiten einige Zeit lang lahmgelegt wurden. *Queimada* wurde schließlich doch noch fertiggestellt, aber wäre ich der Regisseur gewesen, wäre der Film unvollendet geblieben, denn ich hätte Brando am Ende ordentlich eine verpasst, einen klassischen »Taubenschlag«. Und das wäre verkehrt gewesen. Auch deswegen könnte Bud nie Regie führen.

Die Titel

Woran ich aber einen Riesenspaß habe, ist, zum Drehbuch, zur Musik und auch zum Filmtitel beizutragen, wie es schon oft geschehen ist. Ein ganz besonderes Projekt schwebt mir noch vor: *Onkel Sams Hütte*. Die Story ist natürlich von *Onkel Toms Hütte* inspiriert, dem Roman, der zum Ausbruch des Amerikanischen Bürgerkriegs (1861–65) zwischen Sklaverei-Befürwortern und -Gegnern beitrug. Die Handlung verkehrt die Verhältnisse allerdings ins Gegenteil: Nach einem Atomkrieg in der Zukunft sind die Vereinigten Staaten und Europa völlig zerstört, und der gesellschaftliche Wiederaufbau liegt nun in den Händen der Länder der »Dritten Welt«, die unversehrt geblieben sind. So bilden sich die beiden gegnerischen Gruppen der »Weißlinge« und der »Schwarzlinge«, wobei Letztere aus dem ehemals so fortschrittlichen Okzident ganze Horden von Männern und Frauen mitnehmen, um sie auf den afrikanischen Plantagen einzusetzen.

Ein anderes Projekt, das mir schon seit Jahren im Kopf herumschwirrt, ist *Squash! Der Krieg aus Sicht der Küche*. Ich sehe die erste Szene schon genau vor meinem geistigen Auge: Sonnenaufgang auf einer kleinen Pazifik-Insel, am Tag vor der

Landung der Marines. Die Japaner haben die Insel zur Festung ausgebaut und haben all ihre Waffen auf den Strand ausgerichtet. Doch plötzlich löst sich aus der allgemein vorherrschenden unbeweglichen Stille der Landungsschiffe ein Motorboot heraus, das sich der Küste nähert. Nicht nur die Japaner in ihren Schützengräben sind ganz perplex, sondern auch die Amerikaner, die nicht verstehen, was dieses Boot ganz allein im Schilde führt. Das Wasserfahrzeug legt an, die Gangway öffnet sich, und es erscheint ein riesiger Mann mit Küchenschürze und Kochmütze … und dieser riesige Mann bin ich selbst. Hinter mir sind Kaffeemaschinen, Cappuccino-Tassen und Tabletts mit Croissants zu erkennen. Verdutzt schaue ich mich um, dann kommt mir ein leiser Zweifel und ich frage per Funkgerät bei der Kommandantur nach: »Äh, entschuldigt, aber … um wie viel Uhr sollte die Landung doch gleich sein?« Und die Moral von der Geschicht? Mit leerem Magen kämpft man nicht!

Die Großen des Films

Letztens war ich in Paestum anlässlich einer Gedenkfeier für Charlie Chaplin, und dort habe ich gesagt: »Heute Abend stehe ich hier, weil ich das Vergnügen habe, *Spencer* zu heißen, und auch Herr Chaplin hieß Charles *Spencer* Chaplin. Und ich hatte schon immer eine besondere Vorliebe für *Spencer* Tracy.«

Chaplin hat alle beeinflusst. Er ist das Genie, der Gipfel der Schauspielkunst, und seine Leistung ist umso beeindruckender, wenn man bedenkt, dass er die ganze Welt zum Lachen brachte, ohne ein Wort zu sagen, nämlich zu Zeiten des Stummfilms. Nach Einführung des Tonfilms hat er uns mit seinen häufig unbequemen Filmen zum Nachdenken gebracht. Nur einem großen Genie kann es in den Sinn kommen, sein Image als Komiker-Idol aufs Spiel zu setzen, um einen Frauenmörder in *Monsieur Verdoux* zu spielen. In der McCarthy-Ära wurde ihm die Einreise in die USA verweigert, wohin er erst viele Jahre später zurückkehrte, um einen Oscar für sein Lebenswerk entgegenzunehmen.

Wenn wir dagegen von den großen italienischen Schauspielern sprechen wollen, müssen wir zuerst Angelo Musco nennen, den grandiosen Theaterdarsteller, um den sich Schriftsteller vom Kaliber eines Pirandello bemühten. Aber es gibt noch viele andere: Vittorio De Sica, der für *Fahrraddiebe* einen Oscar erhielt, als die Kategorie des »Besten fremdsprachigen Filmes« noch gar nicht existierte. Die De Filippo, zwei Generationen von großartigen Schauspielern. Alberto Sordi, der uns lehrte, über uns selbst zu lachen. Vittorio Gassman, der mich kurz vor seinem Tod einen »Meister« nannte. »Wenn ich ein Meister sein soll, was bist du denn dann erst?«, fragte ich ihn. Ganz offensichtlich nahm er mich auf den Arm, aber mit einem Lächeln und nicht aus Überheblichkeit. Tognazzi, di Manfredi, davor noch Virgilio Riento und Dante Maggio (wer entsinnt sich noch ihrer?), Salvo Randone, Alberto Lionello, Romolo Valli, Enrico Maria Salerno, Duilio Del Prete und Gian Maria Volontè, Giannini, Proietti und … Und hier ende ich mit meiner Aufzählung, denn es gäbe zu viele, die hier noch genannt werden müssten.

Ganz ehrlich, was ich einfach nicht begreifen kann, ist, wie in aller Herrgotts Namen auf internationaler Ebene, von Deutschland bis Japan, von Frankreich bis Amerika, der Name Bud Spencer bloß bekannter sein kann als die Namen der oben genannten. Und das sage ich nicht aus falscher Bescheidenheit, sondern aus ehrlichem Erstaunen. Eine Erklärung könnte sein, dass der Film der einzige Ort ist, wo die Mathematik eine bloße

Meinung ist und wo zwei und zwei manchmal drei, manchmal aber auch zehn ergibt.

Finanzielle Unterstützung

Beim Film herrscht eine gewisse Verlogenheit, die echte Freundschaften oft unmöglich macht, und zwar weil jeder auf den Erfolg des anderen neidisch ist. Wenn man berühmt ist, kann man nie wissen, welche Absicht genau hinter den Beziehungen steckt, die andere mit dir aufbauen wollen.

Seit vielen Jahren habe ich ein Büro in Rom. Davor traf ich fast jeden Tag einen Mann, den man heute als »Stadtreiniger« bezeichnen würde und den wir früher einfach »Straßenfeger« nannten. Wenn ich aus dem Büro kam, lief er mir oft über den Weg. »Guten Tag, Dottore!«[48], rief er.

»Wir alle sind Dottori!«, antwortete ich.

Eines Tages aber grüßte er mich nicht, da er ganz in Gedanken versunken war.

»Was ist denn los, alles klar?«, fragte ich ihn.

»Dottò, ich habe einen Sohn, der Jura studieren will, aber wie soll ich das schaffen? All das viele Geld für die Studiengebühren, die Bücher …«

Mir war sofort klar, dass er mich um Unterstützung bitten wollte. Oft hatte ich schon Bittgesuche wegen der verschiedensten Anliegen erhalten, und zwar von Leuten, die oft nur einen

---

[48] *Den akademischen Grad »dottore« kann man in Italien bereits ab einem dreijährigen Studium führen, von daher ist er mit dem »Doktor« im deutschen Sprachraum nicht zu vergleichen; auch weil man mit ihm häufig Nichtstudierte in schmeichelhafter Absicht anspricht.*

Vorwand vorbrachten. Auch jetzt dachte ich, dass es in diesem Fall so sein könnte. Ohne den Sohn zu kennen, gab ich seinem Vater trotzdem das Geld für die Einschreibung und schenkte ihm die Gesetzestexte, die ich mir selbst als Jurastudent angeschafft hatte und die ich mittlerweile nicht mehr brauchte. Der Mann war sehr erfreut und er dankte mir. Im Jahr darauf wollte ich ihm wieder Geld geben, damit sein Sohn den Universitätsbesuch fortsetzen konnte, aber er winkte ab: »Dottò, das ist nicht nötig, denn mein Sohn hat sein Studium abgebrochen.« Dieser Mann hätte mich eigentlich ganz unbesorgt und regelmäßig anzapfen können unter dem Vorwand, dass er das Geld für seinen Sohn bräuchte, von dessen Existenz ich auch noch nur von Hörensagen wusste. Klingt das zynisch? Sei's drum! Die Wahrheit ist jedenfalls, dass dieser bescheidene und mir nicht näher bekannte Herr, der davon lebte, den Dreck anderer aufzukehren, mehr Anstand als die meisten Berühmtheiten besaß, die ich so im Laufe der Zeit kennengelernt habe: Er war aufrichtig.

Ganz im Gegensatz zu einem anderen Menschen, dessen Namen ich hier nicht nennen möchte, der sich aber als mein Freund bezeichnete, einen Hochschulabschluss hatte und mir eines Tages sagte: »Ich will meinem Leben ein Ende setzen. Ich habe meine Arbeit verloren, meine Freundin hat mich verlassen und ich habe noch nicht mal mehr genug Geld, um mir etwas zu essen zu kaufen.« Ich redete ihm seinen Plan aus und versprach, ihn mit 30.000 Lire pro Monat zu unterstützen (während meine Sekretärin mich bloß 25.000 kostete). Und so kam er einmal im Monat vorbei und holte sich »seine 30.000« ab. Als ich immer häufiger ins Ausland reiste, um dort Filme zu drehen, hinterlegte ich das Geld beim Inhaber der Bar um die Ecke und bat ihn, jenem Freund monatlich das Geld zu geben, das dieser bei ihm abholen würde. Und so vergingen einige Jahre, bis mir eines Tages der Barbesitzer erzählte, er habe sich erlaubt, meinen Freund dahin zu schicken, wo der Pfeffer wächst. Ich fragte ihn nach dem Grund, und er sagte: »Weil dieser Typ eine Erhöhung gefordert hat. Die übliche Summe war ihm nicht mehr genug!«

»Hoffentlich verklagt er mich nun nicht, weil er jetzt kein Geld mehr kriegt«, dachte ich bei mir und fühlte eine Bitterkeit in mir hochsteigen. Jener Mensch, den ich – ganz unabhängig von der finanziellen Unterstützung – für einen Freund gehalten hatte, wollte mich nicht mehr sehen. Wenn du im Leben Glück gehabt hast, geht es manchmal ganz schnell, dass viele in dir nur noch einen Trottel sehen, dessen Taschen voller Geld stecken. Sie denken, du seist eine große, dicke Kuh, die man melken und bestehlen kann. Bei mir ist das Geld immer herein- und gleich wieder hinausgeflossen, und wer weiß, vielleicht werde ich ja auf meine alten Tage wieder völlig verarmen. Aber was mich beleidigt und verletzt hat, war einfach die Unehrlichkeit jenes Freundes, der mich nicht mehr als Mensch sah, sondern als Zitrone zum Ausquetschen.

Internationales Gelächter

Ich glaube, dass viele Filmkollegen jahrzehntelang diesen fast zwei Meter großen und 150 Kilogramm schweren Riesen, der nie eine Schauspielschule von innen gesehen hatte, voller Misstrauen beäugten. Wie konnte so einer nur ein Hauptdarsteller in erfolgreichen Filmen werden?

Nach Meinung der Kritiker hätte ich allerhöchstens einen Charakterdarsteller abgeben können. Aber damit möchte ich natürlich nicht die echten Charakterdarsteller beleidigen. Walter Brennan, der »geschwätzige Alte« aus vielen Western, der als Nebendarsteller mit Gary Cooper und John Wayne drehte, hat zum Beispiel im Laufe seiner sagenhaften Karriere völlig verdient drei Oscars erhalten. Ich hingegen konnte versnobten Schauspielern einfach nicht gefallen.

Da ich keine Ahnung von der Schauspielkunst hatte, fing ich irgendwann an, wenn ich mal im Ausland weilte, mir dort im Kino meine eigenen Filme anzuschauen, um herauszufinden, wie und wo die Zuschauer lachten und ob ihre Reaktionen jenen des italienischen Publikums ähnelten. Ich konnte beobachten, dass sie in einigen Ländern, wie zum Beispiel in Australien, sogar noch mehr lachten. In Stockholm fuhr ein Krankenwagen vor, weil ein Zuschauer so sehr gelacht hatte, dass er sich danach ganz schlecht fühlte. In Japan lachten die Zuschauer umso mehr, je gleichmütiger ich wirkte. Kurz, es handelte sich um einen weltweit exportfähigen Humor, weil er auf der Komik der Gesten basierte.

Hätte ich die Schauspielkunst wirklich erlernt und hätte man versucht, mich zu indoktrinieren, wäre infolgedessen womöglich meine Spontaneität verloren gegangen, die dem Publikum so gefiel, und es wäre bei mir ein eklatanter Mangel an Talent zum Vorschein gekommen. Ich bin der Meinung, dass ein echter Schauspieler nur ein Theaterdarsteller sein kann, wo es keine billigen Tricks und vierzig Filmklappen gibt, um zu vertuschen, dass man seinen Text vergessen hat. Beim Kino- oder Fernsehfilm dagegen kann man die Szene so oft wiederholen, bis sie im Kasten ist. Eben darum verspürte ich, auch mit zunehmendem Erfolg, eine gewisse Scham und war immer bestrebt, parallel ganz andere Sachen zu machen, wie den Pilotenschein, Jeans herzustellen, Lieder zu schreiben und so weiter. Und manchmal wuchs mein Schamgefühl bis ins Unermessliche.

Vor Jahren begegnete ich Jack Nicholson auf der Berlinale. Der Hollywood-Star, der in Meisterwerken wie *Einer flog übers*

Kuckucksnest und *Shining* gespielt hatte, wurde von der Menge umschwärmt, bis die Menschen plötzlich alle woandershin strömten: Bud Spencer war da, und acht Polizisten hatten alle Hände voll zu tun, die Leute in Schach zu halten. Das Getümmel war so groß, dass Nicholson einen Reporter fragte: »Who is he?«

Ich bin an vielen Orten und auf vielerlei Art geehrt worden: In Frankreich lud man mich dazu ein, auf den Champs-Élysées meinen Handabdruck zu hinterlassen. In Spanien gibt es einen jungen Schauspieler, der meinen Namen trägt, und ich weiß nicht, ob das eine Hommage sein soll oder ob ihn seine Eltern so getauft haben. Und als ich in Deutschland Leute sah, die mein Gesicht als Tattoo auf ihrer Brust trugen, da wurde mir klar, dass ich nicht der einzige *marziano* auf dieser Welt bin.

10. KAPITEL

EXKURSE

»Was die Raupe das Ende der Welt nennt,
nennt der Rest der Welt einen Schmetterling.«
LAOTSE

»Das Nichts vom nichts ist die Existenz
von niemandem.«
BUD SPENCER

Ich habe fünf Enkel, deren Entwicklung ich mit großer Freude beobachte, denen ich aber keine klugen Ratschläge erteile, es sei denn, sie bitten mich um Rat. Ich weiß sehr wohl, dass das Wesen, das sie einmal als Erwachsene haben werden, von den Schulen, die sie besuchen, von ihren Freunden und so weiter abhängt.

Carlo, 16 Jahre alt, mein Namensvetter, ist reaktionsschnell und impulsiv, ziemlich empfindlich und fasziniert von Fußball und Mädchen. Sein Bruder Alessandro, 18 Jahre alt, hat eher das unschuldige Naturell eines Künstlers, zeichnet und besucht Museen (beide sind Söhne von Giuseppe, meinem Erstgeborenen, der als Produzent arbeitet). Niccolò, mein ältester Enkel, ist besessen vom Boxsport. Der 13-jährige Sebastian, Sohn meiner Tochter Diamante, die mit ihrem Ehemann in Los Angeles lebt, fragte mich eines Tages: »Opa, kannst du Schach spielen?«

»Ja«, antwortete ich.

»Auch mit der Uhr?«, hakte er nach.

Er bemerkte meine Ratlosigkeit und erklärte mir: »Weißt du, Opa, der wahre Schachspieler benutzt eine Uhr, um die Zeit anzuzeigen.« Sebastian spielt oft mit den Stadtstreichern und Obdachlosen in der Umgebung, unter denen anscheinend einige hervorragende Schachlehrer sind. Die Jungs sind nicht außergewöhnlich, nur weil sie meine Enkel sind. Sie sind so wie viele ihrer Altersgenossen, die mit Computern, Videospielen und Fernsehbildschirmen aufwachsen.

Ich selbst habe nicht viel mit Technologie am Hut (es ist ein Erfolg für mich, den DVD-Spieler zum Laufen zu bringen, ohne ihn verprügeln zu müssen). Da ich von Natur aus die Gabe eines ziemlich eisernen Gedächtnisses besitze, habe ich mich immer lieber darauf verlassen als auf Technologien.

Aristoteles und Zenon von Elea stellten das berühmte »Paradoxon von Achilles und der Schildkröte« auf: Sie argumentierten, dass eine Schildkröte, die vor Achilles losläuft, nie von ihm eingeholt werden könne, da in dem Moment, wo dieser ihren Vorsprung einholt, sie bereits einen weiteren Vorsprung gewonnen habe. Es handelt sich um einen Trugschluss, der lange Zeit nicht widerlegt werden konnte. Plotin sagt in *Das Schöne*: »Kein Auge kann die Sonne sehen, das nicht sonnenhaft geworden ist.«

*

400 Jahre vor Christus schrieb Platon Dialoge, deren Themen auch heute noch sehr aktuell sind: die Rebellion gegen die Eltern, gegen die Lehrer, des Schüler gegen den Meister. Menschen mit echter Bildung haben mir bestätigt, was Sokrates gesagt hat: Je mehr man versucht zu erfahren, desto weniger weiß man. Vielleicht stimmt es, dass wer weniger nachdenkt, glücklicher ist. Aber der Mensch ist nicht bloß das einzige denkende Tier, sondern auch das einzige, das sich anzieht: Er kleidet sich nicht nur mit Textilien, um sich vor Kälte zu schützen, er bedeckt sich auch mit Ideologien, um sein Tiersein unter Kontrolle zu halten und sich von anderen Tieren abzuheben. Er bedeckt sich mit Büchern, Gemälden, Musik. Aber am Ende ist er immer noch Sklave der gleichen Grundbedürfnisse: das Verlangen danach, zu essen, zu schlafen, seine Notdurft zu erledigen und sich zu paaren, durchdringt ihn. Der perfekte Mensch wäre einer, der keines dieser Bedürfnisse verspürt.

Die Kultur kann heutzutage ohne Technologie nicht auskommen: Die Kinder haben schon in der Grundschule Computer zur Verfügung, und bereits wenn sie die Pubertät erreicht haben, ganz zu schweigen vom Erwachsenenalter, sind sie kleine Genies, die nicht nur meiner Generation überlegen sind, sondern auch der meines Sohnes, der knapp fünfzig ist. Wenn man den Fortschritt als Verfall verstehen würde, hieße dies, dass diese Kinder schon frühzeitig durch den Internet- und Handy-Missbrauch verdorben sind, denn sie sind ja bereits mit acht oder neun Jahren telefonabhängig. Aber das ist immer noch besser, als drogenabhängig zu sein.

Drogen zu nehmen wäre mir selbst nie in den Sinn gekommen, auch nicht, als ich jung war. Und das nicht nur aus gesundheitlichen oder moralischen Gründen, sondern vielmehr, weil ich niemals auch nur eine Sekunde die Kontrolle darüber verlieren wollte, was ich tue – bloß wegen eines imaginären »Paradieses«, das einem von Alkohol oder Betäubungsmitteln vorgegaukelt wird. Andererseits ist es natürlich gut möglich, dass jemand, der einen Film von mir sieht oder mich sprechen hört, sich fragt: »Oje, was hat Bud denn da geraucht?!«

Die Musik

Eine weniger bekannte Seite von Bud ist – falls es irgendwen interessiert – die Musik. Das, was ich über den Sport und die Filme gesagt habe, gilt hier genauso. Ich habe keine richtige musikalische Ausbildung: Ich kann keine Noten lesen oder schreiben. Beim »SIAE[49]-Examen«[50] vor einer Kommission wird

[49] *»Società Italiana degli Autori ed Editori« (»Italienische Gesellschaft der Urheber und Verleger«); es handelt sich um eine Verwertungsgesellschaft, die für alle Arten urheberrechtlich geschützter Werke zuständig ist. Sie ähnelt der deutschen GEMA (die allerdings auf Musik beschränkt ist).*

[50] *Dieser »Musikalitäts-Prüfung« musste sich bis 2004 jeder italienische Musiker oder Komponist unterziehen, um Mitglied der SIAE werden zu können, damit seine Werke von der Verwertungsgesellschaft geschützt wurden.*

einem ein Thema vorgegeben, und einer von ihnen nennt bestimmte Akkorde, die man dann fortsetzen muss.

Das habe ich getan und so bin ich offiziell ein »Musikkomponist, der nicht schreibt« geworden: Das heißt, ich kann Noten weder lesen noch schreiben, aber ich kann der Autor von Werken sein. Und das bin ich auch.

In den frühen Fünfzigerjahren bot sich mir die Gelegenheit zu einigen musikalischen »Abstechern«, als ich den fabelhaften Domenico Modugno kennenlernte. In jener Zeit verkehrte ich ziemlich viel in der Musikwelt.

Da gab es ein Nachtlokal, *La grotta del Piccione,* wo bis drei Uhr morgens getanzt wurde. Danach kamen die *Assatanati del Ritmo* herein, die »Vom Rhythmus Besessenen«, eine Gruppe Wilder, in der ich Mitglied war und in der wir alle Schlaginstrumente spielten (aber nur, um ordentlich Krach zu machen). Damals kam das Lied *Quando vedo una donna mi sento male*[51] heraus, später sang ich dieses auch mit Sacha Distel in Paris anlässlich einer Filmpremiere. Zu den großen Musikern, die ich kennengelernt habe, gehörte zum Beispiel Django Reinhardt, der Gitarre spielte, obwohl ihm drei Finger der linken Hand fehlten. Zu dieser Zeit sah ich auch die Konzerte von so phänomenalen Künstlern wie Nat King Cole und Charles Aznavour. Letzterer ist ein klassisches Beispiel dafür, dass die Körpergröße nichts mit der wahren Größe eines Künstlers zu tun hat. Auf der Bühne ist er so überragend wie ein zwei Meter großer Riese, sodass das Orchester hinter ihm ganz klein wirkt.

In den Sechzigerjahren habe ich zu den Melodien von Alex North die Texte für den Soundtrack des Films *Cleopatra* geschrieben, sehr erfolgreich gesungen von Nico Fidenco, der da-

---

[51] *Auf Deutsch etwa: »Immer, wenn ich eine Frau sehe, dann fühle ich mich ganz schlecht«.*

mals auf dem Gipfel seiner Bekanntheit war. North hatte das letzte Wort und akzeptierte meine Texte auf Italienisch. Zur Filmmusik wurde nicht gesungen, nur auf der Schallplatte mit 45 Umdrehungen von 1963. Ich wirkte auch an der Platte *Ogni Sera* mit, gesungen von Ornella Vanoni und komponiert von Carlo Rustichelli.

Ich leide darunter, dass ich als guter Neapolitaner nicht die Musik, die ich in mir habe, zum Ausdruck bringen kann, weil ich nie gelernt habe, Noten zu schreiben; und das bringt uns auch schon wieder zu jenem Punkt zurück, dass ich kein Schauspieler bin, weil ich nie die Schauspielerei studiert habe; dass ich nie Weltmeister geworden bin, weil ich derart dummdreist war; und dass ich auch kein »richtiger« Pilot, sondern nur ein »halber« Pilot bin, der nur kleine Flugzeuge fliegen darf. Ich habe einmal dieses schöne Zitat gehört: »Ich war vieles und alles vergebens.«

Ich war sogar Erfinder. Es gibt zwei Arten von Erfindungen: einmal die von Grund auf neue Erfindung, für die man ein Patent benötigt, und zum anderen eine Idee für die Verbesserung von etwas, das schon existiert. Ich habe diese zweite Art von Patent erhalten.

Jetzt, da ich ein bisschen Zeit habe, würde ich mich gern mehr der Musik widmen können. Die Texte der Stücke, die ich komponiere, mögen gefallen oder auch nicht, doch funktionieren tun sie ganz gut. Was die Musik betrifft, verwende ich ausschließlich C-Dur- und d-Moll-Akkorde und ich benutze immer nur drei Finger.

Ein Vollblut-Sänger, den ich sehr schätze und der ebenso wie ich aus Neapel stammt, ist Massimo Ranieri – ein außergewöhnlicher Profi. Er verfügt nicht nur über das, was man Biss und Konsequenz nennt, sondern auch über die musikalischen Grundlagen.

Außerdem hat Ranieri genau gelernt, wie man sich in Szene setzt, die Gestik, das Ausdrucksvermögen und die Interpretation, und dies nicht nur auf der Bühne, sondern auch vor dem Mikrofon. Jetzt ist er Opernregisseur geworden, und das wird ihm ebenfalls gelingen, weil er sich auf alles sehr penibel vorbereitet.

Gehen wir einen Schritt zurück in der Tradition meiner Heimat, dann darf man nicht den fantastischen Totò mit dem wunderschönen Lied *Malafemmena*[52] außer Acht lassen. Der Fürst Antonio De Curtis war ein Künstler. Er besang und pries dieses in der neapolitanischen Seele tief verwurzelte Phänomen, dass man manchmal eine Frau bis in den Wahnsinn liebt, obwohl man genau weiß, dass sie es eigentlich nicht wert ist.

Tony Renis hat mir oft geraten, mich der Liedkomposition zu widmen und eigene Stücke zu schreiben, aber dies würde bedeuten, dass ich dem Beruf eines Sängers nachginge, der immer wieder das Gleiche singt, Abend für Abend, Konzert für Konzert, was aber meinem Charakter widerspricht.

Ich liebe den Jazz und in Italien haben wir einige wunderbare und berühmte Vertreter dieser Musikrichtung, wie Lino Patrono und Franco Cerri, aber auch viele jüngere Talente. Es ist kein Zufall, dass einige großartige Filmkomponisten auch aus der Jazzszene kommen.

Ein Teil meines musikalischen Naturells wird in der Serie *Zwei Supertypen in Miami* hörbar, in der mein Charakter in einem Lokal zur Entspannung Saxofon spielt (ich benutzte eines, das mir geschenkt worden war). Und ich sang auch immer, wenn ich die Möglichkeit dazu hatte: zum Beispiel zusammen mit P. M. Thomas das Titellied für *Zwei Engel mit vier Fäusten*, davor das Lied *Grau grau grau* für *Das Krokodil und sein Nil-*

---

[52] *Aus dem Film* ***Totò e la malafemmena****, auf Deutsch:* ***Totò und das leichte Mädchen****.*

pferd und noch ein paar weitere Songs, die ich jetzt hier nicht auflisten möchte.

Auch Domenico Modugno – Gott hab ihn selig, wo auch immer er jetzt sein mag – musizierte anfangs nur nach Gehör, aber dann widmete er sein Leben der Musik und dank seines Talents ist er zu der Legende geworden, die wir alle kennen. Bei meiner Musik hingegen muss einem wahren Musiker das Grausen kommen. Aber so ist es eben. Wie heißt es in einem Lied von mir? »Futteténne!« (»Scheiß drauf!«)

Bud plaudert ein wenig

Ein Freund von mir, der dem Dominikaner-Orden angehört, hat mal gesagt: »Lieber Carlo, hätten wir nicht den Teufel erfunden, hätten wir echt große Probleme!«

Was soll man tun, glauben oder nicht glauben? Aber der Mensch ist dazu verdammt, an etwas zu glauben. Sogar der Atheist ist ein Gläubiger: Er glaubt an die Nichtexistenz Gottes. Wir alle glauben an etwas, und wenn wir behaupten, nicht gläubig zu sein, impliziert dies ein Bekenntnis zur Ungläubigkeit, und dies wiederum ist auch eine Art von Glauben. Man hat uns glauben gemacht, dass nach dem Tod – wenn man bestimmten Lehren folgt – etwas geschehen wird, und wir haben unser Leben danach ausgerichtet. Das ist doch so, als ob jemand mit deinem Schicksal spielen würde, als wäre es eine kleine Roulettekugel.

Im jungen Alter ist der Mensch ein von seinem Instinkt gelenktes Tier, das von der ihn umgebenden Welt der Erwachsenen alles lernt, und doch ist er frei, im Guten wie im Schlechten.

Diese Freiheit habe ich auch bei den Indios im Amazonas-Gebiet gesehen, die im Lendenschurz und bewaffnet mit Pfeil und

Bogen unterwegs waren. Das Bereisen fast aller Länder der Welt, zuerst mit meinen Eltern, dann als Gastarbeiter und später als Schauspieler, hat mich über vieles nachdenken lassen. Ich erinnere mich noch gut an die »Mama« des Volksstammes in der Gegend des Amazonas, wo ich damals arbeitete, die sagte: »Wäre ich nicht da, um die Sonne morgens aufstehen zu lassen und sie abends ins Bett zu bringen, dann würdet ihr überhaupt nichts schaffen! Ihr macht mir bloß alle Bäume kaputt.«

Ich habe die verschiedensten Religionen kennengelernt, von Voodoo bis zum Spiritismus. Letzterer, der von einer kleinen Gruppe im Norden Brasiliens praktiziert wird, ist vielleicht die Religionsform, die mich am meisten überzeugt hat. Ich lernte sie dank einer meiner Arbeiter kennen, während meines zweiten Aufenthalts in Südamerika. Dieser Arbeiter war Analphabet. Er quittierte seine Lohntüte mit einem Kreuz, aber am Abend saß er am Strand und trug Shakespeare-Verse in perfektem Englisch vor. Ich fragte ihn, wie er diese Verse gelernt habe, und er entgegnete, dass er sich an nichts erinnern könne und dass alles, was er vorgetragen habe, durch einen Geist käme, der in ihn gefahren sei und sich seines Körpers bemächtigt habe.

Das machte mich neugierig, und so fing ich an, seine Glaubensgemeinschaft zu besuchen. In der spiritistischen Religion spielen Geister eine große Rolle. Unser physisches Dasein auf diesem Planeten umfasst eine gewisse Zeitspanne und benötigt einen bestimmten Raum. Nach dem Tod kann ein »Medium« mit uns kommunizieren. Dies geschieht durch magnetische Wellen, die in der Luft geblieben sind, so wie Satelliten die Radio- und Fernsehwellen empfangen und dann weiter an die Erde übermitteln. Es sind Energiereste, die nur einige Menschen aufnehmen können, dank der Aktivierung von Fähigkeiten, die eigentlich in uns allen schlummern. Dies ist die spiritistische Religion, die sehr einfach und naturalistisch ist. Ist sie absurd?

Möglicherweise, aber war es denn vor hundert Jahren vorstellbar, dass beim Drücken eines Knopfes an einem viereckigen Kasten ein Mann erscheint, der die Nachrichten vorliest?

Die Liebe zum Essen

Beim Plaudern über so viele wichtige Dinge hätte ich fast eine große Liebe meines Lebens vergessen: das Essen! Eine sehr glückliche, dauerhafte Liebesgeschichte.

In meiner Jugend war mein Gewicht nie ein Problem, weil es meiner Größe (als Olympiaschwimmer war ich 1,92 Meter groß und wog 98 Kilogramm) und meiner Muskulatur angemessen war. Als ich aber meine Sportlerkarriere beendete, änderte ich nicht meine Gewohnheit, riesige Mengen zu verdrücken, was ein starkes Wachstum in die Breite zur Folge hatte: 100, 120, 130 … und am Ende waren es 158 Kilogramm, das höchste Gewicht, das ich je erreicht habe. Der arme Italo Zingarelli überbot mich allerdings noch um zwanzig Kilogramm und er war kleiner. Als wir das berühmte Fußballspiel zwischen Italien und Deutschland anschauten, verputzten wir etwa fünfzig Fleischbällchen, die so groß wie Hamburger waren, während wir die entscheidenden Phasen des Matches verfolgten. Die Fressgelage in den »Trinity«-Filmen wirken dagegen wie kleine Zwischenmahlzeiten!

Einmal verlieh ich in einem Restaurant der Bitte »Bringen Sie mir die Speisekarte« eine ganz neue Bedeutung. Der Kellner brachte mir die Speisekarte, aber was ich eigentlich sagen wollte, war, dass er mir alles bringen möge, was auf der Speisekarte stand.

Mit Anekdoten bezüglich des Essens ist mein Leben reichhaltig gesegnet, seit ich als kleiner Junge allein ein ganzes Tablett »Voulevàns« (eine Art Tortelloni, die man beispielsweise mit Creme oder Sahne füllt) verdrückte, als sie noch ungefüllt waren. Sie waren eigentlich für eine Feier mit Freunden gedacht.

Und trotz dieser Maßlosigkeit beim Essen muss ich ehrlich zugeben, dass sich diese noch nie negativ auf meinen Körper ausgewirkt hat, wahrscheinlich dank der gesundheitsfördernden sportlichen Aktivitäten in meiner Jugend – auch wenn ich mehr als einmal in die Versuchung geraten bin, eine Diät zu machen. Doch am Ende schaffte ich es immer, ihr zu widerstehen. Meinen ersten Versuch unternahm ich in den Sechzigerjahren, als ich noch nicht »Bud Spencer« war. Zusammen mit meiner Frau ging ich in eine Ortschaft oberhalb von Lecco, die für ihre Abnehmkuren bekannt war. Auf der Allee, die zum Spaziergang einlud, waren wir beeindruckt von der Menge an Toiletten, die zu beiden Seiten aufgereiht waren. Morgens vor dem Frühstück wurde uns eine schwarze Brühe serviert, die diese Vielzahl an Toiletten allerdings erklärte: Denn wenn man dieses Zeug getrunken hatte, war man bald darauf gezwungen, so schnell es ging eine Toilette aufzusuchen, auch wenn man gerade einen romantischen Spaziergang an der frischen Luft machte. Wenn ich mich recht erinnere, flohen wir klammheimlich nach nur drei Tagen (meine arme Frau brauchte eigentlich keine Diät, sie hatte mir nur beistehen wollen).

Von noch kürzerer Dauer war der Versuch in einer Klinik, in der ein österreichischer Ernährungsberater – der genau wie der Deutsche, den Donald Pleasence in *Zwei wie Pech und Schwefel* spielte, Italienisch mit einem starken Akzent sprach – mir eröffnete, dass ich ab dem nächsten Tag und während meines gesamten Aufenthalts nur noch Wasser trinken dürfe. Bei den Worten »nur noch Wasser« stand ich auf und ging. Und das war schon eine sehr höfliche Reaktion von mir. Es fehlte nicht viel und ich hätte ihn verprügelt.

Es gab auch andere erfolglose Diätversuche, und natürlich muss ich jetzt im Alter auf meine Ernährung achten, aber wenn ich ehrlich sein soll, muss ich gestehen, dass Essen für mich weiterhin Qual und Wonne zugleich ist. Nicht ausreichend essen zu können (und »ausreichend« war in meinem Fall schon immer eine große Menge) bereitete mir – ganz besonders in meiner Jugend – ein starkes Unwohlsein und machte mich unausstehlich. Ich konnte wenig trinken, und daher habe ich auch immer nur ganz wenig Alkohol getrunken, aber ich musste immer viel essen, vor und nach meiner Karriere als Leistungssportler. Auch während der Dreharbeiten: Immer wenn wir, Terence und ich, mit der Filmtruppe essen gingen, betrachtete Terence belustigt die riesigen Mengen an verschiedensten Nahrungsmitteln, die ich verschlang, während er genau auf das richtige Maß bei seiner Ernährung achtete.

Ich könnte über mich sagen: »Mangio ergo sum – Ich esse, also bin ich.« Sokrates wäre damit nicht einverstanden gewesen: Er war der Meinung, dass die Menschen lebten, um zu essen, während er aß, um zu leben.

Grüße

Nun gut, diese Erzählung ist zu Ende … fürs Erste! Ich muss sagen, dass die Zeit, die ich fürs Schreiben brauchte, sehr schnell verflogen ist, so wie alle angenehmen Sachen immer schnell zu Ende gehen. Zumindest für mich.

Wenn die Dreharbeiten zu einem neuen Film begannen, dachte ich manchmal bei mir: Mein Gott, jetzt muss ich dieses ganze Drehbuch lernen und viele Monate weit weg von zu Hause verbringen … Aber ich hatte noch nicht fertig gedacht und schon waren die Dreharbeiten vorbei. In null Komma nix! Genauso, wie wenn man sagt: »Was denn, ist etwa schon wieder Montag? Wie ist es möglich, dass das Wochenende schon rum ist?«

Was ich damit sagen will? Dass ich in null Komma nix alt geworden bin, ohne es zu merken. Mir ist, als wäre es gestern gewesen, dass ich durch den Zaun am Strand von Seiano fiel. Oder vielmehr: Ich bin nicht alt, sondern antik.

Ich zerbreche mir nicht den Kopf darüber, ob ich meinen Enkelkindern eine bessere oder schlechtere Welt hinterlasse, verglichen mit jener, die ich selbst einst vorgefunden habe: Wahrscheinlich ist die Welt, die ich ihnen hinterlasse, im Grunde genommen genau die gleiche wie die von vor 2000 Jahren, wenn man mal von den Technologien absieht. Ich weiß, dass ich jetzt eigentlich zum Abschluss den kommenden Generationen einen weisen Rat mit auf den Weg geben sollte, aber mir fällt nichts Besonderes ein, abgesehen von dem, was ihr schon wisst, aber was man ruhig noch mal betonen kann: Geht niemals gleich nach dem Essen baden und setzt keine Hunde aus! Alles Weitere überlasse ich euch, vorausgesetzt, ihr selbst übernehmt die Verantwortung dafür. Das Leben ist wie ein Film, dessen Anfang uns jemand erzählt hat, aber dessen Ende niemand kennt. Ich bin ziemlich gespannt auf mein eigenes.

EPILOG

»Wer einen Freund wiederfindet, findet einen Schatz.«*

* *»Chi trova un amico, trova un tesoro« ist ein italienisches Sprichwort und der Originaltitel des Filmes* **Zwei Asse trumpfen auf**.

»Hey, aufwachen!«, rief ich und schnippte mit den Fingern vor seinen Augen: Meine Erzählung war schon seit ein paar Sekunden vorbei, aber der junge Carlo hatte einen seltsam abwesenden Gesichtsausdruck, und sein Mund stand offen. Draußen wurde es schon hell. Er kam nur langsam zu sich, als hätten wir gerade eine Regressionshypnose-Sitzung gehabt, und schien etwas benommen zu sein, so wie es manchmal geschieht, wenn im Kino am Ende des Films das Licht wieder angeht und wir uns etwas überrumpelt fühlen und verlegen sind, weil unser Sitznachbar vielleicht gesehen hat, wie verzaubert, überwältigt und hingerissen wir von diesem Film waren. Ich weiß nicht, ob ihr dieses Gefühl kennt.

Er nestelte in der Tasche seines Bademantels nach einer Zigarette. Er holte eine hervor, aber diesmal musste ich sie ihm nicht zerbröseln, weil er selbst mitten in der Bewegung innehielt, um die Zigarette dann wegzuwerfen.

»Fantastisch! Und das alles wird mir also passieren?«, rief er.

»Das ist bereits passiert, nämlich mir«, antwortete ich ironisch.

»Na, wenn das so ist, dann kann ich es kaum erwarten, dein Leben zu leben!«

Dieses Mal war es mein Gelächter, von dem das überdachte Schwimmbad widerhallte: »Na ja, diese Erkenntnis zeigt, dass du weniger dämlich bist, als du aussiehst. Du wirst nie ein großer Geist aus der Wunderlampe sein,[53] aber letztendlich hege ich doch gewisse Hoffnungen für dich. Mit einer Ausnahme.«

»Und zwar?«

»Ich glaube nicht, dass du jemals die *Anabasis* von Xenophon verstehst, die du auswendig gelernt hast!«

---

[53] *Anspielung auf den Film* ***Aladin****.*

Jetzt brachen wir beide in lautes Gelächter aus, und ich hatte den Eindruck, dass das Echo unserer gemeinsamen Dezibel das regungslose Wasser im Schwimmbecken zum Kräuseln brachte. Dann stand Carlo auf und zog den Bademantel aus, um wieder eine Runde zu schwimmen und einen neuen Rekord zu brechen.

»Gut, jetzt muss ich weitermachen, ich habe nämlich eine Verabredung mit deiner Vergangenheit, die meine Zukunft ist. Und ich will nicht zu spät kommen. Und du musst heim, bevor Maria aufwacht und merkt, dass du nicht da bist. Sonst denkt sie noch, du hättest eine Geliebte.«

»Also bitte! In fünfzig Jahren Ehe habe ich ihr nie einen Anlass gegeben, so etwas von mir zu denken, geschweige denn jetzt, wo ich Großvater bin. Hätte ich deine Mentalität beibehalten, wer weiß … Aber zum Glück haben mich die Jahre verändert.«

»Und ich bin noch nicht wie du, aber mal abgesehen von Bart und Bauch wäre es vielleicht gar nicht so schlimm, so zu werden, falls all das, was du mir erzählt hast, auch wahr ist.«

»Hältst du mich für einen Lügner?«, fragte ich.

»Nein, aber du weißt schon, im Alter … verwechselt man so manche Dinge«, sagte er augenzwinkernd.

»Also treffen wir uns hier in sechzig Jahren wieder und du sagst mir, ob ich dir Unfug erzählt habe!«, befahl ich.

Aber jetzt scherzten wir nur noch: Die lange Erzählung hatte ihn beeindruckt, sowohl der Teil über die Kindheit und die erste Auswanderung, die er ja schon erlebt hatte, als auch der restliche und größte Teil, der ihm noch bevorstand. Aus seinem Gesicht war jeder Ausdruck von Leichtsinn verschwunden. Er reichte mir die Hand zum Abschied und sagte mit einem aufrichtigen Lächeln: »Ich möchte zwar alles lieber selbst herausfinden, aber es war doch eine gute Idee, dich gerade heute Abend zu treffen: Du bist gar kein so übler Erzähler … Sind wir Freunde?«, fragte er.

»Wir haben in all den Jahren nie aufgehört, Freunde zu sein, nur warst du vielleicht manchmal etwas abgelenkt«, sagte ich und ergriff seine Hand. Meine Hand schien in einem Schraubstock zu stecken: Carlo fing an zu drücken, dieser freche Junge wollte mir eine Lektion erteilen, und ich muss zugeben, dass er kräftiger war, aber ich drückte mit all meiner Energie dagegen an, während unser beider Lächeln zu einem verzerrten Grinsen erstarrte und unsere Hände durch den Druck ganz weiß wurden. Nach ein paar Sekunden ließen wir beide gleichzeitig los.

»Kompliment!«, sagte er, während er sich die Hand rieb und auf sie pustete.

»Ich mag auch keinen laschen Händedruck«, entgegnete ich, während ich die Finger bewegte, um den Blutfluss wieder in Gang zu bringen: Jetzt verstand ich, wie sich die Bösewichte in den Filmen von Bud Spencer fühlten, wenn seine Hände sie zu packen kriegten.

Carlo setzte sich auf den Beckenrand, aber kurz bevor er ins Wasser springen konnte, hielt meine Stimme ihn zurück: »Warte, Carlé!«

Erstaunt drehte er sich zu mir um. Ohne dass ich selbst genau wusste, was ich eigentlich vorhatte, zog ich mir Jacke, Schuhe und Armbanduhr aus und legte alles auf den Stuhl; das Hemd und die Hose waren aus so dünnem Stoff, dass ich mir die Mühe sparen konnte, sie auszuziehen (außerdem waren Carlo und ich doch praktisch »mit Hemd geboren« worden, oder?) [54]. Ich setzte mich neben ihn, und beide waren wir nun Richtung Becken gewandt. Ich schickte mich an, ins Wasser zu springen, was ihn gleichzeitig skeptisch machte und erheiterte. »Hmm, jetzt über-

---

[54] *Italienische Redewendung, die man im Deutschen als »mit goldenem Löffel im Munde geboren werden« wiedergeben würde; gleichzeitig eine Anspielung auf den Filmtitel* ***Nati con la camicia*** *(»Mit Hemd geboren«), auf Deutsch:* ***Zwei bärenstarke Typen****.*

treibst du aber: Ich denke, hier werde ich dich schlagen!«, sagte er und leckte sich die Lippen wie ein Tiger, der sich auf sein Essen freut.

Ich antwortete ihm mit einem falschen Lächeln, riss plötzlich die Augen auf, hob meinen massigen Finger und rief: »Hey, schau mal da!« Das überraschte ihn. Ich zeigte auf etwas Undefinierbares hinter seinem Rücken und Carlo fiel prompt darauf rein und drehte sich um. Er sah noch nicht mal, wie ich sprang, sondern hörte nur noch den Plumps und spürte das Wasser, das ihm entgegenspritzte, und für einen Moment schien er wie betäubt und schaute so richtig dumm aus der Wäsche, doch dann sprang auch er hinein, um mich einzuholen. Er musste eben noch einiges lernen, der Junge.

*

»Man würde nie etwas entdecken, wenn man sich schon mit dem zufriedengäbe, was bereits entdeckt wurde.«
SENECA

FILMOGRAFIE

Eine vollständige und sehr empfehlenswerte Bud Spencer & Terence Hill-Filmografie mit Inhaltsangaben und Kurzkritiken befindet sich in *Die rechte und die linke Hand der Parodie – Bud Spencer, Terence Hill und ihre Filme* (Christian Heger, Schüren 2009).

Carlo Pedersoli vor Bud Spencer

(Komparsen-Auftritte und Nebenrollen)

Deutscher Titel • (Originaltitel)

Quo vadis? *• (Quo vadis?) • Regie: Mervyn LeRoy (USA 1951)*

Torpedomänner greifen an *• (Siluri umani) • Regie: Carlo Lizzani (IT 1954)*

Ein Held unserer Tage *• (Un eroe dei nostri tempi) • Regie: Mario Monicelli (IT 1955)*

Kein deutscher Titel *• (Il cocco di mamma) • Regie: Mauro Morassi (IT 1957)*

In einem anderen Land *• A farewell to arms • Regie: Charles Vidor (USA 1957)*

Carlo Pedersoli und Mario Girotti

(vor ihrer Zeit als Duo)

Deutscher Titel • (Originaltitel)

Hannibal *• (Annibale) • Regie: Carlo Ludovico Bragaglia, Edgar G. Ulmer (IT 1959)*

Bud Spencer und Terence Hill

(als Duo)

Deutscher Titel • (Originaltitel)

Gott vergibt … Django nie! • *(Dio perdona … io no!)* • *Regie: Giuseppe Colizzi (IT/SPA 1967)*

Vier für ein Ave Maria • *(I quattro dell'Ave Maria)* • *Regie: Giuseppe Colizzi (IT 1968)*

Hügel der blutigen Stiefel • *(La collina degli stivali)* • *Regie: Giuseppe Colizzi (IT 1969)*

Die rechte und die linke Hand des Teufels • *(Lo chiamavano Trinità)* • *Regie: E. B. Clucher (Enzo Barboni, IT 1970)*

Freibeuter der Meere • *(Il corsaro nero)* • *Regie: Vincent Thomas (Vincenzo Gicca Palli, IT/SPA 1971)*

Vier Fäuste für ein Halleluja • *(… continuavano a chiamarlo Trinità)* • *Regie: E. B. Clucher (IT 1971)*

Zwei Himmelhunde auf dem Weg zur Hölle • *(Più forte, ragazzi!)* • *Regie: Giuseppe Colizzi (IT 1972)*

Zwei wie Pech und Schwefel • *(… altrimenti ci arrabbiamo!)* • *Regie: Marcello Fondato (IT/SPA 1974)*

Zwei Missionare • *(Porgi l'altra guancia)* • *Regie: Franco Rossi (IT/FR 1974)*

Zwei außer Rand und Band • *(I due superpiedi quasi piatti)* • *Regie: E. B. Clucher (IT 1977)*

Zwei sind nicht zu bremsen • *(Pari e dispari)* • *Regie: Sergio Corbucci (IT 1978)*

Das Krokodil und sein Nilpferd • *(Io sto con gli ippopotami)* • *Regie: Italo Zingarelli (IT 1979)*

Zwei Asse trumpfen auf • *(Chi trova un amico, trova un tesoro)* • *Regie: Sergio Corbucci (IT/USA 1981)*

Zwei bärenstarke Typen • *(Nati con la camicia)* • *Regie: E. B. Clucher (IT/USA 1983)*

Vier Fäuste gegen Rio • *(Non c'è due senza quattro)* • *Regie: E. B. Clucher (IT/USA 1984)*

Die Miami Cops • *(Miami supercops – I poliziotti dell'ottava strada)* • *Regie: Bruno Corbucci (IT/USA 1985)*

Die Troublemaker • *(Botte di Natale)* • *Regie: Terence Hill (Mario Girotti, BRD 1995)*

Bud Spencer
(als Solist)

Deutscher Titel • (Originaltitel) • Regie

Heute ich … morgen Du! *• (Oggi a me … domani a te!) • Regie: Tonino Cervi (IT 1968)*

Die letzte Rechnung zahlst du selbst *• (Al di là della legge) • Regie: Giorgio Stegani (IT/BRD 1968)*

Die fünf Gefürchteten *• (Un esercito di cinque uomini) • Regie: Don Taylor (IT 1969)*

Die im Dreck krepieren *• (Gott mit uns – Dio è con noi) • Regie: Giuliano Montaldo (IT/JUG 1970)*

Vier Fliegen auf grauem Samt *• (Quattro mosche di velluto grigio) • Regie: Dario Argento (IT/FR 1971)*

Halleluja … Amigo *• (Si può fare … amigo) • Regie: Maurizio Lucidi (IT/FR/SPA 1972)*

Der Sizilianer *• (Torino nera) • Regie: Carlo Lizzani (IT/FR 1972)*

Sie verkaufen den Tod *• (Una ragione per vivere e una per morire) • Regie: Tonino Valerii (IT/FR/SPA/BRD 1972)*

Auch die Engel essen Bohnen • *(Anche gli angeli mangiano fagioli)* • *Regie: E. B. Clucher (Enzo Barboni, IT/FR/SPA 1973)*

Sie nannten ihn Plattfuß • *(Piedone lo sbirro)* • *Regie: Steno (Stefano Vanzina, IT/FR 1973)*

Plattfuß räumt auf • *(Piedone a Hong Kong)* • *Regie: Steno (IT 1975)*

Hector, der Ritter ohne Furcht und Tadel • *(Il soldato di ventura)* • *Regie: Pasquale Festa Campanile (IT/FR 1976)*

Charleston • *(Charleston)* • *Regie: Marcello Fondato (IT 1977)*

Plattfuß in Afrika • *(Piedone l'africano)* • *Regie: Steno (IT/BRD 1978)*

Sie nannten ihn Mücke • *(Lo chiamavano Bulldozer)* • *Regie: Michele Lupo (IT/BRD 1978)*

Der Große mit seinem außerirdischen Kleinen • *(Uno sceriffo extraterrestre … poco extra e molto terrestre)* • *Regie: Michele Lupo (IT 1979)*

Plattfuß am Nil • *(Piedone d'Egitto)* • *Regie: Steno (IT 1980)*

Buddy haut den Lukas • *(Chissà perché … capitano tutte a me)* • *Regie: Michele Lupo (IT 1980)*

Eine Faust geht nach Westen • *(Occhio alla penna)* • *Regie: Michele Lupo (IT/BRD 1981)*

Banana Joe • *(Banana Joe)* • *Regie: Steno (BRD/IT 1982)*

Der Bomber • *(Bomber)* • *Regie: Michele Lupo (IT 1982)*

Bud, der Ganovenschreck • *(Cane e gatto)* • *Regie: Bruno Corbucci (IT/USA 1983)*

Aladin • *(Superfantagenio)* • *Regie: Bruno Corbucci (IT/USA 1986)*

TV-Serie: Big Man • *(Big Man)* • *Regie: Steno (IT/BRD/FR 1988)*

Wenn man vom Teufel spricht … • *(Un piede in paradiso)* • *Regie: E. B. Clucher (IT 1991)*

TV-Serie: ***Zwei Supertypen in Miami (1)*** • *(Extralarge 1)* • *Regie: Enzo G. Castellari (Enzo Girolami, IT/BRD 1991)*

TV-Serie: ***Zwei Supertypen in Miami (2)*** • *(Extralarge 2)* • *Regie: Alessandro Capone (IT 1993)*

TV-Serie: ***Zwei Engel mit vier Fäusten*** • *(Noi siamo angeli)* • *Regie: Ruggero Deodato (IT 1997)*

Kein deutscher Titel *• (Fuochi d'artificio) • Regie: Leonardo Pieraccioni (IT 1997)*

In den Armen der Bestie *• (Al límite) • Regie: Eduardo Campoy (SPA/FR 1997)*

TV-Serie und später -Film: ***Kein deutscher Titel*** *• (Tre per sempre) • Regie: Franco Di Chiera (AUST/IT 1998)*

Söhne des Windes *• (Hijos del viento) • Regie: José Miguel Juárez (SPA/IT/POR 2000)*

Kein deutscher Titel *• (Cantando dietro i paraventi) • Regie: Ermanno Olmi (IT/GB/FR 2003)*

TV-Film: ***Padre Speranza – Mit Gottes Segen*** *• (Padre Speranza) • Regie: Ruggero Deodato (BRD/IT 2005)*

TV-Film: ***Kein deutscher Titel*** *• (Pane e olio) • Regie: Giampaolo Sodano (IT 2008)*

Mord ist mein Geschäft, Liebling *• (Tesoro, sono un killer) • Regie: Sebastian Niemann (BRD 2009)*

TV-Serie: ***Kein deutscher Titel*** *• (I delitti del cuoco) • Regie: Alessandro Capone (IT 2010)*

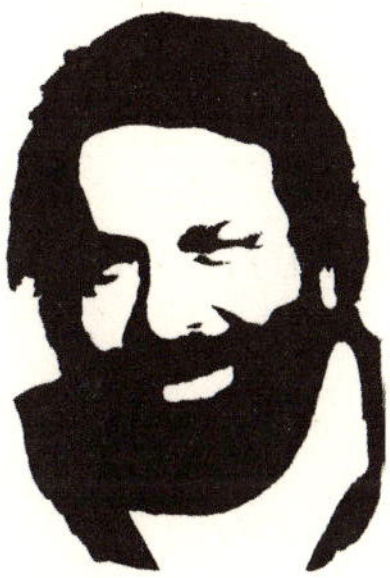

BUD SPENCER: MEIN LEBEN, MEINE FILME
Der erste Teil meiner Autobiografie
Mit Lorenzo De Luca und David De Filippi

ISBN 978-3-942665-21-6

 Aus dem Italienischen übersetzt von Leo Molatore. Lektorat: Ulrike Fischer. Redaktionelle Beratung: Dr. Christian Heger, unter Mitarbeit von Dennis & Eric Heyse, Ansgar Skulme und Tibor Robert Szücs.

BILDNACHWEIS
Bildteil I: Privatarchiv Carlo Pedersoli. Bildteil II: S. 161 privat, S. 162-175: © Tobis, S. 176, Foto oben: © Peter Rondholz, S. 176, Foto unten: privat. Coverfoto: Privatarchiv Carlo Pedersoli

VERLAG
Schwarzkopf & Schwarzkopf Media GmbH
Kastanienallee 32, 10435 Berlin
Telefon: 030 – 44 33 63 00
Fax: 030 – 44 33 63 044

INTERNET | E-MAIL
www.schwarzkopf-schwarzkopf.de
www.facebook.com/schwarzkopfverlag
info@schwarzkopf-schwarzkopf.de